El caballero de las botas azules
De Castro, Rosalía

Acerca De Castro:

Poetisa y novelista española que escribió tanto en gallego como en español. Considerada en la actualidad como una escritora indispensable en el panorama literario del siglo XIX, representa una de las figuras emblemáticas del Rexurdimento gallego. Sus Cantares Gallegos son considerados como la primera gran obra de la literatura gallega contemporánea. En la actualidad, la figura de Rosalía de Castro y sus creaciones literarias continúan siendo objeto de una abundante bibliografía y recibiendo una constante atención crítica.

Un hombre y una musa

PERSONAJES

- HOMBRE.
- MUSA.

- I -

HOMBRE.- Ya que has acudido a mi llamamiento, ¡oh musa!, escúchame atenta y propicia, y haz que se cumpla mi más ferviente deseo.

MUSA.- (Oculta tras una espesa nube.) Habla, y que tu lenguaje sea el de la sinceridad. Mi vista es de lince.

HOMBRE.- De ese modo podrás conocer mejor la idea que me anima. Pero quisiera que se disipase el humo denso que te envuelve. ¿Por qué tal recato? ¿Acaso no he de conocerte?

MUSA.- No soy recatada, sino prudente; así que te acostumbres a oírme, te acostumbrarás a verme. Di en tanto, ¿qué quieres?

HOMBRE.- ¡Hasta las musas son coquetas!

MUSA.- Considera que soy musa, pero no dama, y que no debemos perder el tiempo en devaneos.

HOMBRE.- ¡Qué estupidez!... pero seré obediente, en prueba de la sumisión que te debo. Yo quiero que mi voz se haga oír, en medio de la multitud, como la voz del trueno que sobrepuja con su estampido a todos los tumultos de la tierra; quiero que la fama lleve mi nombre de pueblo en pueblo, de nación en nación y que no cesen de repetirlo las generaciones venideras, en el transcurso de muchos siglos.

MUSA.- ¡Necio afán el de la gloria póstuma, cuyo ligero soplo pasará como si tal cosa sobre el esparcido polvo de tus huesos! Cuídate de lo presente y deja de pensar en lo futuro, que ha de ser para ti como si no existiese.

HOMBRE.- ¿Y eres tú, musa, a quien he invocado lleno de ardiente fe, la que me aconsejas el olvido de lo que es más caro a un alma ambiciosa de gloria? ¿Para qué entonces la inspiración del poeta?

MUSA.- ¡Locas aprensiones!... El bien que se toca es el único bien; lo que después de la muerte pasa en el mundo de los vivos, no es nada para el que ha traspasado el umbral de la eternidad.

HOMBRE.- ¿Qué estoy oyendo? ¿Aquella de quien lo espero todo se atreve a llamar nada al rastro de luz que el genio deja en pos de sí? La gloria póstuma, ¿es asimismo una mentira?

MUSA.- ¡Cesa!... ¡Cesa!... si quieres ser mi protegido. No entiendo nada de glorias póstumas, ni de rastros de luz. El poder que ejerzo sobre el vano pensamiento de los mortales, acaba al pie del sepulcro.

HOMBRE.- Estoy confundido... ¡Qué respuestas... qué acritud, qué indigna prosa!... Tú no eres musa, sino una gran bellaca, tan cierto como he nacido nieto de Adán.

MUSA.- He ahí una franqueza poco galante y de mal gusto en boca de un genio.

HOMBRE.- ¿También irónica? ¡Oh! ¿De qué baja ralea desciendes, deidad desconocida? ¿Te pareces por ventura a las otras musas tan cándidas, tan perfumadas y tan dulces como la miel? ¿Si tendré que llorar a mis antiguas amigas de quienes ingrato he renegado por ti?

MUSA.- ¿Tú llorar... ? ¿Cómo de esos ojos acostumbrados a sostener las iras de los tiranos, pudiera destilarse ese fuego de dolor que el corazón del hombre sólo exprime en momentos supremos?

HOMBRE.- ¡Taimada! Las lágrimas son patrimonio de todos.

MUSA.- Sea, mi pequeño Jeremías; pero tú sabes que has acudido a mí, fatigado de recorrer las obligadas alamedas del Parnaso. Allí, el vibrante son de las cuerdas del arpa, la armoniosa lira, el eco de la flauta, el murmurio de los arroyos y el canto matinal de los pájaros, habían llegado a poner tan blando tu corazón, tan quebrantado tu ánimo, y tu espíritu tan flojo y vacilante, que, pobre enfermo, sintiendo escapársete la vida, te volviste ansioso hacia mí, para respirar el airecillo regenerador, que yo agitaba vigorosamente con mis alas invisibles.

HOMBRE.- ¡Una musa con alas!...

MUSA.- Llámales abanicos o sopladores si te agrada mejor. Vana cuestión de nombres.

HOMBRE.- ¡Horror!... ¡Abominación!...

MUSA.- ¡Necio de ti!, que buscando mi amparo no sabes abandonar todavía las antiguas preocupaciones. Mas, por última vez te advierto, que si quieres ser mi aliado, dejes de fijarte en las palabras y atiendas sólo a los hechos, que rompas con todo lo que fue, porque mal sentarían a tu nuevo traje los harapos de un viejo vestido.

HOMBRE.- Cualquiera diría al oírte, extravagante deidad, que vas a regenerar el mundo.

MUSA.- Hombre de genio: yo pido a mis discípulos que sean menos charlatanes y más obedientes y sumisos; di, pues, de una vez si es tu deseo entregarte a mí con el ardimiento de una fe sincera y la lealtad más acendrada.

HOMBRE.- ¿También te atreves a pedir ardimiento y lealtad, cuando pareces la antítesis de cuanto presta aliento y poesía al corazón del hombre?

MUSA.- (Alejándose.) Sigue, pues, tu antiguo camino, mortal pertinaz, contumaz y renitente en pasadas culpas y añejos vicios, y no vuelvas a importunarme. Otro más afortunado que tú será mañana el que...

HOMBRE.- (Interrumpiéndola.) Espera... ¿te he dado acaso una respuesta?

MUSA.- (Volviendo a acercarse.) ¡Cuán penetrante aguijón es la envidia!... Pero acabemos de una vez. ¿Quieres ceñir la pensativa y calva frente con la aureola de la gloria?

HOMBRE.- Y de la inmortalidad.

MUSA.- De la popularidad querrás decir, pues ya te he advertido que mi poder acaba en donde empieza el de la muerte. ¿Quieres, en fin, ser mío?

HOMBRE.- ¡Tuyo!... ¡Tuyo!... es eso, ciertamente, mucho pedir... Pero bien... seré tuyo. Inspírame ya, musa desconocida que habitas esas extrañas regiones en donde hasta ahora no ha penetrado el pensamiento humano; inspírame para que pueda cantar en ese nuevo estilo que se me exige, que se espera con avidez, pero que nadie sabe.

MUSA.- No, no se trata de cantar...

HOMBRE.- ¿Empiezas a burlarte de nuevo?

MUSA.- (Mudando de acento.) Tú, mi hijo mimado, a quien destino para lanzar sobre la muchedumbre el grito supremo, óyeme con atención profunda y sumisa. Ya no es Homero, cuyos lejanos acentos van confundiendo su débil murmullo con las azules ondas del mar de la Grecia; ya no es Virgilio, cuyo eco suavísimo, a medida que avanzan los años, se hace más sordo y frío, más lento e ininteligible, como gemido que muere; ya no es Calderón, ni Herrera, ni Garcilaso, cuyas nobles sombras, cuando la clara luna se vela entre nubes blanquecinas y esparce por la tierra una confusa claridad, vagan en torno de las academias y de los teatros modernos, buscando en vano alguna memoria de tus pasados triunfos. Su nombre no resuena en ellos, el rumor de los antiguos aplausos se ha apagado para siempre, y únicamente les es dado ver salir por las estrechas puertas a los nietos de sus nietos que, ensalzando sin conciencia palabras vacías y abortos de raquíticos ingenios, acaban de echar sobre las venerandas tumbas de sus ilustres abuelos una nueva capa de olvido. Avergonzadas entonces, las nobles sombras quieren huir y esconderse en el fondo impenetrable de su eternidad; pero el mundo, encarnizadamente cruel con los caídos, al percibir a través de la noche sus vagos contornos, les grita, -¡Ya fuisteis!, y pasa adelante. He ahí lo que queda de lo pasado.

HOMBRE.- Sin duda, ¡oh musa!, como vives muy alto, se te figura noche tenebrosa acá abajo lo que es purísimo y claro día. No, ni Garcilaso, ni Calderón, ni Herrera, ni ninguno de nuestros buenos poetas morirán nunca para nosotros, ni Homero, ni Virgilio dejarán de existir mientras haya corazones sensibles sobre la tierra.

MUSA.- ¿Cómo me pides entonces nueva inspiración, si en ellos puedes hallar todas las fuentes? Si el mundo está satisfecho con lo que posee, si ninguna de esas sombras ilustres ha perdido su antiguo dominio en la tierra, ni ha desaparecido su memoria, ¿por qué me has dicho: Inspírame, musa desconocida, para que yo pueda cantar en ese nuevo estilo que se me exige, que se espera con avidez, pero que nadie conoce?

HOMBRE.- Gustar de lo nuevo no es despreciar lo viejo.

MUSA.- No se desprecia, pero se olvida, no llena ya las exigencias de las descontentadizas criaturas... no basta a satisfacerlas.

HOMBRE.- ¿Qué es lo que basta entonces? Ése es el secreto que debes revelarme. ¿Acaso Cervantes?...

MUSA.- El hombre contiene en sí mismo cierta materia, dispuesta siempre a empaparse con placer en la burla, a quien un gran genio bañó con la salsa amarga y picante de sus hondas tristezas.

HOMBRE.- Ésta es la única vez que te he oído hablar razonablemente. He aquí, pues, un buen punto de partida. Búscame a semejanza de don Quijote, aunque revestido de modernas y nuevas gracias, un caballero, ya que no hidalgo, porque ya no hay hidalgos...

MUSA.- ¿Y hay caballeros?

HOMBRE.- ¡Injuriosa pregunta! Si no de la Mancha, de Madrid; si no de Madrid, de Cuenca; y aun cuando sea un fullero andaluz, un taimado gallego o un avaro catalán, si te parece que para el caso es igual, le aceptaré de buen grado.

MUSA.- Vuelve la mirada hacia el mediodía.

HOMBRE.- (Lleno de asombro.) ¿Qué es lo que me señalas con esa mano blanca y cubierta de hoyuelos que dejas escapar a través de la niebla que te envuelve? ¿No es aquella la figura del cínico Diógenes que lleva una linterna encendida en medio del día para buscar un hombre?

MUSA.- Ella es.

HOMBRE.- Y ¿qué pretendes, mostrándome esa horrible visión?

MUSA.- Tal como Diógenes buscaba un hombre, tendría yo que buscar un caballero, con tal que ese caballero, a la manera que yo le comprendo, no fueras tú mismo.

HOMBRE.- Yo... ¿qué te atreves a decir?

MUSA.- Tipo acabado de los que hoy por el mundo corren y viven y triunfan, quizá pudieran encontrarse algunos peores que tú; mejores, ninguno.

HOMBRE.- Empiezas a causarme graves recelos, o diablo, y me arrepiento de haberte invocado. Eres voluble y grosera, y jamás, en fin, ha podido soñarse un ser de tu especie, más insolente ni más malicioso.

MUSA.- Para darte una severa lección de filosofía, de una filosofía lúcida y consistente de la cual llevo siempre conmigo la conveniente dosis, no haré caso de tus palabras. Únicamente me dignaré añadir que, puesta la mano sobre el corazón, te interrogues a ti mismo y me digas después, si puedes, quiénes son tus padres.

HOMBRE.- ¿Quieres bajar un poquito más y te lo cuento al oído?

MUSA.- (Lanzando una sonora carcajada.) Él era; lo era y decíamos que no lo era.

HOMBRE.- Musa extravagante, a quien de buena gana haría saber cómo duelen los mojicones dados por un débil mortal, ¿a dónde vas a parar con semejante jerigonza?

MUSA.- A la herida que mana siempre sangre en tu corazón, o más bien dicho, en tu orgullo.

HOMBRE.- ¿Y no has reflexionado que te volveré la espalda y te dejaré partir en mal hora?

MUSA.- Ya es tarde, discípulo mío, para que puedas abandonarme sin pena. Yo poseo ese agridulce patrimonio y encanto de las mujeres que no son bonitas, y que se llama belleza del diablo; de modo que aun cuando en un momento de mal humor me desdeñases, volverías en busca mía; no lo dudes.

HOMBRE.- Pretenciosa... ¿Y para qué iría en tu busca? ¿Para que me hablaras en esa jerga grosera e infernal que lastima el oído?

MUSA.- Es decir ¿que nada mío te gusta? Corriente; pero al menos no quiero que me niegues el don de haber sabido adivinar tu historia y de haber leído en tu corazón.

HOMBRE.- Si sólo de mi historia y de mi corazón se trata, puedes ahorrar palabras inútiles porque de todo eso me hallo muy bien enterado.

MUSA.- Mucho olvidaste que te hace falta recordar y no imagines que, a semejanza de los ociosos, me ocupo de estas cosas para pasar el tiempo. Toda nueva vida requiere una confesión sincera de las pasadas culpas, y como tú no has examinado todavía tu conciencia, quiero librarte generosamente de tan incómodo trabajo. Además, es preciso que te veas tal cual eres y que te conozcas perfectamente a ti mismo, sin cuya circunstancia creerías valer más de lo que vales, y por temor a descender no darías un paso en la escabrosa senda que te espera.

HOMBRE.- Porque no creas que temo las amenazas de un ser como tú, te escucharé algunos momentos más; pero no aquí; pues si las gentes te oyesen, se escandalizarían de tus palabras.

MUSA.- Vámonos, pues, pudoroso cortesano, al bosque vecino, donde para consuelo tuyo y contento mío sólo nos oirán los lobos y las zorras, que, si acertasen a comprendernos, algo podrían aprender de las traiciones e infamias de los hombres.

MUSA.- Ahora que nadie puede escandalizarse de mis palabras, te diré que quien tiene dañado el corazón no debe horrorizarse de las culpas de sus semejantes, ni temer que le contaminen, cuando más bien pudiera contaminarlos.

HOMBRE.- Mi corazón está limpio y, gracias al cielo, no necesito de tus consejos. ¿Por qué te habré buscado si soy cuanto he ambicionado ser?

MUSA.- ¡Mientes! Pues antes que todo, hubieras querido nacer príncipe y eres un hijo de cualquiera.

HOMBRE.- ¡Mil veces necia! ¿Crees que tengo en más que la mía la sangre de los príncipes, y que no me envanezco de mi humilde cuna?

MUSA.- Nadie debe envanecerse ni avergonzarse de esas cosas, que son, como quien dice, un azar de la suerte; mas no acontece así. Cuando tu lastimada vanidad lo exige, haces alarde de tu oscuro origen, es cierto, pero en el fondo del corazón llevas clavada esta verdad, como si fuese una dura espina, y jamás puedes acordarte sin rubor de que has tenido que vestir la librea de los que se llaman altos señores para parecerte a ellos. ¡Como si un hombre no valiera tanto como otro hombre!

HOMBRE.- ¿Qué estás diciendo? La cuna ni distingue ni engrandece; pero el hombre sabe distinguirse y engrandecerse sobre los demás.

MUSA.- Mostrad cómo.

HOMBRE.- ¿Querrías acaso compararme con un imbécil de esos que pasan a mi lado revolcándose entre el fango como las bestias? Y el rico y el noble, que no saben hacer más que comer y gastar sin tasa lo que el diablo amontona en sus arcas, ¿estarán nunca a la altura del poeta y del sabio, cuya existencia se consume en bien de la humanidad?

MUSA.- ¡Rutinario! El corazón del hombre es un arcano que sólo Dios comprende, y únicamente podré decirte que así el sabio y el poeta como el imbécil, el noble y el rico egoísta creen valer tanto o más que el resto de los humanos. Quién tenga o no razón, es tan problemático como inútil discutirlo.

HOMBRE.- Musa sin seso... si lo que dices fuera verdad, hace mucho tiempo que hubiera renegado de mí mismo. Un estúpido no pudo ser hecho a semejanza de Dios, y es imposible que me parezca a él.

MUSA.- ¡Orgullo y vanidad! ¿Y qué eres tú más que miseria y polvo como ellos? ¡Tú, que te llamas genio y grande hombre y que aspiras a la inmortalidad! Algún talento, audacia y ambición colosal, he aquí los ejes poderosos sobre los que han girado las ruedas de tu fortuna...

HOMBRE.- El pedestal de mi fortuna ha sido el trabajo; la asiduidad y la inteligencia, el escabel que me ha elevado sobre los que me son inferiores.

MUSA.- ¡Tu trabajo!... ampollas de jabón para algunos, así como tu inteligencia.

HOMBRE.- ¡¡La envidia fija siempre en lo alto sus miradas!!

MUSA.- La presunción en todo ve alabanzas y ojos codiciosos, soberbia criatura... ¿De qué puedes estar orgulloso? ¿De haber escrito pomposos artículos llenos de la más acendrada filantropía y de haber desplegado tu mayor ciencia en lanzar anatemas devastadoras contra los enemigos de la patria, es decir, contra los más pequeños y que no podían volver por su honra sino en bien de tu propia gloria? Pues así fue cómo empinándote poco a poco sobre los hombros de los débiles, te fuiste irguiendo audazmente con el aplomo y la gravedad de un hombre que no depende de nadie y que todo lo debe a su talento. Cuando, por fin llegaste a la dorada cumbre en donde la gente de contra y de pro se pasea sin vergüenza, importuna compañera del vano honorcillo que se ha dejado como inútil en el último peldaño de la escalera mágica, te diste de codo con los poderosos, alargaste con llaneza y abnegación tu dedo meñique al miserable que te había servido de escabel (esto porque no te llamasen ingrato), jugaste con sus Excelencias (q. D. g.) tu sueldo de un año, que perdiste, pero cuya pérdida valió a tu orgullo que algunas duquesas te hablasen al oído, y con sólo cinco mil reales, ¡incomprensible maravilla!, diste la vuelta al mundo, reposando después, allende los mares, sobre una tierra virgen, en las Antillas, en fin, en donde los afortunados refrescan la frente abrasada por el calor del clima, en ríos que corren sobre cauces de oro. Cuando después, perfectamente conocedor de la política, de la estética, de la fisiología, de la mineralogía y de las costumbres extranjeras, te devolviste generosamente a la patria (antes del viaje ostentabas una preciosa cabellera, que no daba indicio de tus profundos pensamientos), apareciste en las Cámaras con la cabeza calva y reluciente como la cáscara de un limón verde, interrogaste a los ministros con esa acentuación cómica, que da tanto valor a las palabras más vacías, insultaste a tus adversarios; y tus antiguos amigos viéndote al fin un hombre, que no puede dejar de serlo el que ha visto correr en sus cauces de oro los anchurosos ríos del nuevo mundo, exclamaron desde el interior de su corazón: «Pésanos, amadísimo compañero, de no haber podido ir delante de ti, pero esperamos fervientemente una ocasión propicia para derribarte de tu frágil solio». Entre tanta pompa y tanto brillo, el recuerdo del modesto puchero, con que te criaron tan gordo y tan bien dispuesto tus buenos padres, estaba a cien leguas de ti, o era como si no existiese: tomando el rábano por las hojas creíste que eras tú el que habías levantado tu fortuna, y no que era la fortuna la que te había levantado a ti, y descontento ya de victorias que otros ganaban a semejanza tuya, al lanzarte por el camino que habían elegido, fue cuando has dicho: «¿Qué he hecho y qué soy al fin? ¡diputado y ministro!... ¡ya no es nada de esto la fruta del árbol prohibido!, sino que parece la esperanza de los abogadillos charlatanes y de todo el que tiene derecho a mandar porque manda. Pigmeos, llegan a alcanzar la fruta velada, y ministros y diputados suben y bajan del poder, en estos felices tiempos, como suben y bajan en la olla las habas que no han acabado de cocerse. ¡Y qué sustos, qué luchas, qué descalabros, qué vergüenzas cuando la patria o los émulos, semejantes al maestro que corrige al pequeñuelo azotándolo, corrigen asimismo al diputado y al ministro... obligándole a hacer su dimisión, decorosamente por supuesto, pero con látigo!... No, ninguno de estos triunfos, mezquinos como su origen, deja un verdadero rastro de gloria en pos de sí: casi siempre ha sido el poder el palenque de las doradas medianías y el bazar de los honores que se toman por asalto, y no es nada de esto lo que conviene a un espíritu emprendedor como el mío, cuyos triunfos no debieran tener rival en el mundo. Rico ya y dueño de algunos millones, no quisiera seguir las trilladas sendas de la vida, sino emprender algún trabajo desconocido que llenase de asombro la Europa, que me rodease de una gloria inmortal... pero ¿qué hacer?... ¡Oh! De buena gana escribiría un libro... y lo grabaría con letras de oro... , pero se escriben tantos... ¿Y de qué trataría en él? ¿Quién lo leería? Y aun cuando lo leyesen, ¿recordarían al día siguiente su contenido? ¡Locura! ¿Quién se acuerda más que de sí mismo?... Y, sin embargo, ésa es mi más querida ilusión... ¡mi eterno sueño!».

Lleno de abatimiento, volviste entonces la mirada hacia las antiguas musas y comprendiste que estabas perdido. ¡Nada nuevo te restaba ya! La inspiración, esa divina diosa que algún tiempo sólo se comunicaba con algunos elegidos, dignos de recibir las celestes inspiraciones, correteaba ya por las callejuelas sin salida, guarida de los borrachos, y se paseaba por las calles del brazo de algún barbero o de los sargentos que tienen buena letra. Poemas, dramas, comedias, historias universales y particulares, historias por adivinación y por intuición, por inducción y deducción, novelas civilizadoras, económicas, graves, sentimentales, caballerescas, de buenas y malas costumbres, coloradas y azules, negras y blancas... de todo género, en fin, variado, fácil y difícil, habías visto trabajos de deslumbradoras apariencias y aspiraciones colosales... ¿Qué te restaba, pues, que hacer en ese infierno sin salida, en medio de ese desbordamiento inconmensurable en donde nadie hace justicia a nadie, y en el cual los más ignorantes y más necios, los más audaces y pequeños quieren ser los primeros? He aquí por qué me llamaste, por qué no puedes abandonarme aun cuando ponga en relieve tu vano orgullo y te diga tan amargas verdades, ¡he aquí por qué me buscarás siempre!, pues sin mí serás ¡uno de tantos! y nada más que esto.

HOMBRE.- ¡Oh musa! ¡Qué mentiras, qué verdades y qué impertinencias acabas de echar por esa boca, que no sé si es de tinta o de carmín! Hablaste a tu gusto... ¡vives tan alto!... y aquí me tienes rendido de desaliento y de asombro. Si lo pasado es un sueño, lo presente caos y confusión, y nada las glorias del mundo para el que ha atravesado el umbral de la eternidad, ¿qué me resta ya? En ti, donde tenía cifrada mi postrera esperanza no hallo más que desencanto, presunción y malicia, lo cual aumenta en mucho mi profunda pena, pues aun cuando mi vida haya sido como la de tantos, apariencia y lodo, y haya dado la vuelta al mundo con un puñado de ochavos, y querido aparecer calvo, lo cual es un abuso de ornato y nada más, en el fondo amo ardientemente la poesía, amo lo justo y lo honroso con toda la fuerza de mi corazón, y nada de esto hallo en ti. ¿Si serás, ¡oh musa!, un nuevo Mefistófeles con su pluma de gallo y sus retorcidas uñas?

MUSA.- ¿El diablo?... ¡Qué locura! ¿Acaso el inmortal Béranger no ha cantado muy alegremente: Ha muerto el diablo, el diablo ha muerto? Y he aquí, sin duda, por qué desde entonces, el mundo que se regocijó con tan dichosa nueva, ha inventado darse al progreso indefinido y al movimiento continuo ya que no podía darse al caballero de la pata coja.

HOMBRE.- Algo de verdad hay en lo que dices, maliciosa, pero añaden algunos que, pasada aquella época de efervescencia en que se cantaba la muerte de todos los tiranos, el diablo, hábil prestigiador, ha vuelto a aparecer más de una vez, si no con su pata coja en una forma más académica y menos sospechosa para los tiempos que corren. Y en verdad que al oír tu voz y al notar tus maliciosas tendencias, estoy por creer que el diablo, haciéndose el muerto como la zorra cuando quiere engañar confiadamente a su presa, burló la sagacidad del cantor popular de la Francia.

MUSA.- Inverosímil es que hombre de tal valimiento se haya dejado embaucar por un personaje tan conocido en sus mañas... y creo mejor que Béranger habrá querido llorar con ese estribillo, Ha muerto el diablo, el triste fin de alguno de sus amigos. ¡Séale la tierra leve!

HOMBRE.- ¡Impía! no quiero oírte, pues que tu sarcasmo alcanza hasta los muertos. ¡Ay, triste de mí! Las viejas musas, apenas hallarían fuerza en sus brazos enflaquecidos para sostener uno solo de mis cabellos, mientras que tú serías capaz de ofrecerme por única inspiración la recolección de las cebollas o una copa de cerveza alemana... ¡Y todo esto, cuando yo necesitaba una idea virgen, un trabajo penoso que, al través de vías inaccesibles y contra la corriente de los ríos del mundo, me guiase directamente a la gloria y la inmortalidad!... Todo era un sueño y en verdad que la vida es ya para mí una pesada carga... ¡Porque el suicidio es un crimen! (Se aleja a grandes pasos.)

- III -

HOMBRE.- (Pensativo, pálido y triste, contempla a orillas del río cómo corren las aguas.) Así mí existencia... corre y corre monótona, cansada, y sin acabar nunca... ¡Musa maldita! Bien haces en no acudir a mi voz; mi llamamiento es el de la desesperación, y ¡ojalá me sorprenda la muerte sin volverte a ver! ¿Pero en dónde se encuentra ese ángel sombrío que cierra tantos ojos que quisieran ver la luz, mientras los míos que la detestan permanecen abiertos? (Vuelve a quedar inmóvil y pensativo.)

MUSA.- (Oculta entre la niebla que voltejea sobre una pequeña colina, y haciendo resonar sus palabras a semejanza del viento cuando agita las hojas secas en silenciosos remolinos, o balancea lentamente las altas copas de los cipreses.) ¡Pasa... pasa presto! Extíngueto ya, germen de vida, que encierras en tu esencia males, agitaciones y desvelos. Tú no eres más que una pálida y fugitiva sombra, de falsa sonrisa, de aliento impuro, de sangre que miente púrpura cuando rompe la vena irritada, y es veneno que abrasa cuando circula rápida del corazón al cerebro, y del cerebro al corazón, que a su impulso late, sin tregua, sin descanso, hasta la muerte. Pasa, pasa presto; que si haces sentir y amar, y gozar y sufrir y aborrecer, todo sueño al fin, todo mentira, vanidad, ilusión, polvo... nada... tu refugio es el hoyo estrecho, en donde el ataúd perfectamente encajado guarda con primor el cuerpo corrompido que inocentes gusanillos charolados, felpudos, rojos, verles y brillantes, roen con placer infinito, mientras el cadáver reposa inmóvil bajo la elegante losa de mármol, o la enarenada superficie de un cementerio a la última moda. ¡Oh! ¡Qué bien se duerme en la tumba!... ¡Qué amable intimidad la de los gusanillos de mil colores, la de las plantas en germen, y la de la humedad de la madre tierra!... ¡Oh, venturosa calma de los muertos!... ¡Oh, ángel de tinieblas, bellísimo ángel sin olor, color, ni sabor! ¡Oh, tú, cuyo silencioso beso calma, según cuentan algunos, todas las penas y dolores!... ¿Será verdad lo que de ti murmuran los vivos? ¡Los vivos que no han muerto siquiera una vez!... ¿Cómo, pues, le conocen? Por conjeturas, por esas hijas de los espíritus inquietos, y dados a toda clase de pensamientos prohibidos... Mas... ¡cuán engañosas son!... Tú, muerte, eres muda, llegas, hieres y pasas, y ya en vano es interrogar al lecho vacío en donde hace poco se hallaba tendido un cadáver. ¡Un cadáver! ¡Qué palabra!... Ya en vano es alzar el grito al lado del féretro, alumbrado por los cirios, que arden y chisporrotean impasibles, que oscilan a veces y palidecen como si quisiesen apagarse. ¿Qué es todo aquello? Blandones en medio del día, llantos... silencio... asombro en torno... Él o ella allí, en reposo, sin ver, sin oír, sin hablar, en medio de los gemidos, de los que son todavía... A lo lejos, suenan los golpes melancólicos de una campana, y llega por fin la noche, ciérrase una tumba, la gente bulle por calles y plazas... «Ríen y cantan mientras la muerte se acerca silenciosa». Ya no hay féretro ni blandones, ni suena la campana. Él o ella, ¿en dónde están? Cuanto pasó ¿fue un sueño? ¡Acaso... !

HOMBRE.- (Levantándose tembloroso.) ¿Qué acentos de muerte han resonado cerca de mí?... Vagos eran, como las brisas de una noche de verano, pero entendíalos claros y distintos mi entendimiento, como si resonasen dentro de mi propio ser... ¡La muerte! ¡Dios mío! Llamábala hace un instante, y ahora su solo recuerdo trastorna mi cabeza y me hace supersticioso y cobarde... , pero ¿quién ha murmurado esas palabras aquí... a mi lado? ¿Fue el viento quien las trajo hasta mi oído?...

MUSA.- En sus alas te las he enviado...

HOMBRE.- ¡Ah!... ¿conque al fin has atendido a mi llamamiento, musa o demonio?

MUSA.- No he venido por ti, sino por las melancólicas y terroríficas lamentaciones con que diviertes tus ocios...

HOMBRE.- Pues que caigan sobre su odiosa existencia todas las maldiciones que puedan caer sobre la más infame de las criaturas; que impía y desnaturalizada como pareces, tengas el fin que a semejantes seres corresponde. (Quiere huir.)

MUSA.- (Envolviéndolo de repente entre un humo denso y espeso.) ¡Ingrato!... Me llamas y me rechazas, vuelves a llamarme y quieres rechazarme otra vez... Esto no puede pasar así... Aunque eres ingrato como todos los hombres, me mostraré benigna contigo y no te dejaré abandonado a tus caprichos antes de que me conozcas... ¡Mira! (El humo se disipa y aparece una figura elevada y esbelta que viste larga y ceñida túnica, calza unas grandes botas de viaje y lleva chambergo. Su rostro es largo, ovalado y de una expresión ambigua: tiene los ojos pardos, verdes y azules y parecen igualmente dispuestos a hacer guiños picarescamente o a languidecer de amor. Un fino bozo sombrea el labio superior de su boca algo abultada, pero semejante a una granada entreabierta, mientras dos largas trenzas de cabellos le caen sobre la mórbida espalda medio desnuda. En una mano lleva un látigo, y en la otra un ratoncito que salta y retoza con inimitable gracia mientras aprieta entre los dientes un cascabel.)

HOMBRE.- (Contemplándola llena de asombro.) ¡Ah! ¿Conque mi musa era un mari-macho, un ser anfibio de esos que debieran quedar para siempre en el vacío?... ¡Qué abominación!

MUSA.- Todo lo que ha sido hecho es bueno, hombre eminente.

HOMBRE.- Todo, menos tú: un ser semejante nunca podrá ser bueno.

MUSA.- Tendrá su contra y su pro, como todas las cosas.

HOMBRE.- Basta ya de discusiones y dime, por piedad, ¿quién fue la buena madre que te parió, y cuál es tu origen, qué quieres, y a dónde te diriges con tan extraño atavío?

MUSA.- Voy a satisfacer tu justa curiosidad, en cuanto me sea posible, no porque lo merezcas, sino a fin de que concluyas por apreciarme en lo que valgo. Sabe, pues, mortal indómito, que mi primer origen fue el acaso, esa cosa que anda en boca de graves eminencias y de los hombres de mundo, semejante a un caramelo al que se le da vueltas sin poder masticarlo. El ¡acaso! ¿Entiendes tú algo de esto?

HOMBRE.- ¿Para qué lo necesito?

MUSA.- Ya sabía yo que no me contestarías de otro modo, y eso que eres de los instruidos en tales pequeñeces. Pero, como iba diciendo, mi primer origen ha sido esa cosa que no se explica; engendrome la duda y pariome el deseo. Después, vuelta de arriba, vuelta de abajo, resbala aquí y tropieza acullá, fuime criando, a puntapiés, como quien dice; pues mientras los unos me amaban, detestábanme los otros, y unas veces viviendo al prestado, y otras vistiéndome de despojos, fuime criando, como la mala o buena yerba (que no sólo la mala yerba crece) a la sombra de los pensamientos venales y de las imaginaciones ardorosas. Tenía además por mis familiares a la revolución, dama desmelenada y entusiasta si las hay; a la libertad, matrona honrada como ninguna, pero a quien han dado en vestir con tales jaramallas que no la conoce quien la crió; al orden, persona un tanto hipócrita, pero de aspecto inalterable, y al desorden, que anda siempre a puñadas con su antagonista, al honor desacreditado, y no sin razón, en los duelos... y al descaro y al ¿qué se me da a mí?, dos seres los más groseros y mal educados del mundo, pero también los más listos y que saben mejor que nadie abrirse paso por las sendas prohibidas.

HOMBRE.- Infernal conjunto, pero ¿consiste en eso toda tu ciencia, reina de la maldad? El mundo está lleno de truhanes y descarados, y a fe que tus prosélitos no alcanzarán gran cosa por ese camino.

MUSA.- ¿Qué sabes tú de mi ciencia? ¿Puedes acaso ver como yo las estrechas vías que nadie ha recorrido?

HOMBRE.- ¡Nadie! Desde que el mundo es mundo, ¿ninguno habrá posado su mirada en donde tú la posas?

MUSA.- Desde que la raza de Caín se extendió por la tierra, recorro el universo enseñando a mis prosélitos los caminos ocultos que ninguno encontraría sin mi ayuda. Los hombres tienen un ángel que les guía por la senda del cielo, mientras yo les descubro las del mundo.

HOMBRE.- ¡Por eso no distingo en ti el más leve rayo de celeste luz! Eres puramente una hija del lodo formado por las escorias de las criaturas... Pero... , ser incomprensible... , ¿cómo has acudido a mi voz? ¿No he invocado la nueva musa? ¿Y cómo, existiendo desde que la raza de Caín se extendió por la tierra, puedes llamarte nueva?

MUSA.- Hasta que Dios llame a los hombres a juicio, viviré sin envejecer jamás, ni perder nada de mis encantos: ayer fui el vapor, hoy seré musa; mañana... me llamaré el movimiento continuo o la cuadratura del círculo... ¿quién sabe lo que de mí saldrá?... Pero la ciega humanidad seguirá siempre mis pasos y me rendirá culto, proclamándome la soberana del mundo.

HOMBRE.- Acaba... dime tu nombre.

MUSA.- ¿No has adivinado aún? Me llamo la Novedad.

HOMBRE.- ¡Ah!... comprendo, musa; soy tuyo en cuerpo y alma. Manda y obedeceré.

MUSA.- No en vano mis ojos te habían seguido desde lo alto. ¡Ea, pues! Te haré el más popular de los hombres y miles de corazones se estremecerán de curiosidad y emoción a tu paso.

HOMBRE.- ¿Por qué senda vas a lanzarme?

MUSA.- ¡Qué impaciencia! Difícil es, tal como lo has pedido. Lo que no se tolera, lo que irrita, lo que provoca y atrae el ridículo serán tus armas.

HOMBRE.- ¡Cómo!... ¿Querrás hacer de mí un bribón, o un verdadero Quijote?

MUSA.- No; porque de lo uno y de lo otro tienes ya tu parte...

HOMBRE.- ¡Siempre provocativa!... ¡Ah!, te temo como a un demonio burlón; te estoy mirando, y ya me pareces hombre, ya diablo, ya cortesana. La atmósfera en que te envuelves es tan vaga, y tus pensamientos y tus palabras suben y bajan con tal velocidad la escala de todos los tonos que has llegado a causarme pavor.

MUSA.- Déjate de vanos escrúpulos y rompe de una vez con las pasadas preocupaciones. Te hice ver cómo eres todo un héroe de nuestros tiempos, y ahora añadiré que para que puedas cumplir tus gloriosos votos, sólo falta que te instruya en mi ciencia, dándote parte de mi manera de ser y una apariencia extraña y maravillosa. Con esto triunfarás, cautivarás y representarás la más aplaudida y ridícula y singular comedia de tu siglo. Los espectadores se devanarán los sesos por comprender su argumento, y te juro que no lo conseguirán, así como nadie los comprende a ellos, sobre todo cuando, con el furor y el entusiasmo con que el Hidalgo de la Mancha emprendía sus hazañas, hacen que su pobre ingenio se prodigue y desparrame en miles de pliegos, vanamente escritos pero perfectamente impresos. Valor, pues, para resistir y arrostrar las luchas que te esperan. Valor para reírte de ti mismo y vencer a mis amigos y enemigos... ¿Qué más puede ambicionar un hombre en el siglo de las caricaturas que hacer la suya propia y la de los demás ante un auditorio conmovido?... ¡Oh, dicha inefable!... Ahora, ¡adiós!

HOMBRE.- ¿No has de instruirme?

MUSA.- Esta noche iré a hablarte en secreto al ladito de tu cabecera... El mundo debe ser espectador de tus maravillas, pero no saber lo que a ti solo revelaré. Adiós y no me olvides... mi genio queda contigo y ya no eres el mismo. (Desaparece.)

HOMBRE.- (Caminando lentamente.) Parece que me siento regenerado y que un extraño espíritu, no sublime, pero nuevo y burlón anima todo mi ser. ¡Cuán ridículas me parecen todas esas gentes que corren y atraviesan la calle, ataviadas a la última moda!... ¡Qué peinados!... ¡Qué trajes! ¡Qué farsa!... Si estuviese dispuesto a que yo me salvara... muy horrible debería parecerme en el cielo el recuerdo del mundo.

UNO.- (Viéndole pasar.) ¿Has visto qué rostro el de ese hombre alto y delgado que acaba de tropezarnos?

OTRO.- Sí: ¡qué pálido, qué severo y qué burlón!

EL PRIMERO.- No es sólo eso, sino que es el retrato de Napoleón I. Me pareció que le estaba viendo en Santa Elena.

OTRO.- Pues, ¿qué?, ¿sabes tú por ventura qué semblante tenía Napoleón en la isla de su destierro?

EL PRIMERO.- ¡Como que le he visto por espacio de una hora entera!...

OTRO.- ¿Estás loco? Si no habías tú nacido cuando él ha muerto... ¿cómo pudiste verle?

EL PRIMERO.- ¡Toma! Le he visto en el panorama tan perfectamente como ahora os veo a vosotros... Acababan de colocarle en el féretro y tenía la cara ni más ni menos que la de ese que acaba de pasar.

TODOS.- ¡Ah!, ¡ah!, ¡ah!, ¡ah!

Capítulo 1

Hay en Madrid un palacio extenso y magnífico, como los que en otro tiempo levantaba el diablo para encantar a las damas hermosas y andantes caballeros. Vense en él habitaciones que por su elegante coquetería pudieran llamarse nidos del amor, y salones grandes como plazas públicas cuya austera belleza hiela de espanto el corazón y hace crispar los cabellos. Todo allí es agradable y artístico, todo impresiona de una manera extraña produciendo en el ánimo efectos mágicos que no se olvidan jamás.

A pesar de esto, hubo un día no lejano en que ni el amor ni la franca alegría encontraban allí asilo, y en que el llanto y la desgracia pasaban a prisa ante aquellas doradas puertas, sin atreverse a traspasar su dintel.

¡Mansión de paz... afortunada mansión!

El que la poseía en toda la plenitud de su regia belleza era rico como Creso, sibarita como Lúculo, filósofo como Platón, y a pesar de sus principios basados en una moral austera entendía como ninguno el arte de pasar la vida lo más apacible y dulcemente que puede alcanzar criatura mortal.

¡Oh, qué mañanas suavemente arrastrado en una carretela de blanco movimiento, mientras un sol templado y cariñoso resplandecía en la altura! ¡Oh, qué tardes pasadas al grato calor de un fuego aromático y viendo, a través de los anchos cristales, la muchedumbre que se tropieza en las fangosas calles, que sopla los dedos y tirita de frío!... y, ¡oh, qué tranquilas noches oyendo resonar en alguna habitación lejana los ecos del piano, mientras el viento pasaba rebramando por entre la hojarasca de los solitarios jardines y humeaba en la tacilla de oro el rico café de Moka! Tales hechos, como diría cualquier periodista, no necesitan comentarios.

El señor de la Albuérniga -así se llamaba tan dichoso mortal-, conocido, y no sin razón, por una de las notabilidades más ricas y más raras de la corte, se trataba como una tierra madre trata a su hijo predilecto, queriendo sin duda probar en sí mismo cuánto podía durar en estos tiempos de decadencia física un hombre cuidado a la perfección. Por eso, y a fin de que ninguna sedosa o torpe mano viniese a turbar de cualquier modo que fuera su apacible existencia, había empezado por cerrar su alma al sentimiento y la ternura.

Vivía célibe, sin amistades íntimas, sin amores, desligado de todo lo que no era su propia persona y ajeno a toda ambición. Filósofo por entretenimiento, amaba instintivamente el bien y aborrecía el mal; pero en vano se hubiera esperado que hiciese por el prójimo ni mal ni bien.

Antes que todo estaba él después él siempre él; lo demás, era cuestión de los demás. Verdadero anacoreta del siglo en que vivimos, su casa, cuajada de mármoles y obras de arte, era la encantada Tebaida donde vivía en sí y para sí. ¿Qué podía echársele en cara? ¿Conspiraba nunca contra el gobierno? ¿Había dado o negado su voto, fuesen o viniesen leyes?

-¡Paz!... ¡Reposo!... ¡Bienes sin precio que me ha concedido el cielo..., yo os bendigo!

Esto solía repetir con mesura y recogimiento en los momentos más caros a su existencia: la hora de la siesta. ¡Hora de castas delicias!... ¡Hora dulcísima! Sin ella, ¿qué hubiera sido, qué se hubieran hecho después de la suculenta comida los espíritus apacibles?

Era ésta la hora suprema en que el gran caballero, después de haber comido con excelente apetito, se levantaba de la mesa para ir a gozar del más dulce reposo en un ancho y mullido sillón. Allí entre despierto y dormido, veía al silencio tender sus alas sobre aquella mansión afortunada, y soñaba tranquilo ya con lo vano y lo pasajero de los goces de esta vida, ya con la insuperable amargura que la idea de la muerte debe prestar a las conciencias non sanctas, de cuyo número excluía la suya. Y el buen caballero tenía razón en este punto, porque pasaba sus días en una balsa de aceite.

¡Ay de quien entonces osara interrumpirle en su sueño!...

Pero... ¿pudiera eso acontecer? Admirado, acatado y respetado siempre como una notabilidad riquísima, ninguno había osado jamás contradecir a la singularidad rarísima, muy dueña, por otra parte, de dormir cuando y como quisiera a la extensa sombra de su mansión encantada. Pagárala, era suya, y amén.

Tres fieles y leales servidores velaban y cuidaban día y noche al poderoso caballero que se hacía entender de ellos por medio de un gesto o de una mirada. ¡Oh! ¿Y quién como él vio nunca cumplidos sus menores caprichos? Atentos a la más leve insinuación de aquella dichosa criatura, sus servidores no cesaban de repetir con un entusiasmo siempre igual: «Que esté el señor contento, y desquíciese el universo».

¡Mas no vayamos a formarnos ilusiones vanas! Este extraño razonamiento en un criado, y sobre todo en un criado de nuestros días, no provenía ni de benevolencia, ni de instintos de afecto o mansedumbre. El caballero de la Albuérniga pagaba con desusada magnificencia un buen servicio, haciendo que el oro ocupase el lugar de la gratitud y de las consideraciones, y tenía una puerta franca a toda hora para el que cometía la primera falta, ¡la primera sin apelación!, porque, perdonada ésta, solía decir el rico-filósofo-sibarita, quedaba ancho y fácil camino para la segunda. He aquí por qué sus tres criados eran los mejores criados del mundo, y por qué hubieran consentido en sufrir el tormento antes que pronunciar una palabra en voz alta cuando su amo y señor dormía.

Después que el reloj del gran salón de mármol negro había dado las tres de la tarde, el palacio más silencioso del mundo se convertía en una tumba. Ni el zumbido de un insecto turbaba aquel reposo de muerte.

Como se ve bien claramente, el de la Albuérniga amaba sobre todo la quietud y la buena concordia entre su cuerpo y su espíritu: era idólatra de esa paz interior y exterior que hace del hombre el ser más perfecto, y gustaba de encontrar lisa y llana la senda de la vida, lo cual había conseguido y pensaba conseguir hasta el fin de sus días.

Mas para probar sin duda que no hay nada en la tierra ni estable ni duradero, y que todo lo que es obra del hombre cambia y perece al menor soplo, un acontecimiento inaudito y no conocido todavía en los anales del palacio de la Albuérniga vino a turbar tan pura y serena existencia.

En una calurosa tarde de agosto, a la hora en que las mismas flores parecen languidecer de fatiga y cuando el de la Albuérniga sentía que los cansados párpados se le cerraban blandamente para hacerle gustar las incomparables delicias de la siesta, en una tarde de verano, un ruido estrepitoso y agudo al mismo tiempo llegó hasta él, haciéndole dar un salto en su asiento como si hubiese sentido la picadura de un áspid.

Era el de una campanilla de las antecámaras, cuyo repiqueteo prolongado y maldecido hería los oídos, irritaba los nervios y se extendía por todo el palacio semejante a un trueno.

Tan conmovido quedó el caballero que pensó por un instante si aquel estruendo atronador sería delirio o alucinación de su mente... pero no cabía duda: alguna mano nerviosa, o endemoniada acaso, agitaba la fatal campanilla cuyo timbre desgarraba sin compasión el delicado tímpano del hombre más pacífico de la tierra y hacía estremecer su alma como si fuese el eco de la trompeta final.

Los criados, en tanto, llenos de asombro, pálidos como la misma muerte y dando traspiés como beodos, se habían encaminado hacia la puerta para saber quién era el que osaba cometer tan deplorable, tan inconcebible escándalo.

Un joven y elegante caballero, vestido de negro, que calzaba unas botas azules que le llegaban hasta la rodilla, y cuyo fulgor se asemejaba al fósforo que brilla entre las sombras, se hallaba en pie a la entrada de la antecámara, agitando en una mano el cordón de la campanilla mientras con la otra daba vueltas a una varita de ébano cubierta de brillantes y en cuya extremidad se veía un enorme cascabel.

Era el singularísimo y nunca bien ponderado personaje de elevada talla y arrogante apostura, de negra, crespa y un tanto revuelta, si bien perfumada cabellera. Tenía el semblante tan uniformemente blanco como si fuese hecho de un pedazo de mármol, y la expresión irónica de su mirada y de su boca era tal que turbaba al primer golpe el ánimo más sereno. Sobre su negro chaleco resaltaba además una corbata blanca que al mismo tiempo era y no era corbata, pues tenía la forma exacta de un aguilucho de feroces ojos con las alas abiertas y garras que parecían próximas a clavarse en su presa. A pesar de todo esto, el conjunto de aquel ser extraño era, aunque extraordinario en demasía, armonioso y simpático. Sus botas, maravilla no vista jamás, parecían hechas de un pedazo del mismo cielo, y el aguilucho que por corbata llevaba hacía un efecto admirable y fantástico: podía, pues, decirse de aquel personaje que, más bien hombre, era una hermosa visión.

Acometidos de una doble sorpresa, los criados retrocedieron al verle; mas él les preguntó enseguida:

-¿El señor de la Albuérniga?

-Duerme... -respondió uno con inseguro acento.

-Sírvase usted despertarle.

-¡Despertarle... ! -exclamó otro temblando-. Antes dejaríamos que el palacio se desplomase sobre nosotros. Nadie despierta al señor de la Albuérniga cuando duerme... Es cosa que sabe todo el mundo.

-Y yo también -añadió el caballero con indefinible sonrisa-; pero necesito verle en este instante, y si ustedes no me anuncian, lo haré yo mismo. Soy el duque de la Gloria.

Con la voz añudada en la garganta, el más valiente de los criados se atrevió a responder todavía:

-Perdónenos el señor duque... pero... nos es absolutamente imposible anunciarle ni permitir que lo haga su señoría.

-¡Ah... !, no necesito permiso -dijo entonces el caballero con naturalidad. Y cogiendo de nuevo el cordón de la campanilla hizo que la tormenta anterior volviese a empezar en el grado más sublime de las tempestades. El escándalo no podía ser mayor; el palacio parecía estremecerse, y los criados con el espanto retratado en el semblante y mesándose los cabellos pedían en vano piedad a aquel asesino de su fortuna, por causa de quien iban a ser despedidos de la mejor casa del mundo.

-¡Caballero... ! ¡Caballero... ! -repetían con voz sofocada-. Usted nos provoca a que hagamos uso de nuestro derecho... No nos pagan para que permitamos esto... ¿Qué dirá Madrid de semejante atropello?

Y como el duque de la Gloria se mostraba tan sordo a sus lamentaciones cual si se hallase realmente en el lugar de los bienaventurados, los leales servidores de la mejor casa del mundo iban, aunque temblando, a arrojarse sobre el duque, cuando el mismo señor de la Albuérniga apareció de repente en la estancia.

Medio envuelto en una ligera bata de seda negra, al través de la cual dejaba entrever unos calzoncillos de color carne perfectamente ajustados, hubiérase creído a primera vista que había equivocado el gran señor la antecámara con la sala de baño. Entre su delicado pie y la alfombra sólo se interponían unos calcetines, hermanos de aquellos hermosos calzoncillos, digna invención de la industria inglesa; cubríale la cabeza un gorro de cachemira blanco y concluyendo en punta, bajo del cual salían con profusión hermosos rizos de cabellos castaños, y como la cólera había tornado pálido y hosco el semblante siempre sereno del caballero, excusado es decir que tenía el aire más notable y distinguido que imaginarse pueda.

Un tinte sombrío pareció extenderse con su presencia por aquella singular escena, a pesar del resplandor brillante y azulado con que la iluminaban las botas del duque de la Gloria.

Alto y corpulento como un hijo del Cáucaso, la hermosa cabeza del caballero parecía fulminar rayos, mientras lanzaba sobre sus aterrados servidores interrogadoras miradas que encerraban un tratado de disciplina doméstica. El rico-filósofo-sibarita estaba imponente como Neptuno cuando fruncía las arqueadas cejas.

A pesar de esto, el duque de la Gloria le miró de alto a bajo con una casi inocente curiosidad, parándose a contemplar con suma complacencia ya el gorro cómico, ya los calzones, ya los casi descalzos pies del irritado caballero... y... ¡cosa extraña!, mientras éste se puso a contemplar, a su vez, la corbata, la varita negra y las deslumbradoras botas azules del duque, la cólera que antes le había tornado tan pálido el semblante pareció reconcentrarse en lo profundo de su corazón para dejar paso a la admiración y al asombro.

Un silencio profundo reinaba en la estancia, tomando así aquella escena, nueva en el colorido y en la forma, un interés creciente.

¡Cómo, a medida que el duque agitaba distraídamente la varita con el cascabel, la graciosa nariz del señor de la Albuérniga iba dilatándose... dilatándose... semejante a una amenaza que se ignora hasta dónde... puede alcanzar!

Fue el duque quien, interponiendo su argentina voz entre las extrañas iras de un cascabel sonoro y de una hermosa nariz, dijo el primero:

-Sospecho que me hallo en presencia del señor de la Albuérniga.

-¡De sospechar es! -repuso éste, con pausa aterradora.

-En efecto -añadió el duque, con un tono frío y cortés-; sólo este caballero podría usar un traje tan adecuado a su persona y a la estación reinante.

Miróle el de la Albuérniga, al oír tal, como una dama aristocrática miraría un insecto desconocido, que de repente se le hubiese posado en la blanca falda. Adelantó después un paso, rascó una ceja, echó hacia atrás el gorro descubriendo una frente espaciosa y lisa como una plancha de acero, y plantándose frente a frente del duque, como si pretendiese medir su altura, dijo con una calma tras de la cual parece que debía haber o un abismo o muchísimo sueño:

-Sepamos, caballero, ¡o lo que usted sea!, qué motivo de vida o muerte pudo obligar a una persona nacida a hacer tan insolente protesta contra mi voluntad, ¡¡aquí!!, en el seno de mi propio hogar.

-No me ocupo de protestar contra ajenas voluntades... Otros asuntos más graves llenan mis horas -respondió el duque con llaneza.

Un silencio más largo que el primero se siguió a estas palabras. El de la Albuérniga no acertaba a creer que las hubiese oído y le hubiesen sido dichas en un tono que, ¡vive el cielo!, no había sufrido nunca en ningún otro hombre. En el colmo, pues, de la más sorda cólera, y de un asombro siempre creciente, añadió por fin en voz tan baja que costaba trabajo percibirla:

-¿Sabe usted que estoy en mi casa? ¿Que amo el silencio y el reposo como el mayor bien de la vida? ¿Que no permito ¡jamás!, ¡jamás! que se me interrumpa en mi sueño?

-Ése fue precisamente el motivo que me trajo aquí antes de que pasase la hora en la cual, sin excepción alguna, se excluye de esta morada a todo ser que tenga vida y respire.

-¡¡¡Cómo!!! ¡preci... sa... men... te... por eso... ! ¡¡¡Ah!!!

Con verdaderas e inequívocas muestras de un pasmo profundo, hizo el de la Albuérniga estas exclamaciones, y, por un instante, hubiérase creído que iba a devorar o convertir en polvo a su adversario... Mas no sucedió así.

Su mirada se fijó indistintamente ya en la corbata, ya en la varita, ya en las botas del duque, y con un acento que ya no revelaba cólera sino ardiente curiosidad, exclamó después:

-Tan estupendo me parece lo que acabo de oír con mis propios oídos y ver con mis propios ojos, en mi propia casa, a la hora de mi reposo, me hace un efecto tan extraordinariamente nuevo y singular que... se hace forzosa una explicación entre nosotros. Sírvase acompañarme.

El duque siguió al de la Albuérniga, y al ver los criados el inesperado giro que había tomado aquel suceso, para ellos aterrador, tomaron aliento diciendo:

-Fuego mata fuego. Es un refrán que no engaña.

Capítulo 2

Después de atravesar, sin detenerse, galerías y corredores, llegaron al inmenso salón, cuya mayor belleza consistía en su severa desnudez.

Nada viene a turbar la enlutada monotonía del negro mármol que reflejaba entonces por todas partes, como un bruñido espejo, la gran figura del señor de la Albuérniga, y la no menos alta, si bien aún más notable, del duque de la Gloria. Y en verdad que al ver el caprichoso efecto que sobre la lisa superficie del pavimento formaban los calcetines color de rosa del primero y las luminosas botas azules del segundo, mientras los dos caballeros caminaban el uno en pos del otro, mejor que criaturas humanas creyéraselas extrañas visiones evocadas por el espíritu misterioso de aquella habitación silenciosa y negra como la noche.

Callados la recorrieron del uno al otro extremo en donde, abierta una colosal ventana, se distinguía un vastísimo jardín, fresco como una gruta, silencioso como un cementerio. Sólo se veía en él una fuente de alabastro con una ninfa dormida mientras rosas blancas asomaban por dondequiera su lánguida corola rompiendo la monotonía de la menuda yerba que verde y espesa, como el terciopelo, brotaba en todas partes cubriendo la superficie.

Butacas de una piel fina y blanca como la espuma y altos taburetes para colocar los pies se hallaban esparcidos en desorden al pie de la monstruosa ventana, hasta la cual llegaba, en alas de un viento suave, el agreste aroma de la yerba mezclado al de las rosas, y el rumor de la fuente que regalaba el oído con su cadencia monótona y dulce, la más a propósito para producir tranquilos sueños.

Imposible hubiera sido encontrar un sitio más apetecible que aquél para gozar en el estío de un fresco reparador. Mas era al mismo tiempo tan callado y silencioso, tan triste y tan sombrío que un espíritu aprensivo o una mujer nerviosa hubiera experimentado allí congojas mortales.

El de la Albuérniga se sentó negligentemente, colocando en el más alto de los taburetes los pequeños y delicados pies, que vinieron a quedar a nivel de su hermosa cabeza. ¡Postura impolítica y por demás extraña! Pero el duque de la Gloria, sin aguardar a ser invitado, se sentó asimismo, imitándole, mientras decía:

-¡Delicias de las delicias! He aquí la postura más confortable y más espiritual que han discurrido los hombres que saben discurrir de estas cosas, y la más a propósito para que el pensamiento tome en sus aspiraciones el vuelo del águila.

Más asombrado que nunca, el de la Albuérniga, al ver tan singular arrogancia, nada respondió al duque, contentándose con dirigirle una mirada a la corbata...

-Sí, caballero -prosiguió diciendo éste como si estuviese en su propia casa-; cuando descanso de esta manera, me hallo más empeñado en marchar con ánimo sereno por el camino que he emprendido, camino áspero y escabroso, como todos los buenos caminos, pues tal pintan en el cielo. Pero he aquí, señor mío, cómo en donde quiera que existe la más leve simpatía entre dos personas se conoce al punto. Ya es imposible que usted y yo dejemos de ser simpáticos, ambos preferimos hacer la figura de una A vuelta al revés.

Cuando dejó de hablar el duque, el de la Albuérniga se revolvió en su asiento como si le pinchasen, y sin dejar de mirar, casi con espanto, a su huésped, repuso:

-Prosiga usted... prosiga usted explicándose como le acomode... ¡Hace usted bien! Imagínese usted que nos hallamos en medio del desierto, y que este salón es el interior de una de sus pirámides, o lo que es lo mismo, una vastísima tumba. Sí, por mis días; podemos hablar sin que nadie nos oiga, matamos sin que nadie lo perciba...

-Entiendo... entiendo... y por consecuencia, acceder usted a mis exigencias sin que nadie lo sepa -concluyó el duque con la más ingenua naturalidad.

-¡Exigencias...! -repuso el de la Albuérniga riendo de una manera como de seguro nadie le habría visto reír-. ¡Exigencias...! ¿Usted sabe quién soy? ¿Me conoce usted?

-¡Así tuviera usted la satisfacción de conocerme!

-Si no le conozco todavía, le conoceré muy pronto, lo aseguro.

-Me llamo el duque de la Gloria. He aquí todo lo que por ahora puedo decir.

-¡Oh! Juro que no he de contentarme con eso. Usted ha venido a provocarme a mi propia casa de una manera que ninguno hubiera osado, porque saben todos que la reparación seguiría inmediatamente a la ofensa...

-Y sin embargo -le interrumpió el duque-, he aquí que permanecemos deliciosa y tranquilamente sentados en la forma de una A vuelta al revés, el uno en frente del otro sin ceremonia alguna, como buenos amigos que seremos a lo futuro y fieles aliados.

-¡Silencio!, ni una palabra más sobre este punto -dijo el de la Albuérniga con ira mal reprimida-. Aun cuando por un acto extraordinario y caprichoso de mi voluntad, le permita a usted hablar cuanto se le antoje, para después obrar yo como me parezca conveniente, todo lo que toca a mis afecciones es sagrado. Ni tengo amigos, ni formo alianzas con nadie... ni quiero que ninguno...

-Dispense usted, caballero -le interrumpió el duque-: precisamente he ahí el principio del fin, yo quiero que usted quiera lo que no ha querido nunca... Nada, señor mío; no vaya usted tampoco a extrañarse de lo que estoy diciendo, porque además de ser una verdad innegable no encierra nada de ofensivo. Este mundo es un abismo en donde el que entre no sabe ni lo que llegará a ser, ni lo que llegará a hacer, ni lo que llegará a ver.

-¡A fe que empiezo a creerlo... !

-¿Cómo no? Dígnese usted, por lo mismo, descender o ascender, como mejor le agrade, al terreno de la filosofía, y bajo este punto de vista oírme con la calma y la paciencia de los sabios, y responderme como ellos, es decir, franca, sencilla y noblemente. ¿No es verdad que soy el ser más extraño que ha pisado jamás las calles de esta corte, ni de otra alguna del mundo?

Tan extraña pregunta dejó completamente parado al de la Albuérniga, quien, vencido al mismo tiempo por la fuerza de la verdad, respondió calándose el gorro hasta las narices:

-No hay duda. Nada puede haber existido que a usted se le asemeje.

-Que haya o no existido, no lo discutiremos; pero lo que puede afirmarse es que no existe, y que en Europa es usted el primero que tiene la fortuna y el alto honor de contemplarme de cerca y de oír el eco de mi voz.

-¿Cómo no adiviné que hablaba con un loco? -pensó entonces el de la Albuérniga-; pero, vive el cielo, prosiguió que si por mí no vuelvo, en loco me convierte también. Su rostro pálido se me figura el de un espíritu sutil y burlón; la varita negra que agita entre las manos, haciendo resonar el cascabel más impertinente de todos los cascabeles del mundo, dijérase la de un mago, y respecto de esa corbata y de esas botas azules, de tal modo excitan mi curiosidad y trastornan mi cabeza que me hacen soportar a mi enemigo, pese a su locura, a su desfachatez digna de un látigo, y a sus trazas de duende.

-No, no vaya usted a creerme ni espíritu, ni persona demente -dijo el duque dando en el blanco de los pensamientos del de la Albuérniga y confundiéndole con una fría y severa mirada-. Mis modales son aquellos que me he complacido en adoptar, prosiguió, y mi persona y mi traje lo más maravilloso que encontrarse pudiera, como usted ha confesado con toda sinceridad. Pero, gracias al cielo, nunca la razón de ningún mortal se ha mostrado más lúcida y clara que la mía, pues todo me lo hace ver, aun lo más secreto y misterioso, como al través de un trasparente cristal. De ahí el que yo contemple satisfecho la justa admiración que mi persona produce en su ánimo, y...

El de la Albuérniga, dudando ya de su propia razón y convencido casi de la doble vista del duque, le interrumpió exclamando:

-¿Sin duda es usted Míster Hume, a quien nunca he querido conocer? ¿Quizá ha penetrado usted en mi casa con esa apariencia verdaderamente fantástica en venganza de mi desdén? Pues sepa que no me amedrentan los espíritus, en los cuales no creo, ni los fantasmas que, como el que tengo delante, alientan y respiran. Sírvase usted, pues, alejarse ahora mismo con el firme propósito de no volver jamás, o juro por mi honor que haré con usted el escarmiento más grande que haya recibido un mágico a la moderna.

A pesar de que el de la Albuérniga, al decir esto, se había levantado con aire altanero y amenazador, el duque, mientras lanzaba la más fina carcajada del mundo, no se movió de su asiento sino para colocarse mejor en él.

-He dicho que me llamaba el duque de la Gloria, dijo después, nombre español e infinitamente más bello que el del célebre espiritista. No, caballero, nada de espíritus ni de duendes. ¿Quién piensa en eso en nuestros días? Convengo en que hay apariencias deslumbradoras que fingen historias peregrinas, y pedazos de cristal caídos en el lodo que heridos por un rayo de luz parecen diamantes finísimos, pero ya nadie se engaña con tan vulgares supercherías. Por lo demás, es indudable que esta corbata y estas botas no son una ilusión engañosa, sino obra relevante y artística del Asia, que dará mucho que decir a la civilizada Europa. Sí, en verdad. Para que los triunfos que me esperan fuesen seguros y saliesen de la esfera vulgar, empecé por mandar hacer esta corbata y estas botas, mito hasta ahora incomprensible y germen fecundo de prodigios, naturales sin duda, pero asombrosos... Mas... ya hablaremos de eso...

-Pues hablemos -exclamó el de la Albuérniga, aguijoneado por una curiosidad irresistible que le hacía olvidarse de sí mismo.

-Y bien -prosiguió el duque con un acento de convicción que no dejaba lugar a la duda-. Estas botas tan hermosas, tan especiales y tan caras, que bastarían por sí solas para hacer una fortuna, llegarán a causar profundas e inolvidables emociones, a producir trastornos de graves trascendencias, y escenas cuyo indescriptible colorido será esencialmente conmovedor. Respecto a mi corbata... ¡Misterio sublime! En las orillas del Jordán, en aquellas místicas aguas cuyas gruesas ondas multiplican las bellezas del cielo que en ellas se refleja, fue en donde por primera vez su fino plumaje se tiñó del color de la nieve, así como estas botas del éter trasparente y azul. ¡Oh, aquella escena estará siempre presente en mi memoria! Un árabe del desierto me acompañaba y mientras nuestros caballos pacían la hierba de las praderas cercanas, un hijo del Egipto daba fuertes golpes en el yunque sobre aquel hierro candente que debía servir para la prueba.

-¿Cuál prueba?

-Aquella cuya memoria no se apartará de mí; dura ha sido en verdad, pero no me arrepiento, pues henos aquí, de enemigos mortales que debiéramos ser a juzgar por engañosas apariencias, convertidos en hombres pacíficos, soportándonos con una paciencia heroica, admirándonos sin envidia, y, usted sobre todo, haciendo como es natural, respecto de mi persona, consideraciones que si no le conducen directamente a la verdad, cosa imposible por ahora, disipan por lo menos en su alma la indigna pasión de la cólera que ciega al hombre y le induce a error y a ser injusto y brutal.

Con la extraña conversación del duque, el de la Albuérniga se hallaba, en efecto, absorto y como desorientado, ya no se atrevía a creer que el extraño ser que tenía delante fuese realmente un loco, ni menos un hombre como los demás: así, aun cuando tuviese al mismo tiempo vivos deseos de arrojarle por la ventana, reprimióse muy cuerdamente, y dijo.

-¿Qué puedo sacar en consecuencia de cuanto acaba usted de decir? ¿Habló usted únicamente para sí mismo, o para los dos?

-Para mí mismo y para los dos.

-Pues explíquese usted más claro y pronto en todo lo que haya hablado para mí, porque no he comprendido nada y necesito comprender...

-Quise decir para los dos que nuestras singularidades se atraen como dos cuerpos simpáticos, y si no dígalo la breve cuanto larga historia de nuestra entrevista. Llego, me anuncio sin preámbulos como persona que sabe no han de negarle el paso, usted sale a recibirme.

-Nada de eso, a arrojarle a usted aun cuando fuese por la ventana si se hiciese preciso.

-Si yo me dejaba arrojar... pero adelante. Usted me ve, yo le veo; mi corbata, mis botas y mi varita negra le dejan a usted absorto en medio de la ira que le domina; yo contemplo asimismo con deleite esos pies sin zapatillas, esos bellos calzones y ese gorro cónico tan perfectamente calado sobre una cabeza inteligente, y henos aquí, a mí, dispuesto a perdonarle a usted sus inconvenientes calificaciones, y a usted sin valor para separarse de mí antes de haberme conocido mejor.

Semejante a una bomba que estalla, así el de la Albuérniga bramó entonces, más bien que dijo:

-¡Por la felicidad de mis días! Que si a tales palabras no contestara de la manera que lo piden, mereciera no volver a gozar las delicias del sueño. Acabemos... ¿Es usted loco? En ese caso, mandaré a mis criados que se entiendan con su señoría. ¿Es usted cuerdo? Elija las armas y el lugar en que habremos de batirnos. Cuanto antes mejor...

-¡Cómo... ! Usted, el hombre de recta conciencia, usted, cuya rígida moral y espíritu apacible, le impedirían volverse contra una hormiga, ¿quiere batirse, quiere ponerse ahora a derramar la sangre de un hombre inocente?

-¡Hola! ¿Es usted un cobarde? ¿Tiene usted miedo? -replicó el de la Albuérniga sonrojándose.

-¡Miedo... ! ¡Bah! Todo eso es vana palabrería, que demasiado sabemos de qué barro son hechos los hijos de Eva... ¡Miedo! Y bien, señor mío, añadió el duque con risa burlona y frente a frente del de la Albuérniga. Yo me he batido más de una vez, y con gloria; pero a la conciencia no se le ocultan nuestras debilidades y flaquezas. La serenidad en el rostro, el miedo en el corazón, el escándalo y la desgracia sirviendo de fúnebre cortejo a una comparsa de graves apariencias y horribles resultados; los demonios del orgullo y de la vanidad, batiendo sus alas sobre una tumba llorada... , he aquí la gran farsa -demos a las cosas su verdadero nombre-, la farsa más ridícula y cruel que se conoce entre las gentes cultas, y también la más abominable y vana que han discurrido las quisquillosas criaturas.

-¡Qué verdades dicen a veces los locos... ! -pensó el de la Albuérniga, tosiendo. El duque prosiguió:

-Y ahora meditemos. Nosotros que sobrenadamos entre la multitud como el aceite sobre el agua, usted moralista y yo moralista, usted filósofo y yo filósofo, usted notable y yo infinitamente más notable todavía, ¿hablamos de descender como cualquiera a ese terreno vulgar? ¡Nunca! Al menos hasta que no nos conozcamos mejor.

El de la Albuérniga, que no había nacido cobarde pero que, como ya hemos dicho, amaba sobre todas las cosas de la tierra la paz y el reposo y detestaba el duelo sobre todas las cosas detestables, pensó si le era realmente lícito batirse con un ser desconocido y extraño hasta el punto de haberle parecido un loco o un diabólico espíritu. Además, ¿cómo, si llegaba a matarle, podría saber el profundo misterio que encerraban aquella corbata, aquellas hermosas y resplandecientes botas azules y aquella varita con un cascabel? Tomó, pues, su partido, y dijo:

-No sé hasta qué punto le será lícito a un hombre en circunstancias como la presente pedir concesiones o admitirlas... mas... ¡sea! Aun cuando yo juzgue la proposición de usted hija del miedo, no nos batiremos hasta que conozca mejor a mi singular adversario. Usted va a decirme, no obstante, ahora mismo a qué ha venido aquí. Lo exijo absolutamente... tengo derecho a ello.

-Y yo tengo sobrado valor para oír con toda la calma filosófica que a usted le ha abandonado esta tarde, esas palabras que en su ofuscación me dirige. ¿Desearía usted que le matara? Pues yo no quiero.

-Lo que usted no quiere, sin duda, es morir.

-Y usted mucho menos, caballero, como que no es un bocado sabroso; pero no sucederá. ¿Había yo de matar a una persona tan estimable y que ha de consagrarme algunos días de su cara existencia? ¡No puede ser! Usted vivirá, porque en cuestiones de honor tengo mi doctrina, y, además, he hecho solemnes juramentos a los cuales no puedo faltar ahora. Lo que sí le aseguro a usted, bajo mi palabra de caballero, es que, al venir aquí, no traje la menor intención de ofenderle.

-Basta ya de palabras... ¡basta, por quien soy! ¿A qué ha venido usted?

-A verle a usted, y a que usted me viera. Necesitaba dejar un indeleble recuerdo de mi persona en la mente siempre despejada y serena del señor de la Albuérniga, y hacerle así consentir buenamente en consagrarme algunos días de su apacible existencia, porque... ¿Cómo después de haberme contemplado de cerca había de negarse a una exigencia tan justa y que tanto le honra?

-¡Conque sí... !, para que yo... accediese... pues. ¡A una... exigencia de usted!

-Y estoy seguro de que usted accederá y anhelará que llegue el momento de cumplir mis deseos, porque hasta entonces el recuerdo de mi persona, el de mis botas y el de este cascabel perturbará su sueño, y no le dejará gozar momento de reposo. Usted pensará en mí más todavía que una mujer enamorada... y esto me basta. ¡Adiós, pues, caballero, hasta que volvamos a vernos!

El duque se alejó entonces con la ligereza de una sombra, pero aun después que había desaparecido veía el de la

Albuérniga danzar delante de sí aquellas botas y aquella corbata al compás del cascabel sonoro como si el demonio estuviese en ellas.

-¡Oh mundo! -exclamó entonces con el doliente acento del que se siente herido en medio del corazón-. Tus inquietas oleadas llegan a turbar la más apacible ribera. Mi palacio ha sido profanado... interrumpido mi reposo en el momento en que mis párpados cedían a la más dulce influencia que domina al hombre. ¡Vida perdurable! ¡Y unas botas azules, una corbata blanca y una varita con un cascabel, danzan ahora delante de mí, como si yo fuese dado a las sutilezas del baile... !

El de la Albuérniga se interrumpió de repente por algunos segundos, después de los cuales, como si el fuego de un volcán hubiese subido de repente a su cabeza, gritó dando un fuerte campanillazo:

-¡Chis! ¡Pum! -así llamaba a los criados para ser más breve-. ¡Pronto, un baño tibio! ¡que me abraso!

Capítulo 3

M urmurábase algunos días después que acababa de llegar a Madrid el esperado, un personaje lo más raro, lo más insolente, lo más fino, lo más extravagante, burlón y maravilloso del mundo. ¡Raro conjunto de diversas cualidades...!

Sepamos algo de lo que en la corte se murmuraba de él.

Pelasgo, director de un afamado periódico y osado crítico que falla sin miedo toda cuestión de ciencia, de política, o de honra, habla con uno de sus emisarios secretos.

-¿Qué pasa, Pedro? ¿Qué se dice del gran duque? ¿Es hombre o duende? ¿En qué quedamos?

-Es muy rico, señor, inmensamente rico... riquísimo... diez veces poderoso. ¡Oh...!

-Eso ya se sabe: un pobre no hace tanto ruido. Pero esas botas... ¿qué hemos de decir de esas botas?

-Que son el infierno, señor, que han sido hechas para quitar a los hombres el poco juicio que les queda... para apurar la paciencia de los mortales.

-A un lado las chanzas... Antes que nada ¿procuraste indagar si le será grato al duque que se hable de ellas? Esos hombres excesivamente ricos suelen ser excesivamente caprichosos, y alguno hay que se convertiría en nuestro mortal enemigo si alabásemos su persona antes que su casa de campo o su caballo. Es preciso, en fin, saber cuál es su cuerda...

-No tiene cuerda ese duque...

-¿Quién no la tiene en este mundo...?

-Tanto y tanto se dice... por de pronto aseguran que detesta el baile y que se ríe de los que bailan...

-Pues he ahí ya un buen tema...

-Si no detestase más todavía a los periódicos y a los periodistas...

-¿Vuelves a chancearte?

-No lo acostumbro, señor Pelasgo; pero es lo cierto que los detesta hasta el punto de no querer siquiera mirarles el rostro, ni más ni menos que a las mujeres, a quienes aborrece mortalmente y de las cuales se burla.

-¡Loco de atar! Burlarse de ellas, lo comprendo; pero aborrecerlas... ¿Qué es lo que le place entonces al buen señor?

-Personas bien enteradas me han afirmado que no le place nada.

-¡Peste contigo! ¿Es eso cuanto sabes?

-Repetir todo lo que de él se murmura sería cuento de nunca acabar.

-Que lo sea... lo que quede de hoy se deja para mañana. ¡Habla ya! Cumple tu obligación.

-Pues bien, murmúrase a la callada, entre otras cosas, que ese duende de duque va a publicar el libro de los libros...

-¡Hola... ! ¡Hola... ! ¡También el duque se mete a escritorcillo! Pero dime, ¿qué tienen que ver esas botas con el libro de los libros? ¿De qué son esas botas?

-Madrid entero no se ocupa de otra cosa, llegando a sospecharse muy formalmente que son hechas de cuero de diablo...

-¡Que te lleve... ! sin alma, porque no la tienes.

Indignado contra la torpeza de Pedro, Pelasgo se salió entonces a la calle, esperando que la casualidad viniese a mostrársele propicia.

En efecto, al entrar en uno de esos cafés llamados aristocráticos, porque ciertas personas distinguidas se dignan entrar en ellos para escanciar alguna botella mientras aguardan a un amigo, el nombre del duque vino a resonar en sus oídos...

Hallábase el salón completamente lleno, y las barbas relucientes, los rostros perfectamente afeitados, las manos delicadas, con larguísimas uñas, los vientres aristocráticamente obesos, los botitos con punta de anguila y las levitas cortas -¡ay, demasiado cortas!-, se dejaban admirar por todas partes. No; nada había allí de plebeyo, y aquel olor que se notaba a cigarros habanos, a esencia de rosas y violeta, decía bien claramente por qué cada uno que entraba traía el aire grave y ceremonioso, cual si fuese a tratar de negocios de Estado.

Pelasgo, cuya persona fea, pero almizclada y lavada con jabón de lechuga en nada desdecía por su aspecto de las que allí se encontraban, después de lanzar en torno una mirada desdeñosa fue a sentarse con circunspección en un rinconcito, a quien la brisa que penetraba por un cristal roto hacía permanecer comúnmente vacío.

-He aquí una conversación en que yo no pensaba -dijo al sentir el aire demasiado fresco que vino a saludarle... -. Mas ¿por qué hemos de ser los hombres tan quisquillosos y descontentadizos?, añadió luego con filosófica resignación. Hubo una época tormentosa en la cual me pasaba las nocturnas horas al raso, contemplando la luna, hasta que llegaba el día y el día hasta que volvía a aparecer la luna, y vuelta a deleitarme con la aparición de la aurora, sin que por eso me lamentase demasiado de mi adverso destino... mientras que ahora, se me hace insoportable la brisa más ligera. ¡Paciencia, Pelasgo, y escuchemos! Si no doy el primero algunas noticias ciertas sobre ese duque o diablo, quedaré mal parado y mis adversarios me morderán de lo lindo.

-Yo le he visto, decía uno, y puedo asegurar que difícilmente existirá un rostro más pálido, más irónico y burlón que el suyo. A no ser por aquella corbata y por aquellas botas maravillosas que llenan de asombroso el espíritu más impasible y sereno, no podría soportársele un solo instante... su mirada es penetrante como la punta de un puñal...

-¿Te ha pinchado?

-Casi lo creí.

-¡Cáspita!, en ese caso huiré de él para que no alcancen a verme sus peligrosísimos y asesinos ojos...

-Haz lo que gustes, pero hablemos despacio de estas cosas...

Y prosiguieron murmurando en un tono ininteligible para Pelasgo, pero, en cambio, dos editores nuevos en el comercio de las letras decían en voz alta y sentenciosamente:

-El que le diese cien duros por su decantado libro haría una peligrosa aventura, y, por mi parte, ni aun ofreciéndome el triple, consentiría en ser su editor.

-Ni yo lo fuera por todos los tesoros del mundo.

-¿No has oído que el tal duque es un pequeño Voltaire, un Voltaire de mal género?

-Pues ¿qué? ¿Existe algún género peor que el de ese francés, maestro de la impudicia y de la desvergüenza? -dijo al pasar un anciano en cuyo rostro se leía una adusta severidad.

-Estos vejetes jamás progresan como no sea hacia el sepulcro -replicó riendo uno de los editores. Pero Pelasgo fijó su atención en lo que decían dos jóvenes diputados que acababan de tomar asiento casi a su lado.

-¿No oyes cómo sólo se habla de él? -repuso uno.

-Sueño o cuento parece -contestó el otro-. La policía tampoco descansa, pero, a pesar de eso, nada cierto se sabe sino que se llama el duque de la Gloria y que con los tesoros que posee puede comprar la Europa y conmover el universo. ¡Oh!, los millones son unos conspiradores invencibles.

-¿Pero conspiran?

-¿Quién lo sabe? Si viviera Job en estos tiempos, también se diría que conspiraba. Mas lo que yo haría es llamar a Macallister, y mandar que le quitase al duque esas botas mágicas, a ver si se convertían en humo, o se descubría que el misterioso personaje tiene una pata de cabra..., porque, no es broma, las notabilidades más célebres quedan oscurecidas por la maravillosa claridad de esas botas que rodean al que las lleva con el brillo fantástico de los cuentos de hadas. Henos, pues, aplastados bajo la fuerza de un poder desconocido y perturbador, que todo lo conmueve. Madrid hierve a tal hora de impaciencia, se abrasa de ansiedad por saber quién es el ser extraño que osa deslumbrarle con unas botas azules. El mundo es una mascarada.

-Yo conozco a muchas damas que no cesan de preguntar en dónde se verá al duque, a qué paseos concurre el duque, a qué teatros asistirá el duque...

-¡Ah! Las mujeres, y sobre todo ciertas mujeres se encantan de lo que brilla, ni más ni menos que las urracas.

-¿Hablas por ella?

-Por la condesa Pampa, quieres decir, ¿por Laura...? ¡Oh!, nada de eso...

-Puedo asegurarte que no ha sido de las curiosas, que ni siquiera ha despegado los labios para pronunciar el nombre del duende azul.

-Gracias... mas eso es peor todavía...

-¿Estás celoso? Carlos... va a perderte ese amor.

-Quizá... las pasiones son como los ríos que se desbordan... dejemos eso.

-¿Se ocupan ustedes de él? -les interrumpió cierto general, que antes de echar los primeros dientes se había encontrado con los galones de coronel pegados a su chaqueta y con un mo-rrión por chichonera.

-De él hablamos -repuso Carlos-. ¿Sabe usted algo nuevo?

-Lo sé todo... Viene a hacer una gran reforma en el ejército, viene a devolvernos el poder que hemos ejercido en tiempo de Alejandro.

-¿Cómo es eso, general... ? Palabras sospechosas... van a prenderle por conspirador... Me hallo mejor enterado.

Esto dijo el secretario particular de un opulento banquero que acababa de formar parte del grupo, y añadió:

-Lo que pretende el duque es establecer en España un Banco universal, y acaso... dar a la propiedad un golpe maestro... Mu-chas otras cosas se cuentan, es verdad: dícese también que es el autor y el propagandista de cierto credo político cuyos prin-cipios entrañan la colosal ambición de Napoleón I, y el manco-munismo de los cuáqueros... Mas, ¡locura!, el banco... ¡ahí está el quid!

-Pero, señores... ¿qué tienen que ver el banco, y la propie-dad, y el ejército, con la corbata y las botas que tan célebre ha-cen al duque, y que no dejan en sosiego ninguna cabeza? -repli-có riendo el diputado Carlos.

-Y tiene razón -dijo para sí Pelasgo, encaminándose más que de prisa hacia la calle.

Mas estaba escrito que el nombre del duque había de reso-nar todavía en sus oídos.

Delante iban dos jóvenes, uno de ellos muy conocido suyo, conversando de este modo:

-Llevo tres días de una impaciencia cruel. Pero no descansa-ré, no me permitiré reposo hasta ver de cerca esas botas y ese ente singular.

-¿Qué has oído de su vida... ? Cuenta, mi querido noticiero.

-¡Oh!, yo he bebido en buenas fuentes y sé que ha desente-rrado en la India interesantes manuscritos y descifrado jeroglí-ficos ininteligibles para todos.

-¿Qué nos importan a nosotros los jeroglíficos y la India?

-Poeta, al fin, para dejar de ser fútil.

-¡Ah... perdona!, me olvidaba de que sabes griego y de que quieres alistarte en el número de los anticuarios. Mas ¿por qué te afanas? Dentro de cuarenta años todas las niñas de quince abriles te darán ese título, u otro que se le asemeje.

-Déjate de bromas y escucha. Ese hombre es la inmensidad. En él se hallan personificados los adelantos de nuestro siglo.

-¿Por qué?

-Las ciencias ocultas le han revelado en la China profundos secretos, y un gran genio, un ilustre y sabio escritor de la Moravia le ha legado con cincuenta millones de pesos fuertes...

-¡Demonio! ¡Qué falta nos hacían! ¡Pertrechado viene... !

-¡Cállate! Le ha legado cincuenta millones de pesos fuertes.

-Ya lo he oído. ¿Si querrás que le envidie?

-Y su último libro, para que lo publique y reparta él mismo por toda la tierra.

-Pues trabajo le mandó.

-Y así lo ha jurado el duque en el lecho de muerte del sabio moribundo.

-¿Qué contendrá, pues, ese librito?

-Parece que en él se echa por tierra todo género de literatura y se abren nuevas y desconocidas sendas al pensamiento humano.

-¡No digo nada con el sabio de la Moravia! No se andaba en pelillos. ¿Qué zurra no le daría Pelasgo si le alcanzara, eh? Y pregunto, ¿le ha legado también el difunto a su buen amigo la corbata y las botas, esas dos rarísimas prendas que convierten al duque en el ente más notable del mundo?

-Pregúntaselo, si puedes, que yo lo ignoro, aun cuando por saberlo daría un ojo de la cara.

-No perderías gran cosa, si era el que tienes bizco.

-Anda, burlón, que el sabio de la Moravia me vengará de ti. Tus versos serán sepultados en el abismo. Adiós, Ambrosio, que es lo mismo, que no decir nada.

Y el primero entró en un portal oscuro, y el segundo siguió calle arriba cantando una copla, no muy digna, por su poca modestia, de ser trasladada a estas páginas.

Mas he aquí que cuando menos lo esperaba Pelasgo, dio la vuelta el poeta y se encaró con él.

-¿Tú por aquí? ¿Qué se busca? -le preguntó.

-Tomo el fresco aun cuando ya es rocío -repuso Pelasgo haciéndose el disimulado.

-En efecto, hora es ya de irse cada mochuelo a su olivo... pero... ¡qué diantre!, ese agujero que llamamos casa, no ha sido hecho para los hijos de España, que amamos, más que una techumbre de oro, el puro azul del cielo.

-Menos cuando nieva o llueve, ¿no es verdad? Lo mismo les acontece a los habitantes de otros países.

-Lo mismo no.

-¡Bah! Como te acostumbraste a hacer odas y elegías, todo lo ves de color de rosa.

-Y tú como te acostumbraste a rebajarlo todo, haciendo excepción de ti mismo, todo lo ves de color de cieno.

-No vayamos ya a regañar...

-Te empeñas siempre en hacerme la oposición.

-Tú has empezado ahora, y como es una diversión que me agrada...

-Pues a mí no... pero atiende, ¿no reparas cuántas damas encubiertas pasan por aquí? Me parece que conozco a algunas.

-Y yo; sigamos a aquellas donairosas. Probemos si necesitan de nuestra ayuda para atravesar tan desiertas calles.

-¡Qué soledad... ! -dijo Pelasgo aproximándose-. ¿Paseamos juntos?

-Más vale ir solas que mal acompañadas -respondieron ellas apretando el paso.

-Gracias... Prefiero tan dura respuesta a un pretencioso silencio, bellas -contestó Pelasgo, que era más docto ciertamente en conversar con las mujeres que en escribir para ilustrar, como solía decir pomposamente.

-También preferimos la flexible galantería a la vidriosidad quisquillosa -respondieron ellas riendo y rebujándose más en sus largas capas.

-¡Bravo... ! ¡Bravo! -exclamó Ambrosio-. ¡Viva la franqueza española!

-¿Tienen ustedes tanta hermosura como talento? -volvió a decirles Pelasgo, poniéndose a su lado.

-¡Quizá mucho menos talento que hermosura!

-Veámoslo.

-¡No puede ser!

-¿Por qué?

-Porque no.

-Y basta; que no tiene vuelta la frase. Pero aunque sea tapadas, deben ustedes admitir la compañía.

-¿Por qué?

-Porque sí.

-Presto vuelve el caballero lo que adeuda.

-Amo la libertad, y siempre vive encadenado el que debe.

-Vamos, señoras -dijo Ambrosio-; mi amigo tiene razón. He aquí una hermosa noche para entretenimientos amorosos. La luna no se muestra ahora demasiado indiscreta.

-¿Qué importa que sea discreta la luna si no lo son los hombres? -dijo una de las damas con altivez; y añadió, después de haber hablado en voz baja al oído de su compañera-: ¡Por favor! Necesitamos caminar solas. Con Dios, caballeros.

-¿Es posible?

-Y tan posible. A no ser que pudiesen ustedes decimos en dónde se encuentra lo que andamos buscando.

-¿Qué es ello?

-Un astro que brilla como el azul del cielo y que es nuevo en el mundo, un ser extraño que huye de todos mientras todos van en pos de él.

-¡¡¡Ah!!! ¿También ustedes?

-Por curiosidad, es tan extraño el caso...

Y cual si las damas se hubiesen arrepentido de haber dicho tanto, añadió una de ellas rápidamente:

-Basta de chanzas... Desde aquí marcha cada cual por su camino.

Y cogidas del brazo echaron a correr por una estrecha y oscura travesía, diciendo entre sí:

-¡Dios eterno! Qué sátira nos harían si nos hubiesen conocido... , huyamos, el coche aún está lejos.

-Son ellas -decían a su vez Pelasgo y el poeta Ambrosio-. Es la condesa Pampa y Casimira. Esos dos demonios aventureros que a nada temen y que desafían las murmuraciones del mundo: ¿por qué no las hemos seguido?

-Es tarde y necesito volverme -dijo Pelasgo-. Mas ¿qué rumor de voces es ese que se siente? Oigamos.

-Son zapateros... zapateros que se han reunido para tratar acerca de las botas del duque.

-Demonio de hombre...

-A propósito. ¿Sabes que detesta los periódicos?

-¿Qué me importa? Nos veremos... ¡Agur!

-Agur y no romper lanzas.

Cuando Pelasgo llegó a su casa y se sentó al velador para refrigerar el estómago con una copa de Jerez y un bizcocho, halló
en la bandeja un billete perfumado; abriólo enseguida, y vio
que escrito con letras de oro decía así:

«El muy grande y poderoso señor duque de la Gloria no quiere que se hable de él en los periódicos. Semejante tarea corresponde únicamente a Las Tinieblas».

Los demás directores de periódicos habían recibido aquella
noche un billete igual al que acababa de leer Pelasgo.

Capítulo 4

No hay función sin tarasca,
ni novela sin amores.

¡La Corredera del perro!! ¿Sabe alguno de nuestros lectores en dónde existe esa calle de nombre tan poco armonioso? Es posible que no; imagínense, pues, que se halla situada allá en las afueras de Madrid, próxima a algún elegante cementerio; que es larga y angosta, un tanto sucia, siempre desierta, económicamente alumbrada por algún rayo de sol a la hora más alegre del día y adornada de cuando en cuando por algún rostro juvenil que asoma a través de una puerta o de una ventana entornadas, como asoma una rosa por entre la grieta de una losa sepulcral.

Y he aquí cómo, en guerra con el sentimentalismo, puerta de escape de todos los escritores tan ramplones como el autor de El caballero de las botas azules y de otros muchos aficionados a las novelas terriblemente histórico-españolas, nos inclinamos a escribir ahora algún parrafillo melancólico-poético, tomando por tema nada menos que la Corredera del perro.

¡Ay! No en vano nos dio el cielo
corazón para sentir.

Larga es la vida, corta la juventud, y sus flores son de una fugitiva belleza, a las cuales hacen guerra tempestades que con ellas viven y mueren. No; no hay primavera para las flores juveniles del alma, sólo hay estío y otoño; por eso cuando se han marchitado no queda de ellas ni tallo ni cenizas. Sólo queda el recuerdo en tanto no se debilita la memoria.

Y tal le acontecía también a las flores del alma de las jóvenes de la Corredera del perro que no por vivir en tan apartado retiro están exentas de gozar en la tierra las delicias concedidas al resto de la humanidad por nuestros enemigos más encarnizados.

Por aquella triste y silenciosa calle se ven pasar cada día carros fúnebres cuyos perezosos caballos agitan con lentitud sobre la cabeza, en honor de la muerte, altos penachos negros, y los vecinos de la Corredera del perro siguen muchas veces el triste convoy para contemplar cómo el féretro cubierto de nobles insignias, o bien ostentando cruzadas espadas, emblema de honor y mando, penetra silencioso en su estrecho agujero de piedra para no salir jamás a la luz del día.

Otros caminan silenciosos tras de la negra y humilde caja de la Misericordia, llevada sin pompa ni ruido, por tres hombres groseramente vestidos de negro, quienes dejan caer pesadamente el cuerpo muerto en el hoyo profundo abierto en la madre tierra.

Cuando esto acontece, los vecinos de la Corredera del perro se retiran tristes, diciendo: «Así hemos de ser enterrados nosotros».

Tales son los acontecimientos más notables que en el transcurso del año ocurren en aquella olvidada calle, y por esto, sin duda, las pocas jóvenes que por allí se encuentran tienen un aire lánguido y meditabundo en demasía.

Cuando se las ve salir, en bien escaso número por cierto, del colegio de doña Dorotea, algunas cantan, otras ríen, saltan y cuchichean, pero siempre con cierta timidez que inspira simpatía y compasión al que las contempla, siempre mirando hacia la ventana por donde una cabeza enjuta y metida en una especie de escofieta blanca y almidonada, como las que en algunos pueblos ponen a los muertos, aparece fisgoneando huraña:

-Silencio, revoltosas... ¿Cómo se atreven mis discípulas a caminar tan descocadamente por la calle? ¿Qué dirán las gentes de su siempre respetada directora?

Así les grita a lo mejor una voz seca y cascada que sale de la escofieta, y las niñas, semejantes entonces a corderillos, se juntan, se aprietan y con la cabeza humildemente inclinada se dirigen a la verja del cementerio para rezar un Padre nuestro, lo más devotamente que pueden.

Después, ya lejos de la vista de doña Dorotea, se atreven a jugar a los alfileres sobre la blanca arena del camino hasta que suena la primera campanada de la oración, que las hace correr hacia sus tristes nidos, diciendo al despedirse: ¡Hasta mañana!

Algunos domingos suelen bajar a la gran babel de la corte, sobre todo en tiempo de ferias; pero sus madres las acompañan siempre y las llevan de la mano aun cuando hayan pasado de la niñez y sean ya pequeñas mujercitas.

-No hay que enamorarse, queridas niñas -les dicen-, de tantas cosas como por aquí se ven. Todas estas fruslerías han sido hechas para hacerles gastar dinero a los ricos, y a nosotros los pobres nos sentarían como a una vieja una moña colorada...

-¡Oh Dios! ¿Qué dirían en nuestra calle si os vieran con esos cintajos y adornos?

-¿Y por qué, madre, nadie se ríe en Madrid de las muchachas que los llevan?

-¡Vaya! ¿Si querríais compararos con las gentes de por aquí? Contádselo a doña Dorotea y veréis qué os contesta. Cada cual es quien es.

El nombre de doña Dorotea basta para poner un sello a los labios de las pobres niñas y para que lo contemplen todo como a través de un velo que oculta a medias lo que se anhela conocer. Quizá por la noche sueñan con lo que han admirado en las espaciosas calles y plazas de la gran población y aun se imaginan ser ellas mismas alguna de tantas engalanadas y preciosas jóvenes como por allí transitan; pero al otro día la planchada escofieta de doña Dorotea disipa todas aquellas impresiones como un viento fuerte las espesas nieblas de la mañana. Esta rígida señora funde las almas de sus discípulas -si así podemos decirlo- en unos principios de austeridad tan fuertes que aquellas almas, dócilmente sometidas a su yugo, siguen, con cortas excepciones, una marcha igual hasta la muerte... ¡Quizá la única que debiera seguirse en este mundo... !

Erguida y fuerte todavía como un cedro, doña Dorotea, que cuenta con especial economía sus pasados años, dice que casi... casi... tiene sesenta cumplidos y que recuerda los buenos tiempos de la modestia y del recato, tiempos en que ninguna dama ni mujer se faltaba ni a sí misma ni a los demás. Considérese, pues, hasta dónde tendríamos que remontar la época de su dichosa juventud, a juzgar por la prueba que aduce, sin admitir la menor réplica.

Pero sea como quiera, aconteció que el cielo, bondadoso, le había concedido una hermosa sobrina, en la cual pusiera todo su afecto de solterona, proponiéndose hacer de tan bella criatura un modelo de todas las virtudes, un retrato, en fin, de sí misma, y en sus aspiraciones había llegado a tanto la buena señora que hasta recomendaba a la niña las escofietas blancas como el adorno más lindo y modesto que podía usar una joven hacendosa y digna del aprecio de todos.

Y henos, pues, a la espiritual, a la inocente Mariquita viendo pasar los mejores días de su juventud entre una escofieta almidonada, el gato de la casa y la verja del cementerio.

Sin huerto ni jardín en donde poder pasar alguna hora del día, Mariquita amaba las flores nacidas al pie de las tumbas, y el rumor que hacía el viento al agitar los sauces la impresionaba tan melancólica y dulcemente que siempre que podía robaba algunos momentos para ir a contemplar el jardín de los muertos. ¡Extraño placer, sólo propio, sin duda, de una joven vecina de la Corredera del perro y acostumbrada a la modesta sociedad de doña Dorotea!

Cuando una lluvia benéfica se había derramado sobre las losas de mármol negro, que brillaban entonces como espejos sombríos, y sobre las humildes cruces torcidas por el huracán, pensamientos vagos y misteriosos como el primer rayo del alba vagaban errantes por la mente de la pobre Mariquita... Aquel inmenso silencio que se extendía en torno, aquellos pájaros que venían a piar lenta y cadenciosamente sobre la punta de los cipreses y aquel sol que brillaba tras de una gruesa nube, descolorido como la luna... la hacían permanecer muda y sobrecogida, con el oído atento y la mirada incierta... Las ramas de los sauces barrían desmelenadas el polvo de los sepulcros cobijados bajo su sombra, las rosas deshojándose a cada soplo del viento parecían conversar misteriosamente entre sí, y las blancas arcadas que ocultan millares de esqueletos iban a perderse de una manera vaga allá en donde un ángel, con la cabeza medio oculta entre los pliegues del ropaje, meditaba tristemente sobre un alto mausoleo rodeado de mirtos y enverjados...

¡Oh... !, la contemplación de aquel cuadro en donde la naturaleza, siempre alegre y hermosa, parece luchar con la muerte para vivir y florecer, producía en el impresionable espíritu de

Mariquita una angustia indefinible. Sin saber por qué, derramaba entonces copiosas lágrimas y tornaba después al lado de su tía con los ojos enrojecidos y el rostro más pálido que de costumbre.

-¿Te sientes mal? -le preguntó la vieja una tarde al notar la melancólica expresión de su semblante.

-¡Quizá! -le contestó la niña con extraño acento-; tía, ¿es muy doloroso morir... ?

-¿No ha de ser?

-Me parece, sin embargo, que debe uno hallarse muy bien en el sepulcro... A mí me gusta el cementerio, aunque es triste. Sí, me gusta más el cementerio que el novio con quien quieren casarme.

Doña Dorotea la miró con asombro y exclamó después:

-¡Qué destino! ¡Mocosuela de chica, lo que ella sueña... ! ¡No he oído otra jamás! Ni me admira que no le guste el novio que a mí tampoco me gustó nunca ninguno, aun cuando me buscaban a centenares, pero de esto a enamorarse del cementerio, diferencia va, y no pequeña. ¿Sabes, criatura, que allí sólo hay gusanos y despojos de cadáveres?

-También hay mármoles y flores...

-¡Flores de muerto... ! ¡Qué horror... !, flores cuyo pernicioso aroma marchita la juventud... y sobre todo, señorita, le prohíbo a usted ocuparse de esas cosas impropias de una niña y hasta impías en un alma cristiana. Sólo debemos pensar en la muerte para librarnos de obrar mal, y en el cementerio para rezar por las almas de los que ya no son de este mundo.

Tan justas razones aterrorizaron por un momento a Mariquita, pero sin quitarle su afición a contemplar el mundo de las tumbas, vasto campo para ella de informes ilusiones, hijas quizá de una imaginación ensoñadora y ardiente, pero comprimida por la estrechez de la Corredera del perro y la escofieta de doña Dorotea. Todo cuanto se presentaba a los ojos de Mariquita estaba desierto y árido. Todo era mezquino y sin horizontes menos el cementerio. Allí había flores, sol y espacio.

Por otra parte, Mariquita, a quien su siempre respetada tía se había esforzado en darle una educación demasiado insociable y huraña, y que a los dieciséis años no sabía más que leer torpemente en el catecismo, escribir sin ortografía, coser un poco y jugar a los alfileres, se halló en extremo mortificada el día en que su padre, después de presentarle un joven de lánguido aspecto, tímido y de lasos cabellos rubios, le dijo:

-Éste ha de ser tu marido.

-¡Mi marido... ! -se atrevió a murmurar tan pronto como se halló sola-. ¿Para qué quiero yo marido?

Y habiéndole preguntado a su tía sobre el particular, ésta le contestó:

-Un marido viene a ser lo que es tu padre para tu madre.

-¿Y qué es mi padre para mi madre?

-¡Qué tontona has nacido! ¿Pues no lo ves?

Ignoramos por qué doña Dorotea dio tan ambigua respuesta a la inocente Mariquita; pero es el caso que, poco satisfecha la chica, se atrevió un día a repetir la pregunta a cierta vecina que pasaba por discreta y charlatana, cualidades que a decir verdad no se hermanan muy bien que digamos.

-Atiende, niña, y atiende como es debido -le dijo aquélla por complacerla y complacerse a sí misma con aquel ratito de conversación-. Un marido, hija mía, es o puede ser muchas cosas a la vez: amparo y desamparo, amigo y enemigo, mala o buena fortuna... Verdad es que la Iglesia nos le da siempre por compañero cariñoso, pero el pícaro mundo, por compañero y por tirano como me lo ha dado a mí ¡Perdónele Dios al mundo, y, porque no diga, perdónele también a mi difunto, ya que después de haber sido tan tornadizo y peleón se aquietó al fin con la muerte! Porque has de saber, Mariquita, que cada cual habla de la feria como le va en ella. Algunas dicen que un marido es la gracia del cielo, la sal del pan; otras... , yo las conozco y tú también, aún le hacen la cruz después de muerto. Pero es el caso que se manda que la mujer ame y respete al que se le ha dado para ser apoyo de su debilidad (yo siempre he pensado, niña mía, que mejor que eso fueran dinero y buena salud) y, en fin, que le obedezca y le cuide y mil cosas más que sólo la práctica enseña... , pero... ¡que si quieres! Todo ello, muy bueno para contado y malísimo para cumplido, pues por más que yo procuraba portarme bien con el mío, niña, nunca pude alcanzarlo. El muy hijo de su madre todo lo entendía a trompicones, y erre y más erre con que habíamos de arañarnos; ya se ve: como él mandaba, yo no me podía negar. ¿Entendiste, Mariquita? Pues bien, te diré todavía, porque te quiero, que si el matrimonio es cruz vale más andar sin cruz que con ella, que el buey suelto bien se lame y que para una boca basta una sopa.

El discurso de la charlatana vecina, que tan sin conciencia aborrecía los lazos de himeneo, hizo su efecto en Mariquita que sintió aumentarse en su corazón el instintivo horror que el joven lánguido y de lasos cabellos le inspiraba.

Además, su tía doña Dorotea le había hecho formar una idea muy elevada de las mujeres y, no pudiendo comprender la muchacha en su verdadera acepción la palabra debilidad aplicada a su sexo, pensó muy razonablemente que no habiéndose sentido nunca ni enferma ni débil podía muy bien rehusar un apoyo que no necesitaba. Permaneció, pues, tranquila con esta idea, si bien, faltando algo a su existencia monótona y uniforme, iba a buscar ese algo al cementerio. Como ya hemos dicho, el sol, los mármoles y las flores del fúnebre recinto halagaban melancólicamente aquella imaginación ensoñadora.

Era un domingo por la tarde. Las niñas de la Corredera del perro jugaban juntas en un corral vecino, doña Dorotea había salido a visitar a una amiga enferma, y Mariquita, como pocas veces le acontecía, quedó sola en casa.

-Hoy sí que podré permanecer mucho tiempo en el cementerio -pensó enseguida. Y echando la llave a la puerta se encaminó ligera hacia el asilo de los muertos. Para mayor fortuna, la puerta estaba entornada, pero Mariquita oyó allá dentro ruido de voces, y como era en extremo tímida se retiró un poco lejos, tomando asiento en una piedra del camino esperando ansiosa que dejasen libre aquel triste recinto.

Sus deseos se vieron al punto cumplidos. Bien pronto un caballero, alto y delgado como un álamo joven, pálido... pálido... vestido de negro... y con unas botas azules y brillantísimas que le llegaban hasta la rodilla, se presentó a los ojos de Mariquita. Deslumbrada quedó al pronto cual si hubiese mirado al sol, y al notar la uniforme blancura del rostro del desconocido, y aquel resplandor que le rodeaba, llegó a imaginarse que era aquél el fantasma de los sepulcros... mas el fantasma hablaba y reía, y como no hablan ni ríen los fantasmas se convenció de que tan maravillosa visión pertenecía al mundo de los vivos.

El caballero en tanto, sin cuidarse de quien tan atentamente le miraba, prosiguió hablando con el sepulturero, y así pudo Mariquita contemplarle a su gusto, desde los pies a la cabeza y desde la cabeza a los pies sin pestañear siquiera y sin tomar apenas aliento. Sucedíale a la niña que cuanto más le miraba, mayor placer y encanto le causaba verle, al contrario de lo que le pasaba a su presunto marido, que cuanto más le veía menos gusto tenía en mirarle produciéndole enojos el solo recuerdo de sus lasos cabellos.

No se crea que Mariquita dejó de hacer al punto tan notable comparación. Al contrario, muy deprisa se le vino a las mientes, y con ella una así como aversión profunda a la sombría y estrecha calle de la Corredera del perro juntamente con la escofieta de doña Dorotea. Y no hablemos ya de su prometido, infeliz víctima de un ciego destino: ¡ay!, quizá en aquellos instantes, para él de ignorada desventura, soñaba amoroso con la adorada de su corazón. ¡Vosotros los que veis tranquilos a una pobre hormiga perecer bajo vuestra planta, pensad en las incertidumbres del porvenir y no os fiéis de las sonrisas de la felicidad!

Después que el caballero de las botas azules se despidió del sepulturero, fuese alejando hacia la corte por caminos extraviados y solitarios, y fuele Mariquita siguiendo como si la atrajese con su resplandor hasta que ya cerca de Madrid entró el caballero en un coche y desapareció.

La muchacha volvió entonces en sí como asustada y, tornando presurosa a desandar lo andado, no cesaba de decir cual si estuviese loca:

-Pobre de mí, ¿por qué he venido tan lejos? Y mi tía que me estará esperando a la puerta... ¡loca que soy! ¡La culpa de todo esto la tiene ese marido con quien quieren casarme!

¡Razonamiento extraño el de Mariquita! Él prueba cuán injusto es, a veces, el corazón del hombre. Por fortuna, la siempre respetada directora doña Dorotea, ocupada en hacer horchatas para la enferma, no había llegado aún y Mariquita no sufrió el castigo de la primera falta, quedando por ello muy contenta. Mas la conciencia, que no duerme si es que no está tranquila, tuvo despierta a la niña toda la noche haciéndole sentir remordimientos y agitaciones que nunca había conocido.

-Una vez que es preciso casarse -pensaba-, ¿por qué mi padre no me dará por marido a aquel caballero?

Esta idea no la abandonó ni un instante en los días que transcurrieron siendo para ella como una fiebre ardiente que consume la vida. Sin poder gozar momento de reposo, soñando, despierta y dormida, con el caballero de las botas azules, empezó a enflaquecer rápidamente.

-¡Si volviese a verle! -repetía sin cesar. Y corría hacia la verja del cementerio.

Quince días de estas luchas bastaran para tornarla pálida y ojerosa como una verdadera enferma. Las vecinas le decían riendo que se había quedado sin sangre, y, muy inquieta su tía por tal mudanza, avisó al padre de la niña, el cual determinó casarla antes de lo que había pensado a ver si con la alegría de las bodas se le curaba la melancolía.

-Melchor -le dijo al novio-, ponte de tiros largos y ve a ver a Mariquita para decirle algo que la contente y te haga mayor lugar en su corazón; por casta y modesta que sea una joven, siempre gusta de arrumacos y de galanterías.

¡Qué más quiso Melchor! Vistióse al punto el pantalón color de avellana, el chaleco verde y la levita negra de los domingos, hizo que le cortasen los cabellos, y, afeitado como un colegial, calóse el sombrero y se encaminó hacia la Corredera del perro pensando en el amorosísimo discurso con que iba a herir de medio a medio el corazón de su prometida.

-¿Cómo ha de estar contenta -iba diciendo el desdichado-, si nunca han permitido que le declarase mi sentir? Pero cuando sepa que no hay momento que no me acuerde de ella hasta olvidarme del bocado que llevo a la boca, cuando sepa que tengo hecho para ella un lindo nido de rosas... , y cogiéndole la mano derecha -que esto está permitido entre dos que se van a casar- le repita: quiérote... quiérote... Mariquita mía, quiérote más que a todos y no hablemos de ello... ¡oh, cómo entonces, de descolorida que está ahora, se tornará coloradilla como una manzana!

Loco con tanta felicidad como le esperaba, Melchor no aguardó siquiera a que las discípulas de doña Dorotea hubiesen salido, sino que en su aturdimiento se coló de rondón en donde se hallaban reunidas, quedándose al punto en extremo avergonzado y dejando a Mariquita más muerta que viva.

¡Ay! su novio vestido de gala la horrorizó, haciéndole lanzar un grito que no pudo reprimir.

-¿Qué te sucede? -le preguntó su tía.

-Me he pinchado -repuso ella tartamudeando.

Doña Dorotea, a pesar de su suspicacia, pareció quedar convencida y se dirigió a sus discípulas con complaciente sonrisa, diciéndolas:

-Vamos, niñas, hoy os permito salir un cuarto de hora antes de lo acostumbrado, aunque mañana lo estaréis de más, porque vuestros padres no me pagan para que os conceda indebidas vacaciones.

Obedientes las chicas, se levantaron unas tras otras, pero mientras doblaban la labor y fingían buscar algo que se les había perdido iban aproximándose disimuladamente a Mariquita y diciéndole en voz baja:

-¡Qué feo es Melchorcillo, Virgen de Atocha!

-Parece un lagarto.

-Mariquita... ¡Puf!, huele a cera este chico.

-Te casas con la pared y no asistiré a tu boda.

Y otras mil cosas a este tenor que de rechazo llegaban a oídos del infeliz amante, cuyos ojos se hallaban casi preñados de lágrimas.

-¿Qué cuchicheos son esos, señoritas? -gruñó por fin la anciana cuyo oído no estaba ya muy experto.

-Rezábamos a la hora.

-Pues ¿da hora?

-Ha de dar, y lo mismo ganarán las ánimas benditas con que recemos antes. Beso a usted la mano, doña Dorotea, hasta mañana si Dios quiere; doña Dorotea, usted descanse. Adiós, don Melchor; que usted quede con Dios.

Tenían casi siempre todas aquellas niñas el aire grave, modesto y melancólico que ya hemos descrito; pero al despedirse esta tarde del pobre mozo vagaba en sus labios una sonrisa que hubiera hecho honor a la más experta y burlona cortesana... ¡Pícara malicia que con nosotros naces!

-Tome usted asiento a mi lado, Melchor -le dijo la vieja al novio tan pronto como quedaron solos-, y tú, Mariquita, levanta esa cabeza que yo te lo permito. Usted no extrañará que se muestre tan tímida y ruborosa, porque, como yo la he educado a mi manera, apenas se atreve a alzar los ojos para mirar a nadie como yo no se lo diga. Mejor esposa no podría usted encontrarla en diez leguas a la redonda, porque, aun cuando yo fuera su propia madre, no se me parecería más de lo que se me parece. Eso sí; no sabe nada de nada y no como otras, que en todo quieren meterse y aprender lo que no les conviene. De casa a la iglesia y de la iglesia a casa, siempre a mi lado y siempre a la sombra de mi brazo; tal fue su vida y lo mismo entiende de las cosas del mundo que si no existiesen. Cieguita la tengo, como un gatito recién nacido... ¿qué más se le puede pedir? Pues de cuerpo y de rostro bien se la ve, pero ahí la tiene usted, Melchor amigo, ¡hace algún tiempo parece que se le acaba la vida!... A ver si usted la contenta, ¿eh?

De un tirón echó doña Dorotea este discurso, y tan poseída estaba de su papel de tía y directora, y tan metida en su almidonada escofieta que no podía ver que así el novio como la novia se hallaban cual sobre espinas y muy lejos de atender a sus palabras.

Sólo Dios sabe cómo hubieran salido de tal atolladero Mariquita y Melchor cuando ocurrió que el gato, que no entendía de bodas, pasó corriendo por la escalera llevándose en la boca la salchicha reservada para la cena.

Doña Dorotea no pudo entonces conservar su habitual serenidad. Era aquel un lance imprevisto, de esos que vienen a sorprendernos traidoramente en medio de una ignorancia feliz; por eso, fuera de sí la buena señora, se levantó acongojada de su gran sillón exclamando:

-¡Cógelo! ¡Mariquita, cógelo, que se huye!... ¡A él! ¡Mariquita... a él!

Obedeció al punto Mariquita lanzándose rápidamente en pos del minino ladrón; pero dos horas después no habían aparecido todavía ni Mariquita ni la salchicha, ni el gato...

Desgraciado Melchor... ¡Melchor naciste!

Capítulo 5

A quella misma noche, en los salones de la condesa Pampa había gran reunión y brillaban a porfía las mujeres y las flores; mas no se sentía, como otras veces, esa ruidosa sinfonía de risas alegres y de voces frescas y armoniosas que, semejantes al rumor de un torrente, iban a unirse a los acordes de la música. Sólo el ris ras de los abanicos que las damas agitaban en sus pequeñas manos con la gracia española, unida a la de la más desdeñosa y sutil coquetería, corría en todos los tonos, de diván en diván y de grupo en grupo como diciendo: Hoy toda la gloria es nuestra.

En una palabra, reinaba allí cierta atmósfera misteriosa que lo llenaba todo, prestando doble encanto a cuadro tan escogido; y en vez de amoríos y sutilezas de salón se cuchicheaba con aire grave de cierto asunto extraño y nuevo en la corte.

Pero ¡qué elegancia al mismo tiempo!... ¡Qué tocados a la imperial, a la griega, a la japonesa, a la Pompadour!... -que sepamos, no había ninguno a la española-. ¡Qué elegancia aristocrática siempre embellecida por cierto airecillo a la extranjera, y qué rigurosa etiqueta!... Habíase llegado al bello ideal del lujo en sus aspiraciones más grandiosas y podía decirse que ya no era posible ir más allá, ni en el fondo ni en la forma. Sobre todo, la condesa Pampa, al arrastrar sobre la alfombra la larga cola de su vestido de raso blanco salpicado de estrellas de oro, parecía -entre las que como mariposas giraban en torno de ella- una reina de Oriente en medio de un séquito de princesas... ¡Y qué princesas... Dios mío!

Allí estaba la hermosa, la rica, la sin par y caprichosa Casimira adorada de todos, aunque para ninguno compasiva, que era altiva y tiránica como toda soberana belleza; allí la biznieta de un emperador y de origen ruso, Inocencia, la sin rival, cuyos ojos negros habían vencido con una sola mirada a más de un enérgico y fuerte corazón; allí la duquesa de Río Ancho, mujer

57

que se llevaba la palma en el arte de zurcir con maña inimitable un jirón amoroso, y también la marquesita de Mara-Mari, criatura la más pálida y lánguida que encontrarse pudiera en este bajo suelo, se paseaba lentamente cogida al brazo de Marcelina la blonda, formando ambas un contraste encantador; pues mientras la primera murmuraba con desmayado esfuerzo palabras misteriosas, eco imperfecto de sus sentimientos sublimes, la segunda, viva como el pensamiento y despreocupada como todo el que pisa suelo extranjero (era criolla), no hacía más que hablar en voz muy alta de su adorada América cual pudiera hablar del mismo cielo con sus potestades, ángeles, arcángeles y serafines -que eran ellas, las criollas-, y de las poetisas cubanas, en cuyo número tenía el alto honor de contarse. Dote que le había sido transmitido por sus ascendientes desde la quinta generación, por ser ésta allí costumbre muy añeja y usada con tan suma facilidad que, de serlo tanto, parece ya cosa de poco valer.

Y había otras y otras mil... pero no enumeraremos más por no ser prolijos en donde no importa, que con lo dicho basta para dejar adivinar que podía decirse de aquel baile: Non plus ultra. Faltaba, no obstante, una dama; la gran señora de Vinca Rúa no se encontraba allí, luciendo, como de costumbre, su arrogante cuerpo graciosamente vestido de sedas y pedrerías, y todas preguntaban qué sería de ella, aun cuando entre tanto y tanto esplendor se la olvidó bien pronto.

Condes, marqueses, duques, generales y generalas, banqueros y banqueras, diplomáticos cuyas diversas tintas pudieran formar el más sorprendente arco-iris, y hasta literatos ilustres se paseaban democráticamente confundidos por salones y jardines con el aire grave del que espera ver resuelta la solución de algún difícil problema.

A pesar de esto, transcurría la primera hora sin que el menor acontecimiento viniese a turbar la misteriosa actitud de tan digna concurrencia y la orquesta, que nada entendía quizá de lo que pasaba más allá de los atriles, rompió a tocar con la acostumbrada armonía.

Mas algo había allí de oscuro e incomprensible, algo esperaba y temía aquella sociedad elegante y respetable cuando en vez de la grata confusión que sigue siempre a los primeros acentos de un vals, sólo la vacilación y el desaliento, incompatibles con tan alegres fiestas, cundió por toda la multitud.

Mientras la música proseguía tocando rápida y animada y un dilatado espacio convidaba a lanzarse alegremente en el loco torbellino, mirábanse los unos a los otros como en una escena de teatro, paseaban en silencio, formaban círculos y ninguno se atrevía a ser el primero en gustar del placer grato a los amantes de Terpsícore, como si fuese entonces una maldita tentación. ¡Oh, nunca una sociedad tan escogida pudo pasar por más extraña y dolorosa prueba!

¡Qué momentos... qué dudas... qué mudas interrogaciones! ¿Qué significaban aquella reserva y aquel esforzado encogimiento? ¿Convertíase el baile en una grave ceremonia de corte y tantas cintas y gasa transparentes no habían de agitarse al aire con gracia y brillar aquella noche como otras muchas? ¡Ay... quizás no!, pues mientras todas las armonías que incitan al baile, inquietas y desatadas, revoloteaban como invisibles espíritus en torno de cada corazón palpitante, otro espíritu más poderoso que ellas parecía atar al suelo todos aquellos pies pequeños y nerviosos, en los cuales una sangre joven y ardorosa bullía como los metales en el seno de un volcán.

Cuando calló la música todos respiraron libremente como si sintiesen el corazón desahogado de algún peso atormentador. ¡Ninguno había bailado! Y aún empezó a murmurarse en voz alta que era el baile una distracción harto impropia de personas cultas. Si se trataba del vals, era preciso confesar su inmoralidad; si de la polka, ¡qué ridículos saltos!; si de los lanceros o el grave rigodón, ¿podía existir nada tan necio como aquellas ceremoniosas cortesías y aquel ir y venir cual si fuese cosa importante? Y por último, la danza americana con sus languideces y medio desmayados compases, con sus soñolientos paseos y dormidas vueltas por el amor suele a veces despertar... y con aquel monótono movimiento que tan bien imita el eterno mecerse de todos los seres del nuevo mundo, de suyo se dejaba conocer que era un mal injerto introducido fraudulentamente en Europa, y que debía relegarse otra vez a los bosques en donde había nacido.

En vano, pues, la orquesta prosiguió más tarde haciendo oír encantadores acentos, a cuyo llamamiento se mostraban sordos e inmóviles aún los más apasionados. Pero una inquietud creciente, un indefinible malestar fue poco a poco invadiendo los ánimos. Fatigados de esperar algo que no llegaba, cada uno decía en voz baja:

-No viene; acaso se halle a estas horas en París o en Viena, pues aseguran que cuando quiere camina con la velocidad del vapor.

-No hay que creer tales patrañas, respondían otros. Lo que hay de cierto es que pone en práctica la antigua máxima de los sacerdotes paganos y de reyes de todos los tiempos: se deja ver poco y en momentos dados.

Pero es el caso que las horas empezaban a caminar pesadamente. Los elegantes a la inglesa no sabían cómo colocar las largas y enjutas piernas, las damas casi bostezaban de tedio tras del abanico y cada vez que la música rompía a tocar de nuevo tornábanse pálidas las unas, rojas las otras, mientras bajo las vaporosas faldas se percibían breves y furtivos compases, repitiéndose en torno con creciente impaciencia, «¡No viene!, ¡qué fantástico!... ».

Por fin... allá por la media noche, esa hora fatal para toda clase de tentaciones, cuando el sueño no nos oprime y sujeta con su dulce peso, aconteció que, en uno de esos momentos en que la música produce en la mente exaltada el efecto de un vértigo irresistible, un pie atrevido osó resbalar sobre la alfombra y tras de aquel pie corrieron todos como picados por la maligna tarántula, de cuyo veneno no necesitan ciertamente los hombres para agitarse locamente hasta morir.

La animación, que antes faltaba, cundió entonces por toda la multitud con la rapidez del relámpago: ya ninguno cuchicheó con reserva como no fuese de amores, ni dijo que era el baile una distracción harto impropia de personas cultas. Todo al contrario: los saltitos y vueltas tentadoras que como otras muchas cosas de la vida ponen en peligro inminente la gravedad de los mortales volvieron loca cada cabeza, y fue de ver cómo aquellas gentes honorabilísimas, a pesar de lo bien nacidas que eran, hubieron de rendir culto esta vez más a la debilidad humana.

La respetable concurrencia bailaba en masa con entusiasmo, con fe, y condes, duques y marqueses, generales y banqueros, hacían su pirueta en compañía de sus charreteras y brillantes cruces como la larga cola del vestido de la condesa Pampa hacía también su gracioso caracoleo a cada ir y venir del elegante cuerpo de la dama.

Con la animación y el baile, el calor tomó bien pronto un incremento tropical; podía decirse que reinaba el sirocco y en vano se bajaba a los jardines en busca de la brisa, que el sol del día había convertido en aliento abrasador. El aspecto de cada semblante tornóse desagradable y sofocado; por cada calva y venerable frente, en donde graves cuidados había impreso su sello, el sudor dejaba surcos que apenas enjugados con la blanca batista volvían a aparecer importunos, y general había que desde el fondo de su corazón acariciaba amorosamente el recuerdo de los campamentos, en donde el más noble y cauto puede sin cumplimiento ni rebozo desabrochar su casaca. Las mismas damas se asemejaban a rosas próximas a marchitarse, apareciendo mucho menos frescas y hermosas que antes de empezar a bailar... Y sin embargo, todos eran felices y se hallaban olvidados de las miserias humanas: ¡oh! ¡Terpsícore!... ¡Terpsícore!... Eres más embriagadora que el vino.

¡Tara! ¡Ta-ta! ¡Tara-ta-ta! Niña cubana... ¡Tara-ta-ta!, por ti me muero... etcétera...

No era esto precisamente, pero, poco más, poco menos, esto era lo que querían decir algunas de las hermosas danzas americanas que aquella noche se tocaron con un son tan dulce y arrullador que pudiera uno creerse transportado a alguno de esos vírgenes bosques o extensas pampas en donde canta el tan ponderado colibrí que porque es solo a hacer trinos y gorjeos se lleva toda la fama.

¡Tara-ta-ta! ¡Tara-ta-ta!, una negrita y un negro... etcétera.

-¡Ah, mi Cuba!... -exclamaba al oír tan dulces sones Marcelina la criolla, elevando al cielo sus ojos azules-... ¡Si usted viera nuestros bailes, general!... ¡Qué danzas, Dios mío!... Aquello no es bailar, es un dulcísimo ensueño, una especie de suave remanso parecido al del mar cuando está en calma; puede decirse que quien baila es el espíritu y no el cuerpo, que apenas hace más que dejarse arrastrar por quien la lleva.

-Bendita esa tierra que da criaturas tan bellas como la que en este instante se apoya en mi brazo con una languidez mil veces seductora. ¡Qué danzas serán esas bailadas por mujeres cuyo talle ligero se asemeje al que ahora estrecho en el hueco de mi mano... !: pero ¿acaso no es usted, Marcelina, la más bella personificación de lo que quiero conocer?

-¡Ah, nunca! ¡Que por más que lo desee no me es dado imprimir a esta danza el carácter nacional de mi hermosa Cuba! Aquello es otra cosa... Pero, general, usted se fatiga y no es extraño, porque esto no es danza, es una galop infernal capaz de dejar sin aliento el pecho más robusto. ¡Si tal aconteciera en mi país!...

-No hay que hablar de ello -repuso el general con brusca franqueza-. Con aquel calor se hubiera uno muerto como San Lorenzo.

-Si no hay allí calor...

-¿Cómo?

-Digo que, aunque le haya, vienen las lluvias y refrescan, viene la brisa del mar y templa la atmósfera. Y no como aquí... que a decir verdad todo se vuelve polvo y cielo gris...

-No obstante, el firmamento suele brillar en Madrid bastante puro... y los airecillos que bajan del Guadarrama se dejan sentir a veces harto vivamente...

-Es verdad, siempre contrastes. Pero el cielo americano... ¡Oh, qué cielo!...

-¡Fuego! -exclamó el general interrumpiéndola.

-¿Qué es eso? -repuso asustada la criolla-. Y como viese que el general se sostenía por algunos momentos en un solo pie, como ave dormida, añadió:

-¿Un pisotón? ¡Qué horror!... pues no es éste ciertamente el baile de la Camelia pero en todas partes hay pies torpes.

-No; no ha sido nada -repuso el general cojeando un poquillo-, el pisotón de una dama es siempre grato.

-¿Está usted seguro de que fue de una dama?

-Si no lo estuviese me haría la ilusión para mitigar el dolor de que la misma Marcelina...

-Gracias, general... pero no quiero cargar con culpas que no he cometido.

-Sería por demás injusto -dijo la condesa Pampa acercándose con aire risueño, medio burlón-. Yo he sido la agresora, y de ello me pesa.

-Con tales armas, señora -repuso con la mayor galantería el lastimado-, quisiera ser herido toda mi vida.

-Dios me perdone y me libre de hollar otra vez una de las glorias de España.

-¡Qué hollar, condesa! Si esos pies son más ligeros que el céfiro y la brisa... pasan y no se sienten...

-¡Adulador!... -repuso la condesa con la mayor coquetería, y añadió en voz baja casi al oído del que la acompañaba-: Ya lo ve usted, poeta, hasta los generales roban a los literatos sus bellas frases. Las musas se ausentan... dejan la tierra...

-Y bien -dijo el poeta lanzando un hondo suspiro-, mientras queden mujeres como usted, condesa, no me faltará inspiración.

-¿De qué género?

-¡Señora!... juro que si yo fuese Petrarca o Dante...

-¡No, por Dios!... Nada de romanticismos ni de clasicismo tampoco, ni de... en fin, no sé yo misma lo que deseo, pero ninguno de esos estilos llenaría mi espíritu. Estamos cansados de esos versos eternamente los mismos, y que se parecen los unos a los otros como una gota de agua a otra gota... pues... ¿y las novelas? ¡Qué monotonía y qué tedio!... No se comprende cómo hombres que no hayan perdido la cabeza pueden dedicarse a hacer tales cosas... Crea usted, Ambrosio, que no hay qué leer y apenas sabe una en qué entretenerse mientras la peina su doncella.

-¿Será posible, condesa? Tal vez ocupado ese pensamiento en divagaciones extrañas, no puede detenerse a juzgar las bellezas del libro abierto en la cansada mano.

-Extraño que un hombre de algún talento se exprese de tal modo en una cuestión en que todos vamos conformes... ¿Por qué no hablar con franqueza? No hay nada bueno, absolutamente nada...

-Esta mujer me insulta... ¿habráse visto descaro igual? ¡Algún talento!...

-Usted no ignora, Ambrosio, que falta el buen gusto y la novedad en los libros que hoy se escriben sin excepción alguna, y no soy la única que lo dice pues todos están cansados de esa literatura que han dado en llamar moderna y excelente, y que quizá lo hubiera sido si a fuerza de tomarla por suya inexpertas medianías no llegaran a convertirla en fastidiosa y ramplona...

-¿Si esto irá conmigo? Al menos no se digna hacer siquiera una justa excepción y lo advierte.

-Es preciso discurrir algo nuevo que llene y satisfaga: de lo contrario, Ambrosio, la literatura va a naufragar... pero mi primo se acerca: usted me dispensará... tengo que comunicarle una buena nueva...

-¿Acaso la de que ese ingrato pensamiento se ha acordado de él?

-¿Qué día no me acuerdo de mis amigos?

-Quizá todos aquellos en que usted no los ve... al menos de los amigos como Ambrosio...

-Jamás hubiera yo hecho tan injusta excepción... mas helo aquí... Carlos... tengo que hablarte...

-Adiós, pues, condesa, y no me olvide usted.

Y añadió el poeta tan pronto como aquélla se hubo alejado:

-Llévete el diablo, quisquillosa y coqueta mujer. ¿Qué entiendes tú de versos ni de prosa? ¿Qué otra cosa sabes más que darte aire con el abanico y fastidiarte de tus amantes? Apuesto a que la muy soberbia no ha echado una sola ojeada sobre mi libro...

Y el poeta fue a reunirse presuroso con las más afiladas lenguas que por allí se hallaban, renegando para siempre del elevado estilo de la oda y decidido ya por los acerados epigramas...

Allá, en uno de los salones de descanso, el primo le decía en tanto a la condesa:

-¿Qué buen ángel ha hecho que te acercaras a hablarme, Laura, tú que apenas te dignas de cuando en cuando dirigirme de lejos una mirada?

-No empieces regañando... Algunas veces siente el corazón la imperiosa necesidad de restituirse a las personas que más estima...

-Engañosa y falsa...

-Silencio, que aún no he concluido... y, por otra parte, empezaba a cansarme la conversación de ese poeta.

-He ahí la clave. Lo había adivinado al mirarte; pues sé leer mejor que ninguno en ese hermoso rostro tus ingratitudes y caprichos, y esto es lo que más me atormenta. Si me fuese posible correr un velo entre tus veleidades y mi vista de lince, sería mucho más dichoso porque al menos viviría engañado.

-Deseo fácil de cumplir... cubre tus ojos con una venda y yo te guiaré...

-No me insultes, Laura, ni hagas así escarnio de un pobre corazón que siempre ha sido tuyo. ¿Crees que esa especie de crímenes no encuentran su castigo?

-Simplecillo... Si éstos fueran crímenes, cuánto hubiera tenido Dios que ensanchar el infierno...

-Me horroriza oírte hablar así.

-¿Por qué? Te aseguro que estoy perfectamente tranquila y que descanso sin remordimientos como los justos. ¿Qué hubiera sido si no de una pobre mujer que se limitase a girar desde que nace hasta que muere en el círculo estrecho que los hombres le prescribís...? Formalidad, primo mío, sé juicioso y acostúmbrate a hablar de otro modo con una hija de Eva que ve más lejos que las otras y que sabe hasta dónde puede llegar.

-¡Perteneces a la compañía de las independientes! Lo veo bien claro. A ese género aborrecible que los hombres detestan, que anatematizan los buenos y que demuestra mejor que ninguno el cáncer que devora la moderna sociedad... ¡Dios mío!... ¡Laura! No debiera volver a hablarte jamás aun cuando tal resolución me costara la vida. Mas soy casi tu hermano, y por otra parte me has atraído hacia ti como la serpiente al pájaro, me has destrozado el alma y esto me da derecho a ser tu sombra, tu eterno remordimiento...

-¡Cuánta locura y cuánto desvariar!... Duéleme el ver cómo los hombres perdéis siempre con las mujeres el mejor tiempo en lo que no os conviene.

-¿Aún más cinismo? ¡Blasfema! Y sin embargo, eres aquella a quien no puedo olvidar, a quien amaré siempre...

-¡Cuánto me alegro! Pero ámame sin lloriqueos y sin quejas, ámame alegremente como conviene a tu porte y a tus años; que un amante celoso y descontentadizo aburre al alma más apasionada.

-Es verdad... así le acontece a los corazones que como el tuyo han exprimido ya toda su savia juvenil, no quedando en ellos más que vanos deseos. Deja que me retire... La ira y el dolor me oprimen y siento impulsos de ahogarte entre mis brazos, aquí, a la faz del mundo...

-¡Qué civilizado salvaje!... Huye, pues, dulce amor mío y no pares hasta la Tebaida, que con la penitencia se apagan las pasiones violentas y se dominan los malos instintos. Me sentaré al lado de Casimira puesto que ella y yo nos entendemos mejor.

Se dirigió entonces hacia el salón principal y su amiga al verla acercarse le dijo:

-¿Qué es esto, condesa? Tus adoradores ¿quieren sitiarte como a inexpugnable castillo?

-Sin duda; pero los detesto cordialmente y juro que no me rendiré.

-Valiente amazona... si hubiera muchas que te igualaran, más fecundo sería entonces nuestro reino.

-Pero, ¡ay!, ¡qué miserables somos, Casimira!... ¡Tener que soportar esos amantes que nos llaman cien veces ingratas con fieros o lacrimosos ojos, y que recomiendan la modestia de las mojigatas y lo que ellos llaman decoro y moralidad, ni más ni menos que un cura de aldea! Ya no se puede vivir alegremente ni en España, ni en Francia, ni en Inglaterra: la misma Italia ha perdido su tan renombrada originalidad en materia de amores y una imaginación ambiciosa y sedienta de algo nuevo apenas encuentra a dónde volver los ojos.

-Algo hay de cierto en eso... pero una imaginación activa se agita, se revuelve, y concluye al cabo por hallar un recurso.

-¿Cuál?... Todos están gastados, así para ellos como para nosotras. De ahí el fastidio... ¿Sabes lo que se me ha ocurrido alguna vez?... Que en Rusia encontraría lo que busco.

-¿Pues cómo?

-Aquellos hombres me agradan: primero, por las pieles en que se envuelven; segundo, porque son todavía más raros y extravagantes que los ingleses, y tercero, porque tengo entendido que es más abrasador el fuego que arde bajo la nieve que el que brilla y chisporrotea a la luz del sol. ¡Lérmontov me ha encantado!

-Bravas razones.

-¿Qué?... ¿no crees que unos amores en el Cáucaso serían magníficos?

-¡Bah! Allí como aquí, condesa, tan vulgares serán aquellos feroces y caprichosos hijos de las montañas como estos españoles cuyo instinto, como el de las mariposas, los lleva indiferentemente a donde quiera que ven nuevas flores. ¿No has podido soñar algo mejor?

-¿En dónde?

-Cosas extrañas... muy extrañas, existen que hubieran podido trastornar la más fuerte cabeza...

-No comprendo de qué quieres hablar... -murmuró la condesa Pampa, inmutándose levemente mientras fingía mirar con atención profunda el eje de su abanico de marfil-. Después, con una volubilidad sospechosa para los perspicaces ojos de su amiga, prosiguió:

-Hablando con la franqueza que mutuamente nos debemos, tú sabes muy bien que para nosotras, que somos ricas y bellas, no es victoria la de una conquista. ¿Y cómo ha de serlo si ellos son los que triunfan y nosotras las que nos rendimos? La sociedad que los hombres han hecho a su gusto hasta nos prohíbe pensar... -y la condesa añadió en voz muy baja-: de modo, Casimira, que en vano nos llamamos las independientes.

-¿Quizá no te creas tan libre y poderosa como ellos?

-¡Qué sé yo! Sólo sé decir que el mundo envejece rápidamente y que todo me parece usado y de mal gusto.

Y la condesa empezó a agitar el abanico con un desdén imponente, mientras Casimira, mirándola a hurtadillas, decía para sí:

-Te veo y te comprendo... Caminamos a un mismo paso y por un mismo sendero; falta ahora saber quién llegará la primera.

La música rompió a tocar en el mismo instante y multitud de caballeros se acercaron enseguida a invitar a ambas damas.

Tocóle en suerte a la condesa un larguísimo inglés, embajador y duque, y que no por ser a un mismo tiempo dos cosas tan excelentes se las componía mejor para bailar aquellas habaneras que hacían suspirar a la criolla Marcelina por su país adorado. El gran lord al dar cada dormida vuelta dijérase que bailaba después de haber cenado, lo cual era muy posible en verdad, o que tomando por lo serio aquello de Niña morena, por ti me muero, etcétera, aun cuando la condesa no era ya precisamente una niña, como era morena, iba a caerse redondo a sus pies.

Respecto a la hermosa Casimira, llevaba a su lado nada menos que a la misma España, o lo que es igual, a un ministro que por entonces tenía esta bella patria en un puño; aunque es seguro, si hemos de juzgar por su apostura de enamorado y galán que el ministro olvidaba aquella noche la patria por la hermosa y cruel Casimira, que a haberlo querido se hubiera hecho entonces absoluta poseedora de nuestras carísimas libertades. Mas no era mujer política, y la noble Iberia no corrió esta vez el peligro más leve. Ocupada la altiva y bella en dar bien los compases y en reírse para sí de su adorador, que era casi tan torpe para bailar como el gran lord inglés, sólo se distraía de esto murmurando casi al oído del enamorado ministro.

-¡Qué mala figura hace este diplomático en el baile! Si fuera él con sus botas azules... ¡ay!, pero no ha venido... ¡pedante!

Capítulo 6

Varios críticos, de esos cuyos juicios se imponen por sí mismos a los ilustrados lectores, y algunos literatos de indisputable fecundidad, formaban en tanto círculo aparte en uno de los jardines más espléndidamente iluminados; pues, mal que les pese a las musas, son casi siempre sus elegidos fatalmente inclinados más bien que a la sencillez de los campos a las pompas mundanas, al lujo regio de los salones y a cuanto la perfecta sabiduría condena por boda de Pitágoras como muelle y enervador.

Arrellenados esta noche en ligeros asientos rodeados de flores y aspirando los mil perfumes que las plantas despedían de sus senos y las damas de sus vestidos, hablaban de las cosas y de las personas con ese alto desdén, con esa roedora mordacidad tan semejante a la boca de los rumiantes en despuntarlo todo.

-He aquí la condesa de Río Ancho -decían-. Se asemeja a una rosa nacida en otoño, o a una belleza antigua resucitada entre las ruinas de un gótico castillo. A ella es a quien dedica sus versos el desdichado coplero Luis.

-¡Coplero! Eso es rebajar demasiado a un poeta.

-Él no es poeta aunque se lo llamen las gentes, y la condesa que lo sabe lee sus versos riéndose en compañía de su amante napolitano, el hombre más necio de toda Italia.

-Posee, no obstante, una habilidad que ha traído de su patria. Toca Il violino con una sedosidad desesperadora para el marido de su Francesca, que al oír resbalar el arco sobre las cuerdas se cura del mal de nervios.

-Silencio... Ved a Carlos que se aproxima sombrío y meditabundo... Se desespera de no poder convertir a Laura en mujer honrada, mientras ella, que se halla en un acceso de hastío como los que le acometen cada otoño, está pensando en ir a pescar un amante a la Hungría o la Silesia...

-¿Para qué?

-Para saber cuán dulce es un coloquio de amor entre la nieve o cómo suena en húngaro la palabra ¡te amo!

-¡Loca de atar! Es una segunda Ana Bolena.

-Haz justicia asimismo a las que se le parecen. ¿Te olvidas de la del Puerto, de la de Camba, de la de Carcasol? Ahí está también la gran Casimira, esclava de su veleidoso corazón. Se vanagloria, aunque discretamente por otra parte porque tiene talento, de despreciar todo lo que las mujeres vulgares temen, y dice que le sobra valor para asemejarse y ponerse a nivel de los hombres. Mas a fe que se engaña al creerse la única valiente... Las amazonas de amor van estando de sobra en nuestro siglo.

-Rectifico.

-¿Y la de Vinca Rúa? He ahí otra notabilidad sorprendente... A pesar de sus cuarenta cumplidos gasta en un collar o en una diadema veinte mil duros, es capaz de vestirse de diosa o de gitana por poner la primera una moda, y tratándose de regalar a un amante no temería, después de haber recibido la bendición del papa, en arruinar la silla apostólica. Mas, hela aquí que llega al fin... , miradla, ¡qué maravilla! Ha venido la última para sorprendernos con su fausto, y en verdad lo consigue, ¡qué brillo!, ¡qué diamantes! Si la plantasen ahora en Sierra Morena... Señora, el lujo está desatado; cada mujer es en nuestros días una reina, empezando por las costureras.

-Volvemos a los tiempos de Roma.

-Ya desandaremos otra vez el camino. El mundo se asemeja a las mareas, va y viene.

-¡Dios santo!... Qué cara de soledad tiene esta marquesita de Mara-Mari. ¿Reza mucho?

-Mañana y tarde, para que Dios le depare cada semana por lo menos un noble joven que se mate por su hermosura.

-¡Tigre hircana! No seré yo.

-Y harás muy bien, pues la orgullosa no hubiera llorado su trágico fin. Menos desdeñosa es Marcelina, la criolla, a la cual se la tiene contenta con decirle que América es el paraíso, que Europa es una merienda de negros, y España semejante a un insecto inmundo de esos que las boas se devoran a cientos.

-¡Válgate Dios con la criolla!... Pero, Señor... ¿en dónde está la razón humana?

-Yo creo que cada hombre cogió como pudo su pedacito y que hizo de él lo que le pareció más conveniente. Así se ven algunos que han colocado su porción en los pies, imaginando que de este modo no habrían de dar nunca un tropezón, aun cuando, en cambio, anduviesen con la cabeza hueca concluyendo por rompérsela contra una esquina.

-El pensamiento no me parece ni ingenioso ni elegante, pero sí verdadero. Mas observo que estás hoy filósofo.

-Porque me aburro.

-Fruta del tiempo.

-Fruta de todos tiempos. Mirad... mirad qué blancos hombros los de esa mujer. ¡Malditas apariencias!, ¡que no fuera verdad tanta belleza!... pero todo es arroz. ¿Sabéis que he llegado a adquirir un triste convencimiento?

-¿Que es mejor el oficio de marqués que el de literato? -preguntó Pelasgo acercándose.

-Que las mujeres no son, ni con mucho, tan hermosas como nosotros las soñamos. Quitad de su tocador las pomadas, los afeites, los perfumes, desnudadlas de ese pomposo atavío de flores y sedas y contempladlas después.

-Después... después mucho más hermosas todavía. El ropaje me ha parecido siempre detestable. Prefiero el arte griego.

-Es que tú debieras haber nacido en tiempo de Nerón, allá... cuando se hacían sacrificios en Pafos... pero la fortuna te ha sido adversa, y hete aquí con frac y largos pantalones contemplando en vez de jóvenes desnudas consagradas a la impúdica Venus a nuestras mujeres españolas metidas en jaulas de acero y en corsés a la perezosa.

-Atiende, no obstante -añadió Pelasgo-, que no lo he perdido todo y que a ser Fidias, o cualquier otro escultor de aquellos tiempos, no me hubieran faltado en este baile preciosos modelos. Esa joven que acogida al brazo de aquel novel diplomático acaba de pararse al pie de la fuente es uno de ellos. No hay duda que oculta bajo la larga cola del vestido lo que una aldeana de mi país enseña sin rebozo al pasar un arroyo o subir un picacho; pero en cambio, nos muestra atrevidamente el seno hasta más de la mitad... dijérase que está a solas en su gabinete. Lleva los brazos completamente desnudos y una trasparente y bienhechora gasa permite que la mirada contemple sin estorbo, hasta tocar la aprisionada cintura, las formas clásicas de su preciosa espalda. ¿No puedo consolarme con esto de los tiempos del César?

-Hablas como sientes; es decir, de una manera indecorosa y que pudiera decirse prohibida.

-¡Me calumnias!... En tal caso, que prohíban los escotes y las danzas que pues yo no hago más que hablar libremente de lo que aún más libremente veo... Ahí las tienes... a cientos pasan ante nosotros, dándonos, como quien dice, en rostro con sus perfecciones... ¿No vienen hoy casi todas cual si quisiesen servir de modelo para alguna de las tres gracias? ¿Mas cómo suceder de otro modo, si el baile es de toda etiqueta, y si mientras se envían misiones a los salvajes para predicarles la moral cristiana y el santo pudor de las vírgenes, tan grato al cielo, la etiqueta en Europa es vestirse medio en cueros?

Reía el crítico Pelasgo al decir esto, con todo su corazón, porque su mayor placer era la burla, aun cuando no soportaba que se burlasen de él. Pero el poeta Ambrosio, que sin ser mejor que su amigo era capaz de convertirse en santo, por llevarle la contraria, repuso:

-Decir crítico es decir lengua de serpiente. Mas el que quiere echarle en cara a la sociedad sus vicios debe empezar antes por corregirse a sí propio. Declamar contra el escándalo y ser escandaloso son dos cosas que se contradicen.

-Como Pelasgo y tú -añadió otro.

-En efecto -repuso el primero-. Cuando yo digo A, él dice Z, lo cual significa sin duda que soy la primera letra del alfabeto, y Ambrosio la última. Mas ¡aaaa, qué sueño me domina!... diríase que no he dormido en un mes.

-Parece que las horas caminan con pies de plomo -añadió otro, haciendo eco como es costumbre al bostezo de su vecino-. Y sin embargo... cómo se divierten los dichosos... ¡quién fuera uno de ellos!

-En vano lo deseas, y yo contigo -repuso un tercero bostezando también-. Las mujeres chillan como cotorras, la música resuena como un trueno, el calor hace que la ropa se plegue a nuestro cuerpo como la túnica cuando salimos del baño... y ahora pregunto... ¿A qué se viene a estos sitios si no es a fastidiarse?

-No venir -dijo Pelasgo.

-¡No venir! ¿Qué hacer entonces de este pobre cuerpo que en ninguna parte se encuentra bien?

-Enviarlo al océano a saber noticias del cable submarino o a investigar, tierra adentro, de qué son esas botas azules.

-Silencio, señores... Ésa es cuestión difícil... ¿No saben ustedes que ese duende de duque no quiere que se murmure de él? A pesar de que se le ha esperado toda la noche con una ansiedad que rayaba en agonía, ninguno se ha atrevido a pronunciar su nombre en voz alta.

-Y, por cierto, que acaba de dar a esta sociedad el mayor chasco del siglo. ¡Cómo habrá de reírse con su risa a lo Mefistófeles cuando sepa la ridícula farsa que acaba de hacer representar en vano a tanta noble eminencia! Trabajo costaba en las primeras horas de la noche contener la risa al notar el grave recogimiento y parsimonia de todos los circunstantes.

-¿No permanecías tú también tieso y empaquetado como un milord?

-Donde estuvieres haz como vieres. Sabia máxima es esta que nunca olvido; mas para mi interior murmuraba del lance como una mala lengua que siempre he sido. Ninguno, aunque le devorase la impaciencia, se atrevía a bailar, porque iba a venir el gran duque que detesta el baile y se burla satánicamente -según dicen Las Tinieblas- de los que, dando saltos al compás de la música, dejan sueltos al aire con harto poco decoro los faldones del frac -son sus propias palabras- mientras las damas, semejantes a rosas en medio de un remolino, se desgreñan, languidecen y marcan cual si se hallasen en alta mar.

-Lenguaje es ese digno de quien lo usa.

-A Pelasgo no le complacen Las Tinieblas -dijo Ambrosio-, y esto es muy natural. ¿Quién es tu enemigo? El de tu oficio.

-¿Quién se cuida de cosas tan ruines?... -repuso el crítico con desdén-. Ni me incomodan ni temo a enemigos que hieren en la sombra. Ese periódico envidioso, mal intencionado y tan oscuro como su nombre... es...

-Es la caricatura de la prensa, y ni siquiera teme a los artículos de nuestro amigo que son los más temibles que en la corte se escriben; por el contrario, Las Tinieblas se muestran verdaderamente atormentadoras con Pelasgo y algunos otros discípulos o imitadores de Moratín. Es el látigo de los látigos que nada respeta, es el asesino de las formidables reputaciones, el mordedor de los que muerden, el infierno de la prensa, en fin, la venganza de la venganza, si así decirse puede...

-Vergonzoso es que un poeta o un escritor cualquiera se digne hacer la apología de ese cobarde monstruo que lanza sus saetas al abrigo del incógnito.

-¡Oh! lo mismo hacen casi siempre los imitadores de Moratín. Y por otra parte tú sabes muy bien, Pelasgo, y lo sabemos todos, que la firma de algunos escritores al pie de ciertos artículos no demuestra comúnmente valor, sino osadía.

-De cualquier modo, Las Tinieblas son entre los demás diarios de la corte semejantes a una mancha en un vestido de boda -concluyó Pelasgo con mal encubierta saña.

-«¡Pedante y follón!... tú y los diarios sí que sois una mancha y veneno... » -dijo riendo una voz que sin saberse el cómo, llegó hasta ellos.

-¿Quién ha hablado? -preguntó el crítico palideciendo y mirando en torno. Mas como no fuese posible distinguir bien cada objeto tras los espesos árboles, volvió a aquietarse al parecer, diciendo-: ¡Bah!, sin duda algún redactor de Las Tinieblas. Se le conoce en la manera con que se defiende.

-Ése es alguno que gasta de tu pimienta -añadió Ambrosio.

-A lo que advierto te vas convirtiendo en campeón de todo lo que no admite defensa.

-¡Qué quieres! Las Tinieblas me agradan, sobre todo porque tiende a derribar el vano orgullo de las medianías, la mentira gloria de algunos malos prosistas y la lastimosa popularidad que han llegado a adquirir esas novelas que, para explotar al pobre, se publican por entregas de a dos cuartos.

-En vano encareces, querido Ambrosio, la saludable crítica de tu protegido porque tantos chubascos se esparcen en los aires antes de llegar al suelo.

-¡Oh! No sólo llegan al suelo sino que caen como un diluvio sobre las víctimas.

-¡Imposible! Si así fuese ya no hubieran existido muchos de mis amigos, pues, si mal no recuerdo, no hace muchos días que el tal periódico, con el mal estilo y la mala intención que le es propia, arrojaba sus iras sobre la fecundidad pestilencial de ciertos poetas. ¿Acaso no lo sabes?

-La gloria del poeta está siempre más alta que todas las críticas, y ningún hijo de las musas publica nunca sus obras por entregas de a dos cuartos -repuso Ambrosio enojado.

-Y hacen muy bien -contestó Pelasgo-, porque ni de balde las quieren. Díganlo si no tus romances e interminables leyendas que en compañía de muchas otras duermen el sueño eterno en los detalles de las librerías.

-Señores -dijo uno levantándose-, entran ustedes en un terreno impropio de personas de honor. Cada cual vale lo que vale.

-Perdone usted, amigo -respondió Pelasgo sin poder contenerse-, el señor no vale nada.

-¡Agradezco tanto favor! -contestó Ambrosio con ironía e inclinándose profundamente-; más aún cuando ninguno de los dos pueda dar sentencia en esta causa, me atrevo a decir sin modestia que el señor Pelasgo vale muchísimo menos que yo...

-Reparen, señores -añadió otro-, reparen el lugar donde nos encontramos y que no somos niños. Se parecen ustedes en este instante a dos periódicos cuando en el ardor de la polémica se llaman esto y aquello y se dicen tú eres y yo soy...

Tenía ya Pelasgo la sangre subida a la cabeza y como tratándose de chistes no podía soportar otros que los suyos, exclamó con desentonado acento:

-Mal sientan las gracias al que no la tiene.

-Eso es precisamente lo que siempre te ha acontecido -respondió el otro dispuesto a entrar en contienda, y no sabemos lo que allí pasaría si la misma voz que había hablado antes no dijese de nuevo:

-«Tal para cual. Entre pedantes y malos escritores la diferencia es leve, pero en estas artes le corresponde a Pelasgo la supremacía».

-¿Quién es el cobarde que se esconde para decir tales palabras? -exclamó Pelasgo fuera de sí.

-«El que ha de ponerle el cascabel al gato» -añadió la voz dejando oír enseguida una carcajada cuyo eco fue a perderse en lo último de los jardines. Todos se pusieron entonces en pie, diciendo:

-Hay un duende que se ríe de Pelasgo y que, según parece, quiere burlarse también de nosotros. ¡Busquémosle, vive el cielo! Busquémosle y aplastémosle en el rostro el cascabel que quiere colgarnos al cuello.

En aquel instante resonó en los salones cierto sordo rumor que llamó la atención de todos y en especial de críticos y poetas. Grande era la confusión que allí reinaba; pero pudieron ver al fin al duque de la Gloria, que apareció en lo último de una galería, magnífico y sorprendente como la visión de un hermoso sueño.

Burlón el rostro y blanco como un pedazo de mármol, la mirada penetrante como una saeta, aunque atractiva y fascinadora al mismo tiempo, el negro cabello agrupado sobre la frente y de una manera extraña, la sonrisa irónica y fina, el aguilucho de fuertes garras y encorvado pico ostentándose misterioso y simbólico sobre su pecho, y rodeado por el brillantísimo y maravilloso resplandor de aquellas botas azules como el cielo, encanto de las mujeres, tormento de los zapateros y asombro de los sabios, jamás héroe alguno fantástico apareció más palpablemente sublime a los ojos de una sociedad civilizada.

Al verle, detuviéronse los literatos y los críticos sin poder dominar la sorpresa que de ellos se había apoderado, mientras se notaba asimismo en todos los semblantes la alegría, el asombro o la confusión de que cada uno se hallaba poseído.

No hubo quien no se avergonzase de que le hubiese sorprendido el duque entregado al placer de una danza americana, y los hombres de valimiento y de poder no sabían cómo volver a su proverbial gravedad, después de haber dejado harto indecorosamente sueltos al aire los faldones del frac.

Hubo un momento en el cual, corriendo todos hacia el tocador, reinaron el desorden y la confusión por donde quiera.

-¡No volveré a bailar en mi vida! -decía en alta voz y con despreciativo desdén más de una dama-. Yo haré de modo que nadie pueda comprometerme a semejante cosa, como me ha sucedido esta noche. Y al tiempo que esto decía, veían con dolor que no acertaban a remediar en su tocador y en su belleza los descalabros ocasionados por el traqueteo y fatiga de la danza. Los unos aparecieron de repente meditabundos, los otros graves y serios, los demás desdeñosos o en extremo corteses, pero ninguno como realmente era. La farsa no podía ir más allá...

Contemplaba el duque este cuadro desde la puerta del salón principal, semejante al orador que espera a que cese el último rumor de los aplausos para empezar a hablar de nuevo. Por último, haciendo un afectuoso y protector saludo y extendiendo su diestra hacia la multitud, exclamó:

-¡Paz, señores!

Al oír aquel acento, armonioso y dominador como el de las tempestades, se esparció en torno un silencio profundo y, suspendido el aliento, aguardaron todos a oír de nuevo aquella voz, que imaginaban, sin duda, había de conmover los mármoles.

Pero el duque guardó silencio, y con aquel aire de arrogancia sin par, con aquella majestad inimitable y poderosa y haciendo brillar de una manera que pudiera decirse mágica sus hermosas botas, atravesó lentamente el salón hasta acercarse a la condesa Pampa, que al verle llegar se tornó más blanca que la seda de su vestido.

Hallábase todavía cogida al brazo del gran lord inglés, quien, con el rostro sepultado entre dos enormes patillas rojas, lanzó sobre el duque de la Gloria una mirada de embajador británico. Mas cuidándose éste poco sin duda de la diplomacia de los hijos de Albión, contestó a aquella especie de mudo desafío hiriéndole en los ojos con el resplandor de sus botas, con lo cual hizo el lord guiños poco graciosos, mientras el duque le decía a la condesa:

-¡Señora! Esto se llama empeñarse en acortar la vida, esto es gastarse sin tregua como si el tiempo que malamente se pierde hubiese de volver a recobrarse...

-¿Cómo, señor duque?...

-El baile... condesa...

-¡Ah... el baile!...

-¡Oh, es detestable! La fatiga... la agitación... la velada... marchitan la vida como el hielo las flores. Me causan ustedes lástima... profunda lástima... Mas... mis ojos dudan de la realidad de lo que ven. ¿Cómo he merecido tanto favor? ¿Quizá ignoraban ellas que yo vendría? Soy al cabo un desconocido aquí...

-No entiendo -tartamudeó la condesa, que, aun cuando había perdido la comprometida costumbre de ruborizarse, sintió de pronto que la sangre ya desaparecía, ya se agolpaba a sus mejillas.

El duque dejó caer entonces una de sus más irónicas y penetrantes miradas sobre el rostro de la condesa, y añadió:

-Yo tampoco comprendo... lo cual es en verdad un conflicto, pero no importa... por fortuna he sido siempre discreto y apenas veo nunca aquello que no debo ver.

-Pero, señor duque...

-¡Nada! Es a mí, condesa, a quien toca excusarse... Acaso no he debido penetrar aquí desde el instante en que descubrí desde lejos misterios que el pudor oculta a los extraños... Esta reunión es en extremo escogida y aun íntima y familiar a lo que entiendo. He sido, pues, un profano y juro que procuraré resarcir mi falta.

Reinaba el más profundo silencio y todos estaban atentos a aquella escena que a nadie podía ocultarse, como tampoco el asombro y emoción crecientes de la condesa. El duque de la Gloria, sin añadir una palabra más y sin mirar a nadie hizo un profundo saludo a la dama y salió del salón.

Cuando el resplandor de sus botas azules dejó de deslumbrar a los circunstantes y se perdió por completo el sonoro ruido de sus pisadas, se miraron unos a otros llenos de asombro y un zumbido semejante al que formarían varios enjambres de abejas que cruzasen el aire se levantó en derredor.

Era así sordo, así confuso y como temeroso de ser oído... Sospechábase si el duque habría quedado oculto tras de las anchas cortinas o entre el follaje de los jardines.

La condesa Pampa, trémula y nerviosa, retiróse enseguida a su gabinete; las otras damas, circunspectas, pensativas y casi avergonzadas, empezaron a quejarse de la jaqueca, y muchos caballeros se atrevieron a sospechar, malhumorados, que el gran duque de la Gloria en compañía de las botas más insolentemente célebres había querido reírse de aquella sociedad tan respetable como escogida.

Hubo, no obstante, quien contradijese enérgicamente esta opinión asegurando que un hombre de tan elevado rango y de tan inmensa fortuna no podía burlarse de los que allí se encontraban sin burlarse de sí mismo.

-El duque de la Gloria -concluyeron diciendo- es un ser incomprensible, notabilísimo y casi diabólico, y el querer penetrar el móvil y el fondo de sus extrañas acciones es cosa tan imposible como el saber al presente si los habitantes de la luna gastan o no pantalones como nosotros y se matan legalmente en campaña con rifles o cañones de Armstrong.

Pasóse en estas murmuraciones cerca de una hora sin que se volviese a bailar ni se soñase en ello siquiera, y los salones empezaron a quedar desiertos a las tres de la mañana, la hora más animada en las reuniones nocturnas.

Pero, cosa extraña... al pie de la extensa galería por donde había desaparecido el duque los concurrentes volvieron a encontrarse reunidos.

Una bellísima estatua, que nadie había visto hasta entonces, se hallaba colocada a la entrada. Representaba el pudor que con el dedo índice colocado sobre los labios, una venda en los ojos y en una actitud sigilosa al par que lánguida y melancólica, daba la espalda a la puerta como si quisiese huir avergonzada de un sitio en donde no podía permanecer ni aun vendada.

-¡Magnífico pensamiento! -repetían todos-. ¡Obra maestra! He aquí una sorpresa en que no esperábamos. No hay otra como la condesa para estas cosas.

-No obstante -añadía alguno-. ¡Haber colocado aquí la estatua del pudor! ¿Para qué? ¿No fue acaso una chanza?

-Yes -exclamó el gran lord, que desde que la condesa Pampa le dejara no había vuelto a desplegar los labios.

-Sin duda que el caso es raro. ¿Y quién será el artista que ejecutó tal maravilla?

-¡¡¡Oh!!!... un inglis -volvió a decir con acento nasal y sonriendo el gran lord mientras se alejaba acompañado de sus enormes patillas.

Estas palabras despertaron nuevas sospechas en los que eran dados a pensar mal y cada uno se fue a su casa a dormir, si bien no todos durmieron. Cuéntase al menos de aquella noche y de algunas otras que vinieron después que a la incierta claridad de las lámparas de noche veían vagar las camareras ciertas sombras que se creyeran las de sus aristocráticas señoras presas acaso de un insomnio cruel.

Capítulo 7

No se habla de otra cosa en los círculos aristocráticos y políticos, es la cuestión magna de la época, la que hoy hace el papel principal en la corte, ¡y a fe que el asunto lo merece! ¿No ha oído usted nada?

-Absolutamente nada -respondió el de la Albuérniga a su interlocutor, elegante joven que montaba un alto caballo inglés y caminaba despacio al lado de la carretela del caballero-. Salgo de mi casa en este instante -prosiguió-, después de un encierro de veinte días con el cual he querido curar cierta curiosa manía que atacó mi tranquilidad y mi sosiego de un modo harto inesperado por cierto.

-Y volverá a reproducirse, sin duda, con lo que usted va a oír.

-En ese caso quisiera mejor ser sordo, o que el señor conde dejase para otro día su relato. Prefiero mi sosiego a todo.

-No hay que asustarse: sólo se trata de un hombre alto y delgado como un mimbre, imperioso como un sultán, de modales distinguidos, que gasta el tren de un príncipe, que ha aparecido como un duende, pues tal parece por su aspecto sin par entre lo más escogido y selecto de nuestra sociedad y en cuyo porte, además de las particularidades que tanto le distinguen, se advierte un no sé qué nuevo y extraño que atrae la atención general.

-¿Y es eso lo que ha de avivar mi curiosidad?

-No he concluido. Semejantes cualidades no le impedirían a buen seguro pasar en nuestro mundo elegante como un brillante y rápido meteoro, a no ser por las raras prendas de que ya hice mención y que forman, digámoslo así, la extraña atmósfera que le rodea. Ese desconocido, cuyo vestir es la perfección del buen gusto, trae unas botas altas hasta la rodilla, de un corte inimitable y tan hermosas y extrañas que su azul y luminosa transparencia deslumbra al que las mira.

-Rara cosa en verdad -repuso el de la Albuérniga sonriendo levemente-; pero al fin y al cabo, ¡qué diantre!... negras o azules esas botas, ¿qué más da?

-¿Qué más da?... ¡Unas botas azules y como aquéllas!... Harto se deja conocer que usted no las ha visto, pues de otro modo no dijera tal.

-¡Pts! ¡Quizás! -volvió a decir el de la Albuérniga sonriendo como antes.

-Para que pueda usted formarse una idea de su belleza sin par y de su maravillosa perfección bastará decir que ayer se han reunido los zapateros más ilustres de la corte con el solo objeto de debatir las siguientes cuestiones. De qué material son las botas del señor duque de la Gloria. En qué corte del mundo han sido trabajadas. Cuál es su origen. Pueden o no pueden hacerse iguales en Europa. Todo esto se ha discutido inútilmente por espacio de tres largas horas que duró la sesión. El uno opinaba que el material tenía semejanza con el mármol, el otro añadía que, por su trasparencia, pudiera creerse cristal de roca y aun hubo quien se atrevió a decir como el cauchout se adaptaba a tantos usos... pero el imbécil no pudo acabar de pronunciar tal blasfemia, unánimemente reprobada desde el momento en que empezó a salir de sus labios. Todos convinieron en que aquellas botas luminosas eran un impenetrable misterio, la obra de un genio potente y desconocido, y se disolvió la asamblea en el mismo estado de ignorancia en que antes se encontraba. Resolvieron, no obstante, al separarse, hacer una exposición, rogando al ilustre y misterioso personaje en nombre de la humanidad se dignase revelar en dónde y de qué habían sido hechas aquellas botas maravillosas, asombro de los inteligentes, a cuyo favor le quedarían eternamente agradecidos todos los que tienen en algo las ciencias y el progreso.

-Bien, ¡muy bien! -exclamó el de la Albuérniga sin dejar de sonreír y frotándose las manos-; esas botas deben de ser en verdad un objeto curioso.

-¡Ya lo ve usted! Además de su rara belleza, alumbran por donde pasan con una luz semejante a la del cielo. Es un adelanto cuyas ventajas no se pueden calcular.

-En efecto... no hay duda ¿y es usted de los que firmaron?

-¡Oh! Poco a poco... pero no tome usted a broma, tan interesante cuestión. Por mi parte confieso, que por tener unas botas como aquéllas hubiera dado la mitad de mi patrimonio.

-¡Bravo!

-¡Es que son tan hermosas! No puede existir nada más elegante ni seductor... Y, sin embargo, no paran aquí las maravillas...

-¿Hay más todavía?

-El tal personaje trae por corbata... ¿quién lo imaginara?, nada menos que un aguilucho blanco como la misma nieve.

-¡Diablo!, conde, no me diga usted más. Ese hombre me huele a diablo impertinente.

-Yo le he visto a la distancia en que usted y yo nos encontramos, y es lo raro que el aguilucho en cuestión hace sobre el pecho de ese hombre singular el efecto más bello. Ninguna corbata del mundo puede tener la gracia de aquel animal de feroces garras cuya artística posición parece simbólica. ¡Oh, si yo poseyera una corbata semejante!

-Pues poséala usted.

-¿Quién pudiera?

-Pero, en resumen, ¿usted no sabe quién es ese hombre ni qué significa su extraño atavío?

-Tras de eso andamos todos, aunque en vano; pero yo juro seguirlo tan de cerca como me sea posible a fin de conseguirlo.

-Pues amigo, compre, si a tal se arroja, un microscopio o un anteojo de esos que alcanzan a ver las montañas de la luna, por que esa clase de seres se pierden de vista como los átomos o los buques que doblan la costa.

-Aprovecharé el consejo, mas no será malo que usted no lo olvide.

El joven saludó cortésmente y se alejó mientras el caballero murmuraba para sí.

-Tengo unas botas azules clavadas en el pensamiento y una águila blanca y una varita negra que me persiguen hasta en sueños. ¡Curiosidad maldita! Tentado estaría, si no temiese las incomodidades de un largo viaje, a marchar al centro del África para alejarme de ese personaje o demonio que ha deshecho mi tranquilidad y trastornado mi cabeza...

-¡Eh... venga usted! -le gritó en el mismo instante cierto hombre que pasaba por persona de altas cualidades parlamentarias-. Le veremos frente a frente y de cerca, pues aún no nos ha tocado tal suerte.

-¿A quién hemos de ver? -preguntó el caballero volviéndose con negligencia.

-A ese personaje notable, al duque de la Gloria, que calza las botas más bellas del mundo y que lleva puesta la corbata más singular.

-Gracias, mas juro que no torceré mi camino por ver unas botas y una corbata.

-¿De veras? -añadió otro, deteniendo su caballo al lado de la carretela del de la Albuérniga-. ¿De veras no quiere usted conocer a ese ilustre personaje que trae por bastón una varita negra cuajada de brillantes y con un cascabel que se dice mágico? Perderá usted mucho.

-Pues vaya usted a ganar lo que yo pierda -exclamó el caballero, verdaderamente contrariado.

Y mientras multitud de elegantes jóvenes galopaban presurosos hacia el camino por donde imaginaban que vendría el duque, el de la Albuérniga se apeó de su carruaje y entró en casa de unas antiguas conocidas suyas, modestas solteronas, que, como el caballero, amaban la soledad y vivían en reposo gozando de una existencia regalada, ajenas a todos los ruidos profanos, hablando mal del universo entero y chupando aromáticas pastillas al son de sabios refranes y máximas saludables.

-Aquí -dijo el de la Albuérniga al mismo tiempo que se hacía anunciar- no me hablarán de esas malditas botas ni de esa notabilidad endiablada que un mal espíritu ha arrojado sin duda en mi camino y que en vano... ¡en vano! pretendo arrojar del pensamiento.

Recibiéronle las dos hermanas con la amabilidad acostumbrada; pero no bien se había sentado cuando la más apacible de aquellas dos benditas cristianas, exclamó a quemarropa.

-Amigo mío; muchos nos alegramos de tan inesperada visita, porque nos hallábamos en este momento muy preocupadas. ¿No ha visto usted por ahí un caballero singular y elegante que trae unas hermosas botas azules que brillan como purísimo éter?

-¡Cómo!... -repuso bruscamente el de la Albuérniga, levantándose al punto de su asiento cual si le hubiesen pinchado-. ¡También ustedes le han visto!

-Sí, sí, le hemos visto... ¿pero no se dice de qué son aquellas botas? ¡Qué primorosas!... ¡Qué encanto! Por saberlo hubiera dado mi vajilla de oro o mi rosario de nácar.

-Pues sépalo usted, querida, sépalo pronto... Será curioso.

-Curiosísimo, como que todo el día nos estamos ocupando de ello. ¡Pero usted nos deja ya sin decirnos de qué son!

-Yo no sé nada y en este instante me he acordado de un asunto urgente.

-¡Bah! ¡Cómo si empezáramos a conocernos! Usted no tiene asuntos...

-Cierto; pero el que ahora me espera es completamente nuevo, y no puedo faltar. Ustedes me dispensarán...

-¡Mire usted en qué mala ocasión! Porque hubiéramos tenido especial complacencia en hablar con usted de personaje tan distinguido...

-Muchas gracias... pero avanza la hora y me es imposible detenerme.

-Bien... ¡Como ha de ser! Pero le hacemos a usted el encargo especial de que procure saber de qué son esas botas tan extrañas y quién es el caballero que las lleva porque a una de nuestras doncellas... que, ¡pásmese usted! también se vuelve loca por conocerle y pregunta a todo el mundo, le han dicho que dicen que es hijo del gran sol, emperador de la China... , pero eso es una locura... ¿no es verdad?

-De seguro, o quizá no lo sea... pero permítanme ustedes retirarme... -dijo el de la Albuérniga viéndose casi en la precisión de atropellar a las dos hermanas que a dúo repitieron:

-¡Por Dios!, no deje usted de venir a enterarnos de...

Pero el caballero estaba ya fuera y no oyó más. Subió al carruaje verdaderamente irritado y los caballos corrieron al galope hasta que se hallaron muy lejos de la población.

Empezaba a declinar el sol. Un viento suave que agitaba blandamente los árboles formando un susurro armonioso venía a refrescar la frente del caballero, medio sepultado en su carretela, y apenas por el largo paseo que atravesaban se veía alguna que otra mujer cuyo pobre traje le obligaba a buscar los lugares aislados para gozar de las delicias de tan hermosa tarde. El paso de los caballos fatigados por la larga carrera que acaban de dar se hizo tan lento y acompasado que se diría se hallaban en aquellos instantes poseídos de la filosófica gravedad de su dueño.

-Feliz el hombre -repetía en tanto el caballero saboreando la suavidad de la atmósfera y gozando plenamente del grato silencio que reinaba en los campos-, feliz mil veces el que huyendo de los vanos tumultos se busca a sí mismo y razona con su propia conciencia. Sólo así alcanzará la paz de las almas justas, sólo así ajeno a las inmoderadas ambiciones, a la acritud de los tumultuosos pensamientos cuya apariencia es de oro, y a la devoradora agitación de una curiosidad inútil, -sí, ¡bien inútil por cierto!-, podrá conseguir el más dulce de los reposos y largos días de puros y castos deleites...

Decía estas palabras el señor de la Albuérniga con voz cariñosa, lo mismo que si las murmurase al oído de una mujer tiernamente querida, mientras aspiraba con delicia las olorosas emanaciones que le traía el viento a grandes ráfagas. Si alguna vez volvía la cabeza para contemplar la vasta llanura sembrada de altos álamos que se extendía a su izquierda, parecía costarle tan fácil movimiento un esfuerzo supremo, semejante al niño que, suspendido del pecho de su madre, se resiste a agarrar con sus manecitas el juguete que con los ojos envidia. Pero el hermoso cuadro que presentaba la naturaleza le hizo al fin mudar la postura, a fin de poder contemplarla mejor mientras murmuraba con apasionado acento.

-El sol se esconde lentamente en el horizonte semejante a un mar de fuego que reflejase encendidos rayos, y yo lo contemplo solo, sin estorbo ni inquietud; nada impide que el aromoso ambiente de las praderas llegue a mí fresco, puro y regenerador, y mil veces más vivificante y deleitable que el beso de una mujer hermosa; nada impide que el olor de los jacintos me regale dulcemente y acaricie mi olfato sin que precise rogárselo. Él llega a mí en unión de la fresca brisa como si me esperase y me saluda y me acaricia como si fuese el suave espíritu de mi ángel guardián. ¡Permita el cielo que mi felicidad se prolongue en tan suave reposo tantos años como ha vivido el primer anacoreta y que el estrepitoso campanillero que vino a turbar de una manera horrible mi cara tranquilidad no vuelva a resonar en mi morada... ! Profanación no vengada todavía, cuyo recuerdo me estremece y me inquieta a mi pesar. ¡Ah! Lejos, lejos de mí, la curiosidad maldita... que desde entonces agita mis días...

-Así sea -respondió una voz armoniosa mientras un cuerpo ligero saltaba al interior de la carretela y una viva claridad azulada hería de repente los ojos medio dormidos del caballero, y que los abrió entonces tamaños no pudiendo dudar ya que tenía delante de sí al duque de la Gloria. La sorpresa le impidió pronunciar la menor palabra, pero el duque no permaneció en cambio silencioso.

-Por mi fe -dijo- que no volveré a armar en mi vida el horrible estrépito de que usted conserva tan amarga memoria, mas, por ahora, no podré así renunciar a que usted me recuerde. Al fin y al cabo es indudable que soy un excelente amigo para usted, a quien he hecho el alto honor de distinguir y favorecer con mis importunidades. No, no es esto hacer alarde de mi singular mérito, porque siendo usted también otra singularidad notable, casi, casi, vamos de igual a igual.

El de la Albuérniga experimentó, como en otra ocasión no lejana, grandes impulsos de arrojar al duque al otro lado del camino; pero la delicadísima gracia y el arrogante porte que a la par de su osadía ostentaba este personaje incomprensible, lo simpático y distinguido de su marmórea fisonomía y aquel conjunto inexplicable de toda su persona, en la cual la insolencia se convertía en dominadora franqueza, lo inverosímil en realidad y lo ridículo en maravilloso, despertaban cada vez más en el alma apacible del caballero una curiosidad mortificadora y más poderosa que su enojo. En realidad hallábase ya el de la Albuérniga, si bien a su pesar, vivamente interesado en saber quién era aquel hombre a quien todos deseaban contemplar de cerca, que traía revuelta la corte y que, según sus propias palabras, le hacía la honra de distinguirle con sus importunidades... Por esto, aun cuando el rico sibarita prefiriese su sosiego a todo, contuvo los violentos impulsos que le agitaban, y repuso:

-Sepamos, señor duque, si es posible con más claridad que la primera vez que nos vimos, qué significa este nuevo asalto, pues si como me ha dicho ve tan lejos debiera comprender que el amigo que menos veces se me acerca es el que más me agrada.

-Eso se deja conocer al punto y sin parar mientes en ello pero como yo marcho siempre por un camino opuesto al de los demás creo firmemente que sólo por medio de un continuado trato y de una amistad tan íntima como difícil podré conseguir que la interesante cuanto perezosa memoria de usted me recuerde con emoción profunda; que usted se conmueva con mi presencia de una manera visible, y que -ni más ni menos que el resto de los humanos que alcanzan a verme- usted, filósofo eminente y respetable que de nada mundano se ocupa, llegue a ocuparse de mí con ardiente afán y loco entusiasmo, luchando día y noche con la idea de saber al fin quién es el duque de la Gloria, de qué son sus botas y su corbata, qué significa aquella varita negra con su impertinente cascabel, etc., a todo lo cual tendré yo la generosidad de contestar satisfactoriamente, después de que haya usted consagrado algunos días de su carísima y apacible existencia.

Aun cuando el de la Albuérniga se hallase ya algo dispuesto a soportar al duque, como las palabras de éste tenían la virtud de exaltarle, repuso próximo a perder por completo su habitual sangre fría:

-Juro que ni el duque de la Gloria, ni su corbata, ni sus botas, ni su vara negra, me importan cosa alguna.

-Juro que le importan a usted mucho, muchísimo. Usted confesará haberme confesado que era yo una singularidad sin ejemplo.

-¿Y a mí qué me interesa?

-Inmensamente, primero en su clase de filósofo y de sabio, y segundo...

-No quiero ser ni filósofo ni sabio a costa de tantas fatigas, y para acabar más pronto, vale más que ahora mismo...

-¿Representemos la farsa?

-Cabalmente.

-Eso no puede pasar entre nosotros, hasta que sepa usted quién soy. Me atengo a su propia palabra.

-Esa palabra se ha cumplido ya. Le conozco a usted demasiado.

-¿Quién soy pues?

-Sé que es usted un loco impertinente, y basta.

-Pues yo sé mucho más de usted caballero -repuso el duque de la Gloria con cierta helada indiferencia que ya otra vez había dejado suspenso al de la Albuérniga-. Yo sé que en un duelo entre ambos no he de ser el que sucumba.

-¡Qué inocencia, señor duque!... ¿Llegará a tanto el extravío de esa pobre cabeza que pretende tratarme como un niño a quien se quiere intimidar? ¡Vamos! Loco o cuerdo, como usted sea, la farsa va a representarse ahora mismo en ese bosque y sin testigos, porque ellos no harían más que aumentar lo ridículo de la escena.

-¿Y el sol, caballero? ¿Y esos álamos y esas hermosas flores? ¿Y esas deliciosas tardes de verano en que tan dulcemente se respira?... perder todo esto...

Pálido como la cera, el de la Albuérniga iba a arrojarse sobre el duque, mas recobrando de repente su sangre fría y mirando en torno la campiña dijo con un acento de convicción que revelaba claramente el verdadero fondo de sus sentimientos.

-Hermosa es la existencia y agradable cuando la dulce paz nos rodea, mas a pesar de esto, ¿qué hacer si un importuno turba nuestra dicha? Jugar la vida, puesto que al fin ha de venir la muerte, a quien no temo.

-¡Baladronada! -repuso con mucha naturalidad el duque mirando fijamente al caballero-. No, no es que yo quiera dudar de sus palabras, pero usted y yo sabemos muy bien que los hombres procuramos engañarnos a nosotros mismos. Hace un instante, el señor de la Albuérniga hacía votos por la eternidad de sus tan apacibles como castos placeres, se deleitaba con el aroma de las rosas y saboreaba con intensa delicia el calor que un rayo del sol en ocaso comunicaba a su tibia frente. El señor de la Albuérniga vuelve ahora la espalda con orgullo a la luz de la vida, lanza una indiferente mirada a los suaves placeres que amaba, y sólo porque el impertinente duque de la Gloria lo ha querido se decide a morir...

-O a matar.

-A morir, caballero, tan cierto como mañana ha de salir el sol.

El de la Albuérniga se arrojó entonces sobre el duque, quien, poniéndole una pistola al pecho, añadió, sin alterarse en lo más mínimo.

-Un momento más... Imaginémonos que el que muere soy yo; y una vez que se trata de vida o muerte, hablemos con la mano puesta sobre el corazón... Nadie nos oye... ¿Lo que ha mediado entre nosotros puede justificar un asesinato?

-No, ciertamente, pero justifica un buen par de mojicones, y tras de los mojicones viene el duelo, es decir, el asesinato. Busque usted un medio mejor de concluir el sainete.

-¿Usted cree que yo merezco ese par de mojicones por las que llama mis impertinencias?

-¡Que si lo creo!

-Pues hiera usted -repuso el duque, presentándole la mejilla.

El de la Albuérniga abrió desmesuradamente los ojos y se quedó mirándole lleno de asombro.

-Hiera usted, y no habrá asesinato -volvió a decir el duque-. No hago más que pagar una deuda que no quiere perdonárseme.

-Caballero, duque o diablo -exclamó el de la Albuérniga, pasando una mano por la frente-; si no fuera indigno de mí, por mi honor que te hiriera como lo pides.

-¡Hiera usted! -repitió el duque con aire provocador acercando su rostro al del caballero.

Una nube cubrió entonces los ojos del de la Albuérniga, y el color azul de las botas, aún más provocativas que su dueño, el corvo pico del aguilucho y el cascabel de la varita negra, armaron tal tempestad en sus bilis que, ciego y airado, levantó el brazo y... ¡zas!, su mano estalló fuertemente dos veces sobre el rostro del duque, que quedó aún más blanco de lo que era.

-Es lógico -dijo éste entonces sin alterarse, y guardando la pistola- allá lejos de Europa, y en donde las gentes se llaman salvajes, he aprendido a pagar así las ofensas cometidas con premeditación, y no puede negarse que es una costumbre moralizadora. Y ahora, señor mío, queda usted obligado a admitir mi amistad y a soportar mi presencia en el hermoso salón de su palacio, en donde estos bofetones me dan derecho a entrar como si fuese mío... , pero tranquilícese usted... en tanto no llegan aquellos días que usted debe consagrarme, respetaré sus horas de reposo y me verá pasar a su lado silencioso como una sombra, si bien usted soñará y oirá hablar día y noche del caballero de las botas azules.

Al acabar de decir esto, el duque salió de la carretela tan ligeramente como había entrado y desapareció por la arboleda de los jardines cuya espesura se aumentaba a la luz del crepúsculo, dejando al de la Albuérniga en un estado de estupor que nunca había conocido.

Capítulo 8

En las novelas, las mujeres son siempre discretas y hermosas, hablan el lenguaje de las musas y escriben poco menos que Madame de Sévigné; pero si se desciende a la realidad de los hechos, esto no es siempre cierto y aun estamos tentados a decir que casi siempre es mentira.

Las mujeres hablan sencillamente el lenguaje de las mujeres, y apenas aciertan alguna vez a conversar, como dicen ciertos sabios, útil y razonablemente; mas a pesar de esto conservan incólume el indisputable mérito y el atractivo irresistible con que Dios bondadoso oculta sus imperfecciones y su debilidad más imperfecta todavía.

Feas o bonitas, las unas cargan sobre sus hombros la pesada cruz del matrimonio, viven las otras resignadas o alegres en el estado honesto propio de las almas recogidas y amantes del reposo; mas, si en verdad no son tan poéticas ni espirituales como se desearía, y su belleza física tiene por lo común defectos que pueden pasar por no vistos, si no son, en fin, tan perfectas ni escriben tan bien como las novelas cuentan no debe culpárselas a fe porque cumplan debidamente su misión haciendo hasta la muerte su papel de mujeres. Cosa es ésta digna de la mayor alabanza, cuando hay tantos hombres que ejecutan el suyo de la peor manera, dándose a divagaciones prohibidas a los entendimientos vulgares, puesto que nacieron para vivir modesta y honradamente, haciendo compás con el martillo o el azadón, al huso con que hila el blanco lino su buena esposa.

Por lo demás, cuando el amor, la vanidad o la pasión dicta una epístola a la mujer, allí va estampada la prueba más tristemente palpable de su común indiscreción. Ni el mismo talento la excluye muchas veces, en este punto, de rendir culto a su débil cuanto impresionable naturaleza, cuando latiéndole el corazón y con una nube de fuego en el pensamiento coge la pluma y escribe.

He aquí por qué ellos, al ver tal, exclaman en tono de protesta: «No la pluma en tu mano, mujer nacida para educar a mis hijos: la aguja y la rueca son tus armas».

Y tienen razón al hablar así. ¿Pero no han previsto que sus hijos tendrían dos madres? ¿Que la rueca caería en desuso y que la aguja quedaría relegada a las costureras? ¿En qué han de ocuparse entonces las mujeres?...

EPÍSTOLA I

Ojos negros, cabellos negros y rizados, color pálido, alta, delgada, vestido blanco y una flor azul en el pecho. Esta noche en el teatro Real, palco principal de la izquierda. -Se espera al señor duque para hacerle una advertencia particular que le interesa.

EPÍSTOLA II

En vano he esperado la otra noche que el señor duque se detuviese a mi lado algunos momentos más que los que ha tardado en saludarme de aquella manera que me dejó tan confusa... y como tengo grande interés en saber cómo las mujeres de la aristocracia rusa visten de mañana, espero de la amabilidad del señor duque que, para enterarme de ello, se digne esta noche pasar a mi palco en el teatro Real, a cuyo favor le quedará eternamente agradecida su admiradora.

LA CONDESA PAMPA

EPÍSTOLA III

Una hija de la virgen América y ausente de su patria adorada, suplica al duque de la Gloria, venga a decirle con sus propios labios cuánto son hermosos los bosques que la vieron nacer, cuánto es admirable entre todas su tierra natal. La recompensa de tal favor será un afecto entrañable y puro, un agradecimiento eterno, tal como puede sentirlo una descendiente del desgraciado e inmortal Moctezuma. Teatro Real, palco segundo de la derecha.

EPÍSTOLA IV

Caballero: no sé siquiera por dónde tengo de empezar para decirle lo que quiero decirle, pues es el caso que mi señor padre quiere casarme y yo no quiero, con Melchor, y como no le he visto a usted hace más de quince días y no he vuelto a verle hasta anteayer, que pasó usted de mucha prisa, escribo para decirle que, una vez que mi padre quiere casarme, me case con usted, que entonces no tendré inconveniente y quedaré muy contenta que si no estaré muy triste, que ya lo estoy. Venga usted, pues, a hablar conmigo, porque voy todas las tardes al cementerio y estoy mirando para él desde la verja, porque me gusta. Soy la sobrina de doña Dorotea, la que tiene colegio y que vive en la Corredera del perro, y también voy muchas veces por la tarde a la calle del Clavo a ver a mi padre, que está cerca de aquí. Muchas más cosas quisiera decirle a usted, pero no sé decirlas por escrito. Adiós, caballero, hasta que nos veamos.

MARIQUITA

Mientras el ayuda de cámara le peinaba, tenía el duque de la Gloria abiertos estos billetes delante de sí; mas no tardó en entrar un arrogante moro trayendo una caja de terciopelo que colocó sobre la mesa.

-Dios es grande -dijo, llevando la mano a la frente-, Dios es poderoso y justo y favorece a mi señor por medio de bellas criaturas con los más ricos presentes.

-Favorézcale por largos días, Zuma... -respondió el duque sonriendo con ironía mientras lanzaba una mirada burlona sobre la cajita y las cartas.

El moro se puso a avivar el fuego medio apagado de los pebeteros que ardían en la estancia, haciendo resonar después las cuerdas de un bandolín con que acompañaba una extraña y melancólica tonada de las que cantan en medio de la noche los hijos del desierto.

Seguían en tanto el ayuda de cámara peinando al duque, ya de ésta, ya de la otra manera, ya hacia arriba, ya hacia abajo, ya dividiendo en partes iguales su un tanto indómita cabellera, ya agrupando sobre un lado la mayor porción, hasta que cansado el caballero dijo como si despertarse de un sueño:

-¿Te duermes? Péiname a la victoria y aprisa.

Ejecutada esta orden con la brusca rapidez con que había sido dada, la cabeza del duque quedó bien pronto convertida en una pirámide de rizos elevados de tal modo sobre la frente que en vez de cabellera bien pudiera llamarse aquel agrupamiento de ondeadas y recias crenchas selva virgen o enmarañado laberinto de aliagas visto en una noche oscura.

-¿Te parece que estoy bien? -le preguntó a su hábil peluquero irguiéndose lleno de majestad.

-¡Oh!, si el señor más ilustre de la tierra me permitiera decirle hasta qué extremo...

-Di cuanto quieras... lo mando.

-Pues bien, ya que el señor me lo ordena me atrevo a asegurarle que su cabeza parece una viva proclama revolucionaria.

-¡Tú serás algo! -exclamó el duque con aplomo-... Tú llegarás, si es que lo intentas, a alcanzar el gran brevete del siglo.

El ayuda de cámara, que había nacido en el particular instinto de adivinar más de lo que se le quería decir, hizo una reverente cortesía y se retiró llevando en los labios una complaciente sonrisa.

-Ahora Zuma -dijo el duque volviéndose con aire confidencial hacia el moro-, deja en reposo tu bandolín y dame cuenta de lo que has visto.

Obediente el moro, apagó al punto con la mano las últimas vibraciones del sonoro instrumento y colocándose en una actitud humilde exclamó con la más ardiente expresión:

-Todas mujeres hermosas, señor, todas bellas como la espuma que salta de la onda cristalina cuando la luna se refleja en el mar, todas frescas y llenas de aroma y juventud, como la rosa entreabierta que en una alborada de mayo recibe el primer beso del sol, cubierta por el rocío, que es el velo con que oculta su rubor. La de la negra y ondeada cabellera, que viste de armiños y se adorna con flores azules... ¡oh, mi dueño!, cándida y virginal, como el manantial de una fuente que brota entre azucenas, la más humilde mirada parece herirla como un dardo envenenado; aseméjase a las hijas del aire, que tiemblan cuando las alumbra un rayo del sol, o a un vaporoso espíritu de las nieblas que el menor soplo disipa. Cuando me divisó entre la muchedumbre, como si adivinase que vos me mandabais contemplarlas, o cual si de la atmósfera que os rodea llevase en mí el perfume, la vi estremecerse como una gota de agua cuando cae y mirarme cerrando casi al mismo tiempo los ojos como si me dijese ¡bien venido! Pasé y miréla también y comprendióme sin duda pues alargando la mano dejó caer el pequeño abanico que en ella llevaba y que es este que os presento.

Zuma sacó entonces de debajo de su caftán el abanico más primoroso que imaginarse pueda y lo entregó al duque, que, abriéndolo, vio estampado en él la figura de una mujer en actitud de consultar su horóscopo.

-El horóscopo de las criaturas, hermosa dama -exclamó el duque con su habitual sonrisa-, se lee en el reverso de lo que se desea. Historia universal.

Y colocando el abanico sobre una mesa añadió:

-¿Y qué más has visto?

-¡Oh!, la condesa... es una hija del cielo, bajada a la tierra e iluminada por el esplendor del mediodía, es un serafín con alas de mariposa y ambarado cutis, un copo de nieve, a quien el sol ha prestado sus doradas tintas y la aurora el esmalte diáfano de las esferas... pero tiene el mirar de fuego, que un lánguido y rasgado párpado basta a mitigar apenas...

-Gusto poco de serafines terrestres, Zuma.

-La que se hace llamar Casimira, ¡ella sobre todas, dueño mío! No es más magnífica la reina de las flores, cuando con las aterciopeladas hojas, cubiertas de estambres de oro, se levanta altiva entre cándidas azucenas y desmayados lirios. Verla es amarla, poseerla debe ser una felicidad tan rara como la que Mahoma promete a sus elegidos en la eterna vida... debe ser...

-Pasa... pasa...

-Dura es la transición, señor; lo es tanto como salir de un tibio baño de perfumes para entrar en una piscina.

-No importa... eso me agrada.

-Tres cardos de esos que el viento de la costa seca con su soplo airado y azota con la arena de la playa, me han hablado también de mi dueño con una curiosidad tan viva y tan ardiente afán que me hacían temblar y recordar las hadas negras que vagan por las llanuras desiertas de mi patria para chupar la vigorosa sangre de las jóvenes que encuentran en su camino.

-Bienhechores cardos... -exclamó el duque, con beatitud-. ¡Hábleme de ellos!...

-Fastidioso e insulso tengo que ser en semejante relato, amo mío. ¡Si mi dueño las viera!... Semejábase la una, por la hinchazón de las carnes, al higo que, no maduro todavía, parece hidrópico y próximo a reventar de ahíto; era la otra como una de esas manzanas de invierno, cuya piel, de un color rojo oscuro, se arruga cuando ya no está en sazón; y la más joven,

¡pluguiera a Dios no lo fuera!, tal como un caracol alarga los cuernecillos, parecía alargar, entre dos párpados infartados, dos pupilas azules que al mirarme se revolvían como inquietos bichillos.

-¿Y qué te han dicho?

-Querían saber de dónde viniera el señor duque, cuál era su patria, su familia, su edad, su nombre de pila, de qué eran sus botas y su corbata y sobre todo deseaban oír de los propios labios del señor duque las maravillosas historias de sus viajes.

-Poca cosa... ¡inocentes criaturas!

-Lechuzas, más bien, y perdóneme mi dueño si en honor de la verdad me atrevo a corregirle: lechuzas y mochuelos son, de esos que no saben más que agacharse en su nido y chupar noche y día, ya que no aceite, pastillas tan empalagosas como ellas.

-Cada cual se ocupa en lo que puede y no porque chupen pastillas las estimaré menos.

-Que Alá os dé felices aspiraciones... pero, el higo-hidrópico, me decía suspirando: «¡Ay!, el caballero de las botas azules es una verdadera maravilla entre los hombres... Si usted nos dijese, señor moro, cómo nos compondríamos para verle de cerca, la recompensa sería igual a tamaño servicio. Señor, moro, proseguía la manzana de invierno, pestañeando aprisa, como si el sol la hiriese de medio a medio en las pupilas, ¡oh!, qué extraño debe ser mirado de cerca el caballero de las botas azules... ¿Duerme como los demás hombres? ¿Come? ¿Reza?». Y como por fortuna no me daban tiempo a contestar yo fingía oírlas con atención profunda, mientras añadía a su vez la de los ojillos de caracol:

-¿Gusta el señor duque de mantequillas tiernas y de pastelillos rellenos?... No es que yo lo diga... pero soy hábil en todo esto y, si el caballero de las botas azules lo tuviese a bien, sabría probarle que hay en España cocineras dignas de llamar la atención de un tan grande señor.

Al oír tal, el higo hinchado se levantó de su asiento con indignación, exclamando:

-Eso quiere decir, Mariana, que, ya que no de hecho, has pecado de pensamiento, deseando abandonarnos, ¡a unas amas que le dieron pan desde niña!, para ponerse al servicio del señor duque... ¡escandalosa idea! ¿Y qué iba a hacer... explique si puede... qué iba usted a hacer en casa de un hombre solo?

-Solo no, -repuso la doncella algo turbada- tiene en su compañía tres servidores.

-Todos varones, todos, y ninguna mujer... ¿Sabe usted lo que es eso?

Indignada a su vez la doncella, a quien una fealdad, guardadora invencible de su pudor, había hecho sin duda realmente casta, repuso:

-Señora, Dios sabe que, a entrar en casa del señor duque, no permanecería allí más tiempo que el que necesitara para averiguar de qué son aquellas botas, que, a decir verdad, me tienen revuelto el entendimiento.

-Disculpable es semejante curiosidad -añadió la manzana de invierno-, pero no justifica un paso tan atrevido como el que usted quería dar. Además, no es dado a una mujer de la clase de usted, Mariana, ocuparse de un personaje que vive tan alto y el cual tendrá de sobra, si lo desea, quien le haga mantequillas tiernas y pastelillos rellenos. Vaya, pues, a arreglar por allá dentro mientras hablamos con el señor moro y no vuelva a meterse en donde no la llaman.

Quedaron entonces solas conmigo las dos hermanas, y reiterándose sus buenos deseos y prometiéronse con largueza ricas dádivas, pidiéndome que guardase sobre aquella entrevista un secreto profundo, cual ellas lo guardarían, y que mientras no indagaban por otra parte viniese alguna vez a refrescar su espíritu con alguna esperanza halagüeña. Lo cual les prometí de muy buena voluntad así como el que haría cuanto en mí estuviese porque el caballero de las botas azules les dejase oír de cerca su voz armoniosa.

-Contento estoy de ti, Zuma.

-Hónrame mi dueño mucho más de lo que merece mi humildad. Al salir de allí la reina de las flores me esperaba en el fondo de un jardín, sentada a la sombra de los naranjos, y me entregó esa caja diciendo: «Moro, yo soy la más fiel amiga de tu señor». Y no he corrido, amo mío, sino volado para traeros tan rico presente.

-Bien: oye ahora atentamente mis órdenes. Madrid se asemeja a una olla que hierve desde que tiene la dicha de tenerme en su seno; pero es preciso que se desborde para que yo esté contento.

-Sea como lo deseáis, mas ya poco resta. Después del baile, no había entre las gentes de sangre azul una cabeza tranquila, y respecto a la clase media se agita en su estrechez semejante a un hormiguero. Las más acomodadas sueñan y discurren cómo han de hacer vestidos de princesas, y las más pobres deliran con la seda y los encajes mientras sus padres se afanan por otro lado en reunir a toda costa tesoros que han de gastar en una noche con tal de que puedan brillar en ella a los ojos de mi señor.

-Yo soy la causa... -repuso el duque sonriendo-; su vanidad, el objeto... Mas ¿qué me importa? Que me conozcan, que sientan la fuerza de mi poder, y basta con esto. Atiende ahora a mis instrucciones. Es preciso ante todo que te pongas enseguida la cara rusa, y que vuelvas a recorrer las principales librerías comprando en ellas cuantos ejemplares encuentres de las obras en esta lista anotadas.

-Señor... ¿y en dónde podré conducir tantas?

-Irás y volverás con el gran carro de la cochera mayor, y las hacinarás con las otras en los sótanos contiguos al palacio de la Albuérniga... y a propósito de él... ¿Sigues importunándole?

-Día y noche... él piensa que sueña, y es mi voz la que le habla de mi dueño... el pobre señor lucha en vano por alejar de sí las importunas visiones que hago danzar en torno de él. ¡Infeliz!

-Todo remedio es modesto... Ahora bien. Tan pronto como le hayas enseñado a los libreros la cara rusa, y expurgado la mayor parte de sus depósitos de libros, te pones la cara de lord inglés y, en el coche de las yeguas bayas, visitas las sastrerías y zapaterías de gran tono ofreciendo sesenta mil libras bajo las garantías que pidan al que haga una corbata y unas botas como las del duque de la Gloria. Después de esto, terminarás la obra colgando en el frac la gran cruz de la legión de honor y poniéndote la cara francesa. Con ella debes presentarte ante esos editores mal intencionados y usureros que tratan al escritor como un mendigo. Tu aire, al hablarles, debe ser altanero y misterioso mientras les dejas entrever multitud de billetes de banco y buenas monedas de oro español. «Un premio de cincuenta mil francos al que consiga hacerse editor del libro de los libros y decirme antes de su publicación lo que ese libro contiene». Esto les dirás, exigiéndoles la mayor reserva sobre el asunto y despidiéndote de ellos sin saludarles apenas. Ahora retírate y aguarda en la antesala.

Tan pronto se alejó el moro, púsose el duque a escribir aprisa el siguiente billete:

Amable condesa, ni me es posible asistir esta noche al teatro, aunque lo siento, ni menos decir cómo visten de mañana las mujeres de la aristocracia rusa, porque siempre las he visto por la tarde. Tengo en cambio la fortuna de poseer una magnífica colección de flores tropicales cuya maravillosa virtud consiste en tornar azules las pupilas negras, y las negras, azules. La mayor parte de estas flores son venenosas, raras y hermosísimas, pero como perderían su belleza y su talismán al salir de mi invernadero, advierto a usted, señora, que éste estará siempre abierto para una dama de tan extraños y delicados gustos como mi admiradora la condesa Pampa.

EL DUQUE DE LA GLORIA

Cerrado este billete, el duque abrió la caja de terciopelo que el moro le había traído, dentro de la cual había un retrato y una carta perfumada que decía así:

En verdad no sé cómo calificar el comportamiento del señor duque, que así quiere domeñar una voluntad que de suyo se le ha rendido. ¿Sin duda es un tirano que se digna regir a los suyos con mano de hierro? De cualquier modo yo seré siempre su más fiel amiga, seré su sierva, su esclava, seré, si él lo desea, que a tanto debe llegar un afecto sincero, como la hoja que, entregada en alas de los vientos, les dice: ¡llevadme a donde queráis! Mi retrato, helo ahí; si no es del agrado del señor duque, lloraré toda mi vida, porque el cielo no me hizo más a su antojo... Pero el caballero de las botas azules, ¿será tan malo de contentar?

Era verdaderamente hermoso aquel retrato, una hija del oriente respirando aromas y perfumes, Casimira, en fin... la incomparable Casimira. ¡El duque que conocía demasiado aquel rostro que en otro tiempo había adorado en vano!...

Contemplándolo con su habitual sonrisa, exclamó entonces:

-Historia de José... ven a mi pensamiento y sé para mis deseos lo que son los diques para las hirvientes olas del mar que quiere lanzarse impetuoso sobre la prosaica Holanda... y tú, Musa o demonio, no te burles de mi flaqueza ni me abandones cuando la serpiente tentadora atraída por mis botas azules se me acerca presentándome la dorada manzana... para hacerme perder mi paraíso... El ratón roedor, ¡oh Musa!, que se ostenta en tu mano como un trofeo, inquieta en buen hora el corazón y el pensamiento de mis prosélitos, mas deje libre mi cabeza, cuando más necesito del valor que me has dado... ¡Oh!, una marquesita de Mara-Mari, que es fuente virgen según Zuma, una criolla agradecida y poetisa a la vez, una condesa Pampa, racimo de oro en la bacanal del mundo... , una Mariquita en fin, ¡qué mariquita!, ¡oh Dios!, y sobre todo, ¡tú!, Casimira, añadió lanzando sobre el retrato una mirada profunda... Tú... hermosura provocativa, cabeza de sirena... Magdalena sin lágrimas ni arrepentimiento... tú, a quien he amado tanto y cuyas caricias abrasan el corazón... ¡José... José... arrójame tu capa desde el cielo!...

Al hablar así, dijérase que a través de la marmórea palidez que cubría siempre el semblante del Duque se dejaba percibir otro rostro ardoroso lleno de pasión y de vida; dijérase que el hombre extraordinario, la notabilidad por excelencia, el caballero de las botas azules, en fin, sostenía un combate sangriento con el más terrestre, enamorado y vulgar hijo de Eva.

Después de algunos momentos de vacilación, volvió a coger la pluma, y escribió:

Señora y esclava mía, mi moro Zuma me ha entregado una cajita cuyo contenido he visto; y ya que usted lo desea, mañana, una hora después de haber salido el sol, nos veremos.

EL DUQUE DE LA GLORIA

Llamó después a Zuma, y le dijo:

-Ve esta noche al palco de la marquesita de Mara-Mari, y dile con reserva que no voy al teatro, pero que mi palacio es una especie de sagrado recinto en donde la recibiré con la respetuosa deferencia que se merece.

-¿Sabe ella en dónde habita mi dueño?

-Dile tú que serás su guía si lo desea. Saluda después en mi nombre y en el tuyo a la condesa Pampa entregándole esta carta, y haz llegar a manos de Casimira, la reina de las flores, este billete que, con tu habilidad artística, colocarás en medio de un ramo de jazmines...

-Obedeceré ciegamente...

-Aún más... ¿Entregas cada día, a la hora de comer, como te tengo mandado, un número de Las Tinieblas al crítico Pelasgo y sus amigos?

-Sin faltar nunca, mi dueño.

-Muy bien, tráeme ahora la capa y el ungüento de mármol, y retírate.

Capítulo 9

Después del último encuentro del duque con el señor de la Albuérniga, huyó éste de la corte, refugiándose en una soberbia quinta que poseía, dos leguas más allá de las encinas del Pardo.

Muy pocos conocían aquel bello retiro, situado en lo profundo de un escondido valle y del cual el caballero no había hablado jamás a sus amigos. No... no iría allí ninguno a dispertarle en la siesta, cosa que, como en mejores tiempos ya no creía imposible permaneciendo en Madrid.

Era preciso descender la elevada montaña para distinguir, semejante a un leve punto blanco, la linda casita misteriosamente cobijada bajo un impenetrable laberinto de follaje.

Sola, en medio de tan florido desierto, más bien que habitación humana creyérasela vellón prendido en las enmarañadas ramas o copo de nieve, olvidado por el sol entre la sombra de las hojas.

-En vano serán ahora tus asechanzas, ¡oh duque! -exclamó el de la Albuérniga al instalarse en ella-, y añadió con tono imperioso dirigiéndose a sus imponderables servidores:

-Cerrad las puertas con llaves y cerrojos, y si alguno llamase a ellas no se la abráis aun cuando lo pida por todos los santos del cielo.

Satisfecho y seguro con esto, durmióse enseguida seis largas horas, si bien soñando con que el maldito duque le perseguía con el resplandor de las botas azules y el retintín del cascabel. En cambio fue inmensa su alegría cuando vio al despertar que aquello era sueño y que se hallaba absolutamente solo.

Tomó enseguida un refresco, vistió la bata, calóse hasta las cejas el gorro piramidal y, contento de sí mismo, se encaminó por uno de los más bellos bosquecillos que adornaban el prado.

Eran las seis de la tarde y el sol brillaba con esa luz suave y sonrosada que presta tan bellas tintas al paisaje. Todo era ya misterio bajo las espesas ramas de las encinas, pero los arroyuelos que atravesaban por entre la hierba parecían sonreír alegremente con las hermosas franjas de oro que inundaban de resplandor el horizonte. Los pájaros, recogidos bajo las hojas, gorjeaban de esa manera confusa y dulce con que cada ave llama a su compañera para que la noche no las sorprenda separadas, y la naturaleza exhalaba el aroma fresco y embalsamado con el cual se diría pretende aún embriagar al sol para que no se retire tan presto.

En poco estuvo que las indefinibles armonías de la tarde no conmoviesen al de la Albuérniga más de lo que convenía a su filosófica circunspección, y por eso exclamó en voz alta a fin de alejar de sí tan peligrosas emociones:

-¡Esto... esto es lo que pierde y encanta a tantas imaginaciones ardorosas!... El pájaro que vuela, o la pintada mariposa... la fuente que murmura oculta entre los brezos... La nube que pasa y se deshace en medio del espacio... ¡Nimiedades tan vanas, tan fugitivas, son las que dan pábulo a la llama que consume y devora tantas inquietas existencias... ¡pobres poetas! Vuestra gloria y vuestra felicidad se asemeja a la espuma que brilla y se forma sobre la corriente a fuerza de combatir; pero que, al fin, no viene a ser más que espuma... Por dicha, he preferido siempre a tan locos delirios de fría razón que aconseja el bien y enseña la verdad, y la madura sensatez que precave los escollos. ¡Qué amor... ni qué ilusiones de oro! ¿No vale más aceptar con juicioso comedimiento lo que complace el ánimo sin exaltarlo, y cuanto es en fin tan bello como útil? Heme por esto robusto y joven a los treinta y seis años, cuando las cabezas apasionadas vacilan ya envejecidas o decrépitas. Mas... ¿por qué los pájaros no cesan de cantar? Creería que sus vagos gorjeos resuenan demasiado dulcemente en medio de esta soledad penetrando hasta mi corazón... ¡Ya se ve!... Este demonio de duque me ha puesto fuera de mí con sus extravagancias y sus botas...

Después de algunos momentos de reflexión el caballero prosiguió diciendo:

-No, aquélla no debe ser obra de los hombres... allí existe algo desconocido para la inteligencia humana... ¡Qué bello fulgor! ¡Qué diáfana y sutil trasparencia... qué luz deslumbradora!... ¿Y que yo no pueda saber! Mas... ¿a qué recordarlas?

¿Habrán de cumplirse las profecías de aquel demonio?... En él pienso de día y sueño de noche... ¡dejarse abofetear!... Vamos... esto no es natural ni puede olvidarse nunca. Todavía le estoy viendo, tan pálido como lo estaba antes y después de que mi mano se posase dos veces en su rostro... ¿Qué humana criatura no se estremece al recibir tal ultraje? Impenetrable misterio... ¡No vuelva su nombre a resonar en mi oído... que mis ojos no le vean más!... ¡Aquí permaneceré oculto, hasta que ese ser incomprensible abandone el suelo español, o hasta que haya desaparecido de la tierra!... ¡Oh, soledad... soledad bienhechora... guárdame de mi enemigo y de cuantos le buscan y le admiran, insensatos!

No bien había hablado así cuando oyó decir a su espalda:

-¡Gracias a Dios! Buenas tardes, amigo: ahora sí que he dado en el flanco.

El caballero, trémulo de asombro, vio entonces que un joven muy conocido suyo descendía difícilmente por el muro pero sin vacilar en su empeño. ¡Ay!, ¡ya no se trataba del insolente duque, sino de una persona bien nacida que le sorprendía amigablemente a una hora propia para gozar de la frescura del campo! Comprendió que no podía demostrar su enojo como quisiera y se contentó por lo mismo con desahogar su cólera gritándole al recién venido que ya estaba cerca del suelo:

-¡Eh! ¿Está usted loco? ¿Por qué exponerse así? Va a romperse los huesos, lo cual merecería por semejante temeridad. ¿No hay puertas por ventura?

-Sin duda han criado hollín los cerrojos -respondió el joven riendo-; pues por más que he llamado, nadie ha querido abrir.

-¡Ah!... es que aquí se apagan los sonidos como en lo profundo de una cueva.

-Lo sospeché, y por eso me decidí a escalar el muro.

-Usted comprenderá, sin embargo, que esto es demasiado...

-¿Atrevimiento? -le interrumpió el joven-. Lo sé, y por ello le pido a usted mil perdones.

-No lo digo por mí -repuso el de la Albuérniga con forzada cortesía-, sino por la exposición y por...

-¡Porque no es justo que se penetre de este modo en cercado ajeno!... ¿no es verdad? -volvió a interrumpirle el joven saltando a su lado, y añadió enseguida-: Usted sabe que he respetado siempre la voluntad o el capricho de mis amigos; pero una cuestión de honor me ha obligado ahora a dar este paso. ¡Ah!, esta vez hubiera sido imposible retirarme sin que hubiésemos hablado.

-¿De qué se trata entonces? -repuso el caballero, con muestras de querer acabar pronto la conversación.

-He emprendido una difícil aventura, hice una apuesta que perderé sin su ayuda de usted.

-Sin mi ayuda... ¡una apuesta!... pero mi amigo ¿olvida usted que soy un hombre completamente extraño a lo que no me atañe? Ignoro qué apuesta es ésa, mas puedo asegurarle desde ahora que mi intervención en ella será completamente inútil.

-Nada de eso. Sólo usted puede ser mi luz y mi guía.

-Le digo a usted que no. A ninguno se oculta mi método de vida; no existo sino incidentalmente en el mundo de los demás. ¿Qué puedo hacer, pues, en favor de nadie?... En fin, yo lo siento por usted, que se ha tomado la inútil molestia de venir desde Madrid hasta este yermo en donde me escondo cuando a mi entender sobre en la corte o sobra ella para mí.

-¡Oh!, mi molestia es lo de menos, y respecto a este yermo, confieso que de muy buena gana me haría en él anacoreta. Posee usted aquí una hermosísima quinta.

-¡Hermosa!... Así lo finge ahora ese rayo de sol que la ilumina, mas tan pronto llega la noche todo es aquí desolación. Los altos matorrales extienden en torno su sombra como fantasmas. ¡Oh!, sobre todo la noche... es insoportable en estos sitios.

El joven, que conocía demasiado al rico-filósofo-sibarita, fingió no entender lo que éste había querido decirle con aquellas palabras y repuso sencillamente:

-La noche todo lo enluta... eso sucede en los lugares más bellos.

-Aquí peor que en ninguno -recalcó todavía el de la Albuérniga-, pero lo que más me sorprende -añadió-, es que haya usted acertado con esta especie de abismo tan escondido de los hombres. ¡Bien dicen que no hay nada oculto bajo del cielo!

-¿Ignora usted que desde cierta tarde le han seguido y le siguen vigilantes espías?

-¡A quién!

-A usted.

-¿A mí? Usted prevarica. ¡A mí!

-¿Qué extraño es? Todos saben que el duque de la Gloria ha visitado particularmente al caballero de la Albuérniga y que pasearon juntos no hace mucho hablando con grande intimidad y franqueza.

-¡Hola!, ¡hola!... -exclamó el caballero cruzando los brazos sobre el pecho, después de haber rascado una ceja, como acostumbraba en los momentos difíciles.

-Y bien, como ese señor duque que trae revuelta la corte con sus misterios, no ha hecho a ningún otro tan singular distinción, ya que acercarse a él no es posible, se le busca a usted como al cabo del ovillo.

-¡Del ovillo!... Ya... ya... ¡fuego le abrase!

-¿Le quiere usted mal acaso?

-¡Caa! ¡Permita Dios que se le lleve un remolino, y que no vuelva a aparecer jamás!

-¡Cáspita! ¿De veras? ¿Tan malo es?

-No sé si es bueno o malo ni tampoco quiero saberlo.

-¡Que no lo sabe! ¡Amigo!, un poco de franqueza sobre el particular. Éste es el favor que vengo a pedir a usted. Mi honor se halla comprometido. Hice la apuesta de que sabría el primero quién viene a ser ese duque de la Gloria.

-Pues sépalo, por mi parte no puedo decirle absolutamente nada. Vea usted cómo ha perdido el viaje; se volverá usted a Madrid como ha venido.

-Permítame usted dudarlo...

-Dude usted cuanto quiera, mas yo no sé otra cosa sino que no quiero volver a oír hablar de ese demonio, y que, por conseguirlo, seré capaz de dar una vuelta alrededor del mundo.

-Ahora sí que pienso que ese hombre es realmente el diablo... Lo que usted acaba de decirme me asombra...

-Más me asombra a mí lo que me está pasando. ¡Ira de Dios! ¡Ser perseguido hasta aquí por causa suya! ¿Por qué no me habré decidido a matarle!

-¡Diablo! Eso es más serio todavía... ¿a matarle?

-¿Cómo deshacerse de otro modo de un insolente duende?

-¡Oh!, si es duende no puede morir.

-Lo veríamos. Los duendes modernos deben haber aprendido a morir como los hombres.

-Pero ¿qué le ha hecho a usted, el hombre más pacífico de la tierra, para despertar en su alma tan mal deseo?

-¡Qué me ha hecho!... ¡Usted me lo pregunta todavía! -repuso el caballero, con irónica y amarga sonrisa... -. Ha turbado mi reposo, ¡mi carísimo reposo!, me hace vivir en continua agitación... es causa de que se me persiga hasta este yermo... ¡Iras del cielo! ¡A mí que amo tanto el sosiego y la tranquilidad!...

-Grandes faltas son ésas -repuso el joven sonriendo-, mas no me parecen dignas, sin embargo, de ser castigadas con la muerte.

-He ahí el enredo de la madeja... la cadena que me ata, hela ahí... Si así no fuera, ¿existiría ya el duque? -exclamó indignado el caballero.

-No obstante, ni aún matándole, conseguiría usted ahora vivir tranquilo.

-¿Por qué no? Usted se chancea.

-Le pedirían a usted el muerto, y...

-Y yo se lo entregaría con la mejor voluntad.

-Es que las gentes más curiosas exigirían además que usted las explicase mímicamente cómo un ser tan extraño había torcido el gesto al despedirse de la vida.

-Déjeme usted en paz; yo sé cómo se contesta a los importunos.

-Comprendo, amigo mío... quizá por eso me da usted tan ambiguas respuestas respecto al duque.

-No ciertamente; pero deseando no hablar ya de este asunto, concluiré diciéndole a usted lo siguiente; es verdad que el duque me acompañó una tarde en el coche y que me visitó también... ¡ojalá que así no fuera!, pero a pesar de esto, sólo puedo decir de él que es tan insolente como burlón e incomprensible, y que toda persona que tenga en algo su juicio y su reposo debe alejarse de semejante criatura como de la boca de un abismo... , ¿qué digo?, mucho peor... Entre otras mil raras cualidades que posee, resalta la muy especial de exaltar la bilis, sacarle a uno de quicio, y trastornar la más clara y serena razón. Esto puede usted decir a los que me crean enterado de mayores misterios, añadiendo que me tendrá por enemigo el que vuelva a mentar en mi presencia el nombre del duque de la Gloria.

Mientras hablaba de este modo el de la Albuérniga, había ido conduciendo al joven hasta el pie de la casa, en donde lo más cortésmente que pudo le invitó a que subiese a descansar.

Pero ¿no sabía ya su huésped lo terribles que eran las noches en aquella soledad? ¿Cómo detenerse más? Díjole, pues, que precisaba volver a Madrid enseguida: el de la Albuérniga quedó al punto convencido y acompañándole diligente hasta la puerta descorrió con sus propias y sibaríticas manos los gruesos cerrojos para que se marchara. ¡Ay, nunca hubiera hecho tal!

Tras de aquella puerta que se abría inhospitalaria para desechar a un huésped, vio el de la Albuérniga aparecer más de diez cabezas humanas que se inclinaron respetuosamente ante él.

Los zapateros más afamados de la corte esperaban hacía una hora que una mano benéfica les diese libre entrada en aquella mansión.

Inmóvil y asombrado se quedó al pronto el caballero, pero despidiendo enseguida al joven dijo a los que aguardaban:

-Ustedes vienen engañados... aquí no vive nadie.

Y cerraba la puerta. Mas uno de ellos se adelantó entonces con respetuosa terquedad y repuso:

-Dígnese V. E. oírnos algunos momentos... Nosotros somos los maestros zapateros encargados de presentar al duque de la Gloria la exposición que...

-¿Qué tengo yo que ver con ese personaje? -les interrumpió el de la Albuérniga fuera de sí.

-Señor, nos han dicho que estaba aquí...

-¿Aquí? ¡Iras del cielo! ¿Aquí? ¿Cómo en tal caso podría estarlo yo?

-¿V. E. querrá entonces darnos noticias de su paradero?, según nos aseguraron... sólo V. E. sabe...

-Se me calumnia infamemente. ¡Qué yo sé de él! Sabrá el diablo... pregunten ustedes en otra parte: ¡Iras del cielo!

Y cerró violentamente la puerta. Mas no bien se había sentado lleno de fatiga y de cólera, sobre un banco de césped, cuando sintió que dos manos se posaban sobre su espalda mientras le decía una voz cascada:

-¿Conque así se miente? Pero no a las amigas, ¿no es verdad?

El caballero vio entonces delante de sí a las viejas solteronas que la otra tarde le habían encargado con desesperada insistencia supiese de qué eran hechas las maravillosas botas azules del duque...

-¡También ustedes! -murmuró entonces con voz casi ininteligible... mientras las miraba azorado.

-Sí... también nosotras -respondieron ellas, sentándose tan cerca de él que con las enormes narices casi le tropezaban en los cabellos... -. ¡Picarillo! Usted ya lo sabía todo y se lo callaba... pero henos aquí, como caídas del cielo. ¿A que no esperaba usted esta sorpresa?

-¡Oh, si la esperaba! -repuso el caballero sordamente.

-Y bien; con las buenas amigas como nosotras no se gastan cumplidos... En este mismo sitio lo vamos a saber todo, ¿eh?, y prontito porque nos volveremos hoy a Madrid. ¡Estamos tan fatigadas!... como que hace doce años lo menos que no hemos cometido un exceso como éste... ¡Andar en dos horas un camino tan largo! Creíamos que el carruaje se hacía pedazos... pero en fin... aquí estamos ya dispuestas a confesarle a usted... Todito, todito, nos lo va usted a decir, cómo y para qué y de qué manera... sin olvidar el menor detalle... en las ocasiones se conocen los amigos... ¡Vaya!, no reflexione usted... empecemos. ¿Quién es... ese duque de la Gloria? Ese personaje tan íntimo amigo...

Diole al de la Albuérniga en aquel instante tan fuerte tos que las viejas sintieron alterados sus nervios y creyendo que el caballero se moría empezaron a gritar pidiendo auxilio. Acudieron entonces los criados, y el infortunado caballero pudo decirles medio entre dientes que le desnudasen inmediatamente y le llevasen a la cama.

-¡Aquí no... desnúdenle ustedes arriba! -murmuraron llenas de susto, mientras volvían la espalda al enfermo y corrían hacia la puerta, gritando sin volver atrás la cabeza:

-¡Que se alivie!... ¡que se alivie!... Aquí nos tendrá otra vez cuando esté bueno.

Y llenas de cansancio y tan ignorantes sobre lo que querían saber como antes lo estaban, tomaron de nuevo el camino de la corte.

En cambio el de la Albuérniga casi quedó completamente aliviado con su ausencia, y al otro día antes de romper la aurora ya se hallaba camino de Barcelona: pero no iremos a seguirlo en su viaje. Según parece de Barcelona pasó a Valencia, y de Valencia a Granada, y de Granada a Sevilla, y de Sevilla a Extremadura, y de Extremadura a Santander, y de Santander a

León, y de León a Galicia, etc. Le dejaremos pues, hasta que quiera la fortuna que le encontremos de nuevo.

Capítulo 10

Más triste que la noche estaba la pobre Mariquita esperando la contestación a la carta que había escrito al duque, y más gruñona doña Dorotea que perro viejo en noche de
invierno. Dos días habían pasado desde el desgraciado acontecimiento del gato; pero a pesar de esto no cesaba la vieja de
reñir porque Mariquita, después de haber tardado dos largas
horas en ir tras del minino ladrón, no había podido al fin quitarle la salchicha.

-Nunca, nunca lo podré olvidar -decía la vieja-, nunca podré
perdonarte que se la hayas dejado engullir todita.

-Pero, señora -respondió Mariquita con los ojos bajos y con
las mejillas encendidas-. ¿Cómo había de cogerla si él mismo se
huyó con ella al tejado?

-¡Dale, dale!... ¿en qué te entretuviste entonces dos horas
largas? ¿Vamos a ver?

-En esperar a que bajara.

-En esperar a que se la comiera, di mejor, tontona, más tonta
que Bertoldino, mientras el pobre Melchorcillo se moría aquí
de impaciencia al ver que su novia no volvía. Y sabe Dios lo que
hubiera dicho para su interior, si tan bonazo no hubiera nacido, al saber que su futura mujercilla, a quien cree hacendosa
como una hormiga, no tenía siquiera maña para quitarle al gato lo que se llevó entre los dientes.

-De lo que él dijera poco me cuido yo.

-¿Cómo? ¿Descuidada y respondona a un tiempo? ¡Y qué des-
coco... y qué aquél!... Virgen María... ¿Es ésta la sobrina que
he tenido siempre a la sombra de mi brazo? ¿Si se habrá vuelto
loca esta chica?

-Mire usted, tía; cada vez que le veo pienso que sí...

-Pero ¿a quién?

-A Melchor.

-¡Vamos! De oírla parece que todo el histérico se me revuelve y se me quiere salir a borbotones por la boca... ¿Conque todavía estamos con ésas cuando vais a hacer bodas?...

-Hágalas él con quien quiera, tía, que yo buscaré quien me ha menester.

-¡Ay! ¿Qué es lo que acabo de oír por estos oídos siempre respetados y honestos? ¡Que buscará quien le ha menester! ¡Ay, ay!... ¡que perdidica la tengo, como perla caída en el mar!... Y yo que le decía la otra tarde a Melchor: «Más se me parece que si la hubiera parido». ¿Qué murmurará ahora el mozo y las gentes?... Si a quien la enseñó imita, mala maestra, peor discípula. Jesús, María... ¡Cómo me va a envejecer este disgusto!... A casa de mi hermano voy a contarlo lo que sucede para que busque un remedio a tamaños males. Y tú, descastada y más ingrata que Judas -añadió con mayor enojo-, cuida en tanto de que el gato no se lleve otra vez la salchicha; pues ya que quitársela de los dientes no sabes, tampoco se la dejes robar.

Dicho esto, salió la vieja encaminándose derechita a la calle del Clavo en donde vivía su hermano mientras la pobre Mariquita, inclinando la cabeza sobre las rodillas, se puso a sollozar como una Magdalena.

¡Oh!, ¡y no era aquel llanto de esos que se enjugan cual lluvia de verano! Subyugada la desdichada niña por la tiránica ignorancia de doña Dorotea y herida en medio del corazón por el fantasma azul cuya imagen no podía apartar del pensamiento, sola, en fin, con su pasión y su pena, se sentía morir como planta sin sol o como insecto que sin fuerzas para romper el débil capullo se ahoga antes de haber hecho brillar a la luz sus alas de colores.

¿Qué es lo que veía Mariquita al extender la mirada en torno suyo? Una calle sombría, una tía gruñona e inflexible y un novio cuyo solo recuerdo la hacía estremecer de angustia.

Si hay algo horrible y detestable para una niña que empieza a amar, es el marido que la previsión paternal ha sabido desentrañar de alguna mina oculta. Padres e hijos tienen comúnmente sobre este punto gustos diametralmente opuestos, y mientras los primeros atienden a lo que ordena una razonada conveniencia, se encuentran los otros subyugados por la voz del corazón, única fuerza que les domina en la edad del amor, la más bella de la vida.

Mas ni aun en esa edad rodeada de cuanto hermoso encierra la existencia, ni aun en esa edad en que el fantasma de la muerte sólo se distingue como una sombra vana y en la que el ceñudo rostro del desencanto asoma apenas el contorno de su desgreñada melena al través de las primeras ilusiones, dejamos de sufrir honda y profundamente... ¡Ay!, también entonces la dicha se escurre de entre nuestras manos aprisa y sin sentirla, tal como se escurren las aguas de un río bajo la helada superficie que el sol abrillanta con sus rayos...

Mariquita permaneció llorando largo tiempo hasta que cansada de gemir dobló la labor y se encaminó hacia el cementerio. ¿No era allí en donde esperaba volver a encontrar su adorada visión?

-Si mi tía y mi padre vienen y no me encuentran -dijo-, me reñirán... me reñirán mucho, pero ya no me importa.

Era la primera vez que no le importaba a Mariquita que su tía y su padre la riñesen, lo cual da la medida de su dolor.

Con los ojos enrojecidos y pálida como la misma muerte llegó al cementerio; mas como era una linda muchacha, todavía parecía hermosa con su bata de percal graciosamente ceñida a la cintura, el pañuelito de seda descuidadamente caído sobre la espalda y las manos cruzadas sobre la cabeza. Al contemplarla inmóvil al pie de una sepultura que el enterrador abría pausadamente, creyérasela virgen acabada de levantarse de entre el polvo de los sudarios y que conservaba todavía en su frente el sello de divinos y melancólicos recuerdos.

Conocíala el sepulturero de verla siempre en torno de las tumbas y al notar aquella tarde el abandono de su actitud y la palidez de su semblante, le dijo:

-¿Qué se te ha perdido entre los muertos, niña, que siempre andas registrando por aquí? ¿Quieres acaso venir a morar con ellos? Lo imagino, pues tienes hoy una cara de arrepentida que a las claras está pidiendo sepultura.

Mariquita no se inmutó siquiera al oír tan brutales palabras, sino que con un acento de ansiedad y de tristeza inexplicables preguntó:

-Señor Blas, ¿nunca le han hablado a usted los muertos?

-¿Qué dices, chica? ¡Ellos hablar! ¿Si pensarás que son amigos de conversación? Pregúntales cómo les va y si te responden que me entierren como les entierro a ellos.

Rióse el sepulturero de su grosera chanza, pero como su risa fue a resonar de una manera lúgubre en los nichos vacíos Mariquita se alejó de él adelantando un paso hacia la abierta sepultura.

-¡Eh! -añadió el enterrador... -. ¿Te ha dado el pasmo? Si así prosigues acercándote caerás en el hoyo... apártate...

Pero Mariquita tampoco hizo el menor caso de esta advertencia. Se hallaba completamente absorbida en la contemplación de aquel agujero estrecho y cuadrilongo que el azadón impulsado por el fuerte brazo que le movía ahondaba cada vez más.

Bien pronto el hombre de las tumbas, después de haber escogido los huesos por allí esparcidos y de amontonarlos sobre una especie de carreta, se alejó por algún tiempo dejando sola a la contristada niña.

Fue de ver entonces cómo esta criatura, presa de un melancólico frenesí, saltó con extraña alegría en el fondo de la sepultura y se tendió allí cuan larga era.

-¡Parece hecha para mí!... -murmuró después, y cerrando enseguida los ojos y cruzando las manos sobre el pecho añadió-: ¡Oh, qué bien me encuentro de este modo! Si pudiera ahora dormir, y el señor Blas, creyéndome muerta, me cubriese con la húmeda tierra, ya no volvería a oír los gruñidos de mi tía ni a ver la triste figura de Melchor. El ángel de mi guarda llevaría mi alma al cielo, mi cuerpo quedaría descansando en esta cama tan blanda y tan fresca, en esta cama que el sol visitaría cada día, y la pena que siento no me lastimaría más el corazón.

Ni un instante el recuerdo del azulado fantasma vino a mezclarse a las lúgubres cuanto locas ilusiones de la triste niña. Dijérase que el ángel que había invocado para que llevase su alma al trono de Dios apartaba de su pensamiento, en aquellos momentos que esperaba la muerte, la imagen profunda del que despertara el primer sentimiento de amor terrenal en su inocente pecho.

De repente creyó oír que la hierba se agitaba en torno suyo... ¿era el viento de la tarde?, ¿era el vuelo de un pájaro?... no... eran pasos que se acercaban... Mariquita se incorporó llena de sobresalto pero en el mismo instante volvió a caer lanzando un grito... Un rostro blanco como un pedazo de mármol acababa de inclinarse sobre la sepultura...

-Niña... ¿qué haces ahí? -le preguntó enseguida una voz armoniosa-. ¿Has resucitado?, ¿por qué tiemblas?, ¿qué tienes?

-Vergüenza... mucha vergüenza... -replicó Mariquita con el rostro oculto bajo una punta del delantal.

-¡Vergüenza! -replicó la voz... -, ¿la vergüenza te obligó a ocultarte ahí?

-No, señor, porque no la he sentido hasta este mismo instante... lo que me obligó a meterme aquí fue el deseo de morir para no ver más a Melchor.

-Melchor.. ¡sospechoso nombre!... ¿y qué te ha hecho ese Melchor para que abrigues en tu corazón tan criminal deseo?

-Se quiere casar conmigo como ya se lo he escrito a usted en mi carta.

-¡Mariquita! ¡Eres tú Mariquita!... -exclamó lleno de sorpresa el duque de la Gloria, pues no era otro el que hablaba, y, alargando sus brazos hacia la niña, añadió con cierta expresión de lástima-: Ven; sal de ese horrible agujero... y hablemos, ya que me has conocido.

En efecto, sólo la perspicacia, o más bien dicho, el instinto de un alma por primera vez enamorada, pudo hacer que Mariquita reconociese al fantasma de sus sueños.

Envuelto el duque en una larga capa negra y sin llevar aquellas botas que le hacían aparecer tan maravilloso y fantástico, apenas podía adivinarse en él al duende extraordinario sino por la blancura del rostro, la elegancia del porte y la mirada penetrante y burlona de aquellos negros ojos que chispeaban, bajo el ala caída de un sombrero de castor.

No sin esfuerzo consintió Mariquita en salir de la sepultura ayudada por el que amaba; mas tan pronto se vio fuera de ella, se alejó del duque ligera como una corza, cubierto el semblante por el más vivo rubor que haya teñido jamás las mejillas de una niña.

-¡Muchacha singular!... -exclamó aquél mientras la contemplaba en su carrera-. ¿Por qué huyes? Mas... ella se detendrá al fin para hablarme.

Engañosa creencia... Toda la experiencia de los hombres no basta muchas veces para adivinar siquiera los secretos de un corazón inocente.

No huía Mariquita por coquetería ni por un vano capricho, sino que, sintiéndose de repente avergonzada por haberle escrito al duque, quería ocultarse de él como si pretendiese así mitigar el mal que ya no podía deshacer.

La loca fortuna había dispuesto, no obstante, que Mariquita se viese aquella tarde colocada entre dos abismos... Mientras se alejaba del duque, Melchor, que iba a visitarla con el pantalón color canela y el chaleco verde, le salió al encuentro en medio de la calle.

La niña quedó por un instante inmóvil... pero no vaciló largo tiempo, cual si el duque tuviese el poder de conjurar la melancólica visión que acababa de interponerse en su camino, corrió de nuevo hacia él, diciéndole en un acento que revelaba el estado de su corazón:

-¡Es él, señor! ¡Es él! ¡Véale usted qué flaco y qué feo es! Caballero, ¡por el amor de Dios! ¡Si usted no quiere ser mi marido, dígame a quién he de pedir permiso para que me entierren viva!

Esta salida, y la triste figura de Melchorcillo que les contemplaba desde lejos con la incertidumbre y el asombro pintados en el semblante, le hubieran hecho soltar al duque la más sonora carcajada de su vida, si la actitud de Mariquita no revelase al mismo tiempo una profunda desesperación.

-Atiende, niña -le dijo entonces despacio y cariñosamente-, no te aflijas de ese modo. Si así sigues, no habrán de enterrarte viva, sino muerta... sufre y calla por ahora, disimula tu dolor, que pronto he de decirte cosas que aliviarán tu pena.

-Pues dígamelas usted ya. ¿Sé yo acaso disimular? ¿Quién me ha enseñado a eso? -respondió la muchacha con impaciencia y enojo.

-Las mujeres sabéis esas cosas sin aprenderlas -repuso el duque sonriendo maliciosamente.

-Eso sucederá en Madrid -contestó Mariquita con la mayor sencillez y desenfado-; pero en mi calle la que no viene al colegio de mi tía, gracias si sabe rezar.

-Pues bien -añadió el duque sin poder renunciar por completo a usar con tan simplota niña su tono irónico y burlón-. Sea como quiera, ¿por qué tratas tan ásperamente a ese pobre mozo? Sin duda parece ser muy sensible a los rigores del frío; pero, al mismo tiempo, debe de hallarse muy enamorado de ti.

La mirada que Mariquita dejó caer sobre el duque al oír estas palabras fue tan fiera y encerraba tan dolorosa reconvención, que aquél no pudo menos de cogerle cariñosamente la mano y decirle con cierta emoción:

-Perdóname... eres como una sensitiva... pero, en verdad, no es bueno que una mujer sea ingrata. ¿Qué dirías de mí, si amándome tú como te ama Melchor, te tratara como le tratas?

-¿Podría eso suceder? No... no quiero saberlo... -exclamó Mariquita con horror, y se alejó otra vez del duque yendo a ocultarse en su casa.

Pero doña Dorotea y su padre que acababan de aparecer en lo alto de la calle habían llegado a tiempo para ver que un caballero envuelto en una capa negra había estrechado entre las suyas la mano de Mariquita, mientras Melchor, sin atreverse a ir ni hacia adelante ni hacia atrás, permanecía fijo en medio de la calle, contemplando aquella escena que alumbrada por el crepúsculo debía parecerle iluminada por el infierno.

En cambio, doña Dorotea, que había adivinado a la primera mirada lo que significaba semejante cuadro, no pudo menos que exclamar llena de consternación mientras ocultaba el rostro entre las manos.

-¡Ay!... Pedro de mi alma, que hemos llegado tarde... ya buscó... ya buscó... lo que le ha menester.

Apoyóse entonces en el brazo de su atribulado hermano, y le impidió así correr tras del seductor caballero de la capa negra, quien, por no comprometer más a la pobre Mariquita, se deslizó rápidamente por una cercana travesía.

Capítulo 11

Lentamente y como pensativo iba subiendo el duque las espaciosas escaleras del palacio más hermoso, si se exceptúa el de la Albuérniga, con su salón monstruo y su jardín tapizado de menuda yerba.

Mármoles, oro y terciopelo se encontraba allí por todas partes. Mas... ¿qué venía a ser para el duque aquel misterioso esplendor que rodeaba la habitación de una mujer?

En vano es cubrir un cadáver con flores, en vano esparcir esencias en donde la podredumbre ha extendido su corrompido aliento... en vano también levantar templos a la mentira y circundar de bosquecillos sagrados los lugares en donde se rinde culto al oprobio; una soberana hermosura, una criatura peligrosa en sus hechizos como la voz de la sirena reinaba en aquella mansión con todo el poder de la belleza, del talento y de la fortuna... Mas el duque, que llevaba escondidas en el corazón cenizas no apagadas de un amor que había ardido lenta y profundamente a la envenenada sombra de los celos y de los desdenes, quería acercarse a ella insensible y frío como una roca, sin piedad, como la misma venganza... Esto le costaba, no obstante, un supremo esfuerzo... que no en vano se atreve un hombre a demostrar al mundo que puede llegar a donde ninguno ha llegado.

La humana naturaleza, siquiera se encuentre fortalecida por la gracia divina, se resiente siempre de su inmensa flaqueza.

A la luz de los primeros rayos del sol que penetraban alegremente por los anchos cristales de una galería, las botas del duque despedían un fulgor que turbaba la mirada y el pensamiento... quizá nunca habían aparecido más hermosas.

Un criado que le aguardaba se apresuró a anunciarle y el duque se halló bien pronto en el perfumado gabinete de una mujer vestida a la antigua romana.

Larga y plegada túnica, pies desnudos, brazaletes en piernas y brazos, seno medio velado y una corona de mirto entrelazada sobre la blanca frente con largas trenzas de cabellos brillantes y de un hermoso color castaño, tal era su atavío. Alta y un tanto varonil, se adelantó con majestuoso paso a recibir al duque, diciendo:

-Hace tres días que espero sin desconfiar de mi buena estrella.

-La fe y la esperanza son dos hermosas virtudes, Casimira - respondió el duque inclinándose.

-¿El señor duque sabe mi nombre? En su boca suena más armonioso que en otra alguna...

-Es posible... -añadió el duque fríamente.

-Pero ante todo -prosiguió Casimira sonriendo-, quisiera saber si el señor duque ha visto alguna vez una mujer parecida al retrato que hice llegar a sus manos y si ha encontrado en esa mujer una esclava digna de él.

El duque miró a la dama de alto abajo y, con la graciosa amabilidad del que dice una galantería, repuso:

-No son así ciertamente las esclavas que yo prefiero.

-¡Cómo!... ¿No es artista el caballero de las botas azules? -replicó ella queriendo ocultar en vano cuánto acababa de contrariarla tan brusca franqueza.

-Según -dijo el duque en el mismo tono risueño y galante... -, algunas veces el arte es mi encanto, otras tengo en más la sencillez de la naturaleza y aquélla en que el ingenio no ha tomado la menor parte. Pero cuando se trata de una sierva... de una esclava... ¡oh!, entonces mi severidad no tiene límites, me vuelvo analítico, meticuloso, y mi gusto es tan variado como difícil de comprender.

Mirábale la hermosa Casimira con mal reprimido enojo y apenas, con la turbación que sentía, pudo murmurar estas palabras:

-Es demasiada arrogancia... al fin una esclava que nada exige...

-Peor que peor -añadió el duque con alguna dureza-; cuando yo hago proposiciones y quiero captarme la voluntad de un amigo, puedo admitir sin réplica toda clase de condiciones y pasar inadvertida una grave falta o un leve defecto; mas cuando soy buscado, reflexiono... vacilo, y... lo he dicho ya, exijo mucho.

Al oír estas palabras que el duque había dicho con suma naturalidad, la dama se puso primero roja como las cuentas de uno de sus collares, después pálida como la flor de cera y, por último lívida... la indignación y el asombro la embargaban a un tiempo sin dejarle responder a tan extrañas palabras.

El duque la miró entonces fijamente, se levantó, cogió el sombrero y, haciendo una cortés inclinación ante ella, le dijo con el aire severo de un padre que se permite corregir a su primogénito:

-Nada tengo que hacer aquí, señora, pues la que se dice mi sierva y mi esclava no conoce todavía la sumisión y la humildad que yo deseo.

Y se adelantó hacia la puerta sin añadir más, pero cuando iba a salir sintió que una mano ligera le detenía.

-No quiero que el que yo ambicionaba tener por mi mejor amigo se aleje sin haberme conocido. Mi orgullo lo exige así.

Dijo Casimira estas palabras con semblante altivo, pero ya sereno, y el duque se volvió para oírla.

-Habíale ofrecido mi estimación al caballero de las botas azules -prosiguió ella-, y sépalo el señor duque que, tal oferta es mayor y va infinitamente más lejos de lo que pudiera alcanzar un espíritu ambicioso; por esto me sorprendió al pronto su réplica, pues un alma noble no espera jamás de otra alma, que cree noble también, ser tratada con una indiferencia desdeñosa... , pero si me sorprendo, señor duque, no me abato... , soy una mujer de espíritu fuerte que sabe hacer frente a las tormentas.

-De espíritu fuerte... -repitió el duque con delicada ironía... - apuntaré esta idea en mi libro de memorias. Tengo inmensos deseos de probar hasta dónde llega la fuerza de espíritu de una mujer como Casimira, pues temo que o ella o yo equivocamos el sentido de estas palabras.

-Por mi parte -replicó la dama con firmeza-, no creo equivocarme, que harto convencida estoy de lo que digo. Lo repito; soy una mujer de espíritu fuerte a quien ciertas preocupaciones del mundo no importan y que se adapta buenamente a todo. Sería capaz de ocupar un trono con la majestad de una reina y de descender sin esfuerzo hasta la esclavitud que yo quisiera imponerme.

-Gran riqueza de recursos por cierto... ¿y ninguno de esos cambios será violento a la bella Casimira?

-Ninguno... únicamente... ¡eso sí!, soy un tanto víctima de mis caprichos...

-¡Qué lástima!...

-Esto no lo hubiera otra confesado...

-Quizá no... pero no necesito de esa confesión para creer que Casimira, que tan fuerte se imagina, es débil, como una niña mimada y voluntariosa que toma la terquedad por valor y la tenacidad de un capricho por fuerza de espíritu.

-¡El señor duque me juzga así!... ¡Ceguedad sin igual!

-Lo veremos; pero ya que la que se ha dicho mi esclava tuvo la amabilidad de detenerme, sentémonos y hablemos ahora con calma. Veo que empezamos a reñir y la cuestión promete ser complicada y difícil.

-Sentémonos, amo mío, tiránico dueño, ¡mas no para reñir! Una amistad que empieza tan encontrada es fácil que concluya en opuestas regiones.

Daba aquel gabinete a un pequeño jardín, sembrado de naranjos y delicadas flores, y entre ellas fueron a sentarse Casimira y el duque mientras una camarera cogía lilas y pensamientos, que colocaba cuidadosamente en el regazo de su señora, la cual, como tenía de costumbre, iba formando graciosos ramilletes.

Una hermosa fuente murmuraba entre el musgo, el sol de la mañana, alegre como la juventud, venía a reflejar sus rayos sobre las aguas que jugaban con ellos formando mil visos de colores, y la brisa, el rocío, el grato silencio y el cielo, mudo testigo de lo que pasa en la tierra, todo convidaba en torno a hablar de cosas íntimas y secretas.

-He aquí una flor hermosa como mis esperanzas -le dijo Casimira al duque presentándole una rosa entreabierta-. ¿Podré depositarla en manos del señor duque para que la cuide como lo merece tan cándida belleza y la haga revivir cada día como el cariño de un padre?

-¡Oh, señora! -repuso aquél acercando la rosa a los labios para aspirar su aroma-; todo el poder de los hombres no sería capaz de impedir que esta flor se marchite.

Y mudando de tono añadió con una familiaridad desconocida en él:

-Ahora, Casimira, seamos personas formales, abandonemos las palabras inútiles y, al revés de lo que hacen las gentes que se dicen castas y modestas, sin que dejemos de serlo discutamos sobre lo que es casi siempre indiscutible entre dos corazones simpáticos.

-¿No fuera mejor obrar en esto como la experiencia ordena? Seguir un camino opuesto al de los demás es siempre peligroso y pudiera acontecer...

-No lo dudo... pudieran acontecer muchas cosas... mas... yo amo los escollos, y, lo que es aún peor, voy a su encuentro...

-¿Un temerario? Qué porvenir de luchas se me prepara -exclamó ella riendo.

-He aquí un medio de probarme que Casimira tiene fuerza de espíritu. Si lo desea, puede no obstante retroceder todavía.

-Discutamos, discutamos pues.

-Discutamos... ¿Usted ama?

Suspensa quedó Casimira al oír estas palabras, mas no tardó en decirle a su vez al duque.

-¿Y usted ama?

-Las esclavas no preguntan.

-¡Oh!, eso es demasiado... ¿El caballero de las botas azules será realmente un tirano?

Por única respuesta el duque sacó de una cartera el billete que ella le había escrito y, después de haber leído en voz alta, añadió fijando en Casimira una mirada extraña que la llenó de turbación:

-¿Rectificamos? De una vez para siempre...

-Indigno fuera que desmintiese mi labio lo que mi mano ha escrito.

-Pues bien -repuso el duque sin apartar de ella los ojos-: desde hoy, Casimira es mi esclava, y porque yo lo deseo hará mi voluntad y me obedecerá ciegamente como hoja que desprendida del árbol va a donde la llevan los vientos.

Mientras el duque decía estas palabras tenía su mirada una expresión amargamente irónica que una galante sonrisa podía apenas dulcificar. Casimira, la mujer valerosa, no pudo menos de pasar una mano por la frente y cerrar los ojos para preguntarse qué clase de abismo se estaba abriendo a sus pies. Para ella, rica, hermosa y despreocupada, ¿podía existir alguno en el terreno en que se había colocado?, ¿no eran éstos patrimonio exclusivo de las mujeres pobres, débiles y susceptibles de vanas aprensiones?

Y, sin embargo, un vago temor acababa de despertarse en su corazón, pero ya no había remedio. Además de que deseaba con mayor ardor conocer a fondo la misteriosa existencia del duque de la Gloria, una mujer que se había dicho de espíritu fuerte no podía retroceder en el escabroso y difícil camino que había emprendido. Era preciso que pusiese a prueba el valor de que sabía hacer alarde.

«En el terreno de la amistad -pensó locamente-, puedo ir tan lejos como imposible me fuera dar un solo paso en una cuestión de amor. Pues bien, le probaré a este duende desdeñoso que soy capaz de ponerme a su nivel en lo absurdo, en lo calificable... , quiero hacerme así dueña de sus secretos... ¡adelante pues!». Y tomando su partido dijo:

-Muy bien, señor mío; todas las exigencias humanas llegan a un punto del cual no se puede pasar; allí me detendré y allí tendrá que detenerse mi dueño.

-Estamos conformes, y así volveremos a la empezada conversación. ¿Usted ama?

-¡Sí!... -repuso Casimira con esfuerzo-; pero ¿a que viene esa pregunta? -añadió con mal encubierta altivez-. Yo quiero ser para el señor duque inviolable como una sacerdotisa del sol, franca como no lo ha sido otra alguna, amiga verdadera y esclava humilde y fiel entre todas las esclavas, quiero, en fin, que el señor duque halle en mí cualidades que las mujeres no suelen poseer... , para esto he humillado voluntariamente a sus pies mi orgullo dejándole conocer a mi dueño todo el arrojo de mis pensamientos, todo el valor de mi espíritu y la flexibilidad de mi carácter, que en sus manos será como la blanda cera en las del inspirado artista.

-Indudablemente soy un artífice sin rival en esa clase de obras... mas ¿con qué objeto me regala usted con tantos favores?

-Pienso que lo he indicado ya... con el de captarme el amistoso afecto de ser más extraordinario y misterioso que he conocido, con el de ser mirada por él como superior a las demás mujeres y digna de que se muestre conmigo menos incomprensible que con los demás.

-¡Ah!

-Para eso he osado penetrar en la densa atmósfera que rodea por todas partes al caballero de las botas azules; mas, al hacerlo así, fácilmente se comprende que me he cubierto antes con la coraza de las amazonas y que he dejado a la puerta al amor con sus caprichosas veleidades y graciosas tonterías que ejercen sobre la cabeza el efecto del vino.

-¡Cuántas palabras inútiles! Se ha mostrado usted ahora elocuente, pero bien en vano. ¿No comprende la reina de las flores que soy adusto y severo como el mismo Catón? ¡Se diría que mi hermosa esclava teme a cada instante, pese a su valentía, verse cogida en algún lazo traidor! ¡Locura! Gusto, sí, algunas veces, de saltar de rama en rama como los pajarillos, y por eso, ora discuto sobre cosas graves, ora sobre amorosas cuestiones, de las cuales suelo volver sin transición alguna a las ciencias o la filosofía. Señora, pienso que no debe aconsejarle a usted el valor de que está llena; prosigamos, pues, nuestra truncada conversación. ¿Ha leído usted por casualidad ciertos cuentos de los tiempos medios en los cuales brilla una poesía algo salvaje, sin duda, pero hermosa?

-No.

-Me alegro y lo siento a la par... Allí hubiera visto cómo obedecen las esclavas, pero sobre todo las esclavas de amor... Algunas veces, el noble caballero, montado en soberbio corcel, deja que su amada le siga a pie y jadeante. Desgarrados los pies de la pobre niña, tiñen de roja sangre las piedras del camino y las blancas margaritas nacidas al pie de los pantanos se coloran tristemente cuando su planta fatigada las huella. Sus sienes laten con fuerza, le parece que va a faltarle con su apoyo la tierra, que en torno de ella gira y se desvanece confundiéndose con el cielo, y apenas le quedan fuerzas para respirar el aire suficiente que le hace conservar un resto de vida. Mas él le dice: «¡Sígueme!», y ella, amenazando a la muerte, todavía corre y corre tras él, hasta que llegan al castillo y casi moribunda da a luz, en el pesebre en donde descansan los caballos, un hijo del noble castellano. Sólo entonces él consiente en hacerla su esposa y manda a tres nobles damas que laven con esencias los ensangrentados pies de la madre de su primogénito.

-Bárbara, horrorosa historia es por cierto -repuso Casimira con disgusto-. Qué amante salvaje, qué hurón debía ser el tal caballero.

-¡Oh!, como él hay muchos que sólo pueden vivir en medio de esas escenas conmovedoras, pues no todos hemos nacido con pacíficas y suaves inclinaciones. Hasta tal punto llegan, Casimira, las exigencias humanas y aun van algunas veces más allá.

-Pero bien, señor duque, ¿qué tenemos que ver con todo esto? Dos amigos como espero que lo seamos ambos no necesitan de tan terribles pruebas para creer en su mutua estimación.

-¡Qué, señora!... La amistad es un sentimiento más grave que el amor y más comprometido si se trata de un ser como yo y de una mujer como Casimira.

El semblante del duque parecía de frío mármol al decir estas palabras, y Casimira, que lo contemplaba con miedo casi, dijo después de algunos momentos de silencio:

-Voy a ser franca, amo mío; como he dicho ya, soy una mujer valerosa y lo probaré muy pronto; mas no negaré que las palabras del que se ha hecho mi señor me producen una especie de triste confusión y de graves recelos. Dijérase que se ha propuesto intimidarme, subyugarme como el halcón a la paloma y hacerme entrever, en medio de mi risueña vida un mundo de tinieblas.

-Y si eso fuese cierto, ¿qué haría la mujer de espíritu fuerte?

-¿Qué haría?... jamás pude pensar que llegase un hombre a ponerme en semejante tortura, ¿qué haría?... , pues bien, señor duque seguiría adelante... siempre adelante.

-No soy el solo temerario.

-Pero, señor duque, ¿tras de esas botas que admiro se ocultará por ventura una pata de cabra, o tras de esa corbata simbólica y llena de misterio la escamosa garganta del diablo?

-¡Quién sabe, esclava mía! ¡Tiene ese caballero chanzas tan singulares! ¡Usa de tan extraños recursos para engañar a las almas cándidas!

-Mi alma no es cándida.

-En ese caso, podría hacer que se volviesen contra ellas las espinas de su propia malicia o que se consumiese en la llama de sus deseos.

-¡Bah! Para eso no necesito del diablo, que de suyo se quema quien al fuego se atreve. Pero veamos, señor duque: me hallo muy impaciente y quisiera que conviniésemos en algo. ¿Me será permitido hacer una proposición? Lo pido con la mayor humildad.

-¡Proposiciones!... muy lejos vamos en breve espacio; mas vale tanto mi esclava que consiento.

-Bien, yo prometo probarle a mi incrédulo dueño toda la fortaleza de mi espíritu, todo el valor y la abnegación de que es capaz una mujer como Casimira, obedeciéndole en el terreno de la amistad con la sumisión que enseñan esas bárbaras leyendas.

-Señora... señora... prometer es más fácil que cumplir.

-No importa, lucharemos en ese terreno a ver quién vence a quién... mas si salgo victoriosa -ya he dicho que no pretendo ser la amante ni la esposa del señor duque- lo que sí pretendo es que en tal caso me haga su confidenta, la depositaria de sus secretos... que me mire, en fin, como su amiga predilecta, como la única digna de ser llamada fuerte y fiel guardadora de los misterios que nadie sino yo entienda. Sí, señor duque, quiero saber su historia, quiero saber qué significan esa corbata y esas botas... y en qué seno de mujer ha sido engendrado un ser a un tiempo tan amable, tan burlón y tan frío.

-¡Y no es poco a fe! Mas... ¿quién me asegura de la discreción de usted, señora?

-Mi amor propio.

-Vulnerable es por cierto, y, bien meditado -añadió con cierta sonrisa impertinente-, reparo que mi atavío preocupa demasiado esa imaginación. ¿Qué tienen que ver mis botas y mi corbata con nuestra amistad, señora?

-Verdad es -dijo la dama, conociendo justo el reproche, y añadió con bastante torpeza:

-Esto consiste, amo mío, en que desconfiando ya de llegar a adquirir esa amistad sin precio, ya que he ido tan lejos, no quisiera perderlo todo. El señor duque extraña además que quiera saber cuanto a él toca, ¿por qué?; esto mismo prueba el inmenso interés que me inspira.

El duque se rió mucho al oír estas palabras sin ocultar que le parecían ridículas en boca de una persona de tanto ingenio como Casimira.

-No, caballero, no es ésta ridícula ficción -añadió ella con resentimiento-; usted mismo no podrá comprender acaso el doble interés que me inspira con sus misterios. Esas botas excitan en alto grado mi curiosidad. ¿Cómo no? ¿Qué ánimo no se sorprende al contemplarlas? Pero la singular persona que las lleva, me tiene más inquieta todavía. Algunas veces... lo diré: se me figura reconocer ese semblante que una leve máscara parece desfigurar a mis ojos, otras el eco de esa voz penetra en mi corazón semejante a una lejana reminiscencia. ¿Será esto ilusión? Casi lo he creído al ver que el duque pasaba al lado de la rica, de la hermosa, de la envidiada Casimira como si no la viese, ¡sin mirarla siquiera!... No por esto se apartó de mi pensamiento la idea de hablarle un día con una franqueza que le sorprendiera, y por medio de la cual, si en otro tiempo nos hubiésemos visto, pudiese reconocerme al punto. Le enviaré además mi retrato, dije, y sabré por Zuma si al contemplarlo se ha conmovido. Mas el resultado no ha sido en verdad satisfactorio para mi orgullo. Mi dueño prosigue siendo un misterio, así para mí como para los demás. He ahí por qué no quisiera perderlo todo.

-Es justo; pero usted dijo que amaba; ¿a quién, esclava mía?

-Eso es llegar al colmo de la tiranía: ¡exigir confidencias sin haber hecho ninguna! Ya veo que he dado mi libertad a un tirano como el de las bárbaras leyendas.

-¿Qué importa? ¿A quién, Casimira, a quién ama usted? -repitió el duque con la misma impasibilidad.

Por el semblante de la dama pasó entonces como un relámpago de impaciente ira y respondió con firmeza:

-Me amo a mí misma.

-¡Cosa extraña! Y yo a Casimira -añadió el duque, deshojando de un golpe la rosa que ella le había dado.

Casimira palideció al ver esta acción que el duque ejecutara con una indiferencia desesperadora para ella; mas, recogiendo enseguida las hojas de rosa por él esparcidas, las guardó cuidadosamente, mientras decía con ironía:

-Y yo, señor duque, aun cuando no puedo corresponder a un sentimiento que no me hubiera atrevido a sospechar siquiera en tan adusto Catón, sé agradecer ese amor que no merezco.

-¡Cómo, señora! ¿Y no se indigna usted? ¿Hace tal cosa quien como Casimira se ama a sí misma? ¡Oh!, si para probarme su discreción contaba usted con su amor propio, helo ya comprometido y tornándose en humo.

-¡Cuán rígido y cuán amargamente irónico es usted caballero! -exclamó Casimira sin ocultar que se hallaba casi rendida por la lucha-. ¿Quiere usted olvidarse de que una esclava a la cual se le pide ante todo respeto y sumisión, debe recibir sonriendo los desprecios de su dueño?

-Esa esclava, antes que a sí misma, debe de amar al que se hace sentir por ella de rodillas.

-Pero, ¿qué es esto? Hemos dicho que no se trataba de amor entre nosotros.

-Pero señora... ¿la amistad no es amor? ¿El corazón no abriga a la vez cien amores distintos? ¿Quizá esa profunda simpatía, es adhesión que hace morir a un amigo por otro amigo, no puede llamarse amor? Por lo demás, esté usted segura de que su corazón de amazona me amedrenta, de que no estoy enamorado de mi esclava, ¡oh, no!, ni quiero que ella se atreva a enamorarse de su dueño. ¿Para qué, si esto sería contrario al buen orden y yo soy además tan adusto y tan invulnerable para el amor como la coraza de las amazonas? Mas las esclavas, para obedecer ciegamente, para no quejarse de la planta que las pise, para sufrir la tiranía y los caprichos de su señor, necesitan amarle con la firmeza del valor y de una amistad a toda prueba.

-¿Es ése el punto de partida?

-¿Cómo dudarlo? Usted ha hablado además de hacer sacrificios... ¿cuáles? He aquí el primero que yo podría exigir. ¿Qué esclavo no viste la librea de su dueño? Ésta es una cosa esencial... Pues bien, la que así ataviada se atreva a acercárseme en medio de un banquete será la depositaria de mis secretos, sabrá quién soy y el misterio que encierran mis corbatas y estas maravillosas botas azules.

-¡Pero eso es espantoso!

-Mujer de espíritu fuerte, la valerosa... la despreocupada... ¡Adiós, pues!

-Señor duque, usted es un demonio.

-¡Adiós! -repitió él con voz suave y amorosa.

Besóle entonces una mano que ella le abandonó sin esfuerzo y se alejó lentamente.

-¡Nos separamos así! -murmuró todavía Casimira con voz ahogada.

Pero el duque ni siquiera volvió la cabeza. Sabía, sin verlo, que el rostro de Casimira se hallaba bañado en lágrimas.

En efecto, aquella mujer cuyo talento era tan grande como su despreocupación, aquella mujer, reina siempre y tirana, aquella mujer que había envenenado para siempre el corazón de un hombre, acababa de pagar en un momento las culpas de toda su vida.

Todo su ingenio y su hermosura no habían podido conmover, ni aun levemente, el carácter de hierro del duque.

El singular caballero no había salido, sin embargo, incólume de aquel combate. ¿Qué penetrante mirada puede distinguir algunas veces la llama abrasadora que dentro del pecho está consumiendo el corazón, mientras la sangre parece congelada en las venas? Por eso todo se vuelve ilusiones y vanas conjeturas en este mundo.

Tú oyes, amigo mío, los secretos que mi labio te confía pero ¿sabes acaso lo que queda todavía en el fondo de mi pensamiento? ¡Y bien! Yo no sé tampoco lo que en el tuyo escondes. ¡Así rueda la vida!

El duque de la Gloria sufría al alejarse de la dama. El peso de antiguos recuerdos, recuerdos de esos que, como dice Chateaubriand, quedan como una eterna ponzoña reposando en el fondo del corazón le agobiaban el alma, y al reírse de aquella mujer se reía también de sí mismo. ¡Oh!, en su frío dolor hasta maldijo de la inspiración de su musa.

Mas ésta le llamó cobarde, le amenazó con abandonarle a su destino y el duque volviendo en sí se preparó para nuevos combates.

¿Podía al fin vivir sin luchar?

Capítulo 12

Hallábase la gran señora de Vinca-Rúa casi disgustada de la vida desde que había asistido al baile dado en casa de la condesa Pampa.

¡El duque de la Gloria había pasado a su lado sin reparar en ella!... ¡desgracia sin igual!... ¿Cómo apartar de la mente idea tan infausta? Día y noche torturaba su pensamiento para buscar un medio de llamar sobre sí la atención del duque, sin que ninguno le pareciese bastante oportuno y de buen gusto. Por eso no tenía límites su mal humor y su displicencia... no quería recibir a nadie y apenas llamaba a su doncella para que la peinase más de dos veces cada día.

Con el alma sombríamente triste estábase una tarde reclinada sobre el sofá pensando en su desgracia y en las rarezas de Adriana de Cardoville que había sabido hacerse amar de Jdalma, cuando vio entrar precipitadamente a su doncella quien, inmutada y pálida, le dijo:

-Señora... señora... a poco me desmayo... ¡Él está ahí! Le he visto...

-¡A quién! Muchacha, ¿te has vuelto loca?, atreverse a entrar así...

-Perdóneme usted, señora... pero acaba de apearse a la puerta... ¡oh, qué maravilla!

-¿Qué quieres decir? Habla pronto... ¿a quién has visto?

-Al caballero de las botas azules...

-¡Será verdad!... ¡Dios mío!... Él aquí...

La señora de Vinca-Rúa, la reina de la moda, se puso entonces en pie rápidamente y, cogiendo llena de confusión una mano de su doncella, prosiguió diciendo con voz conmovida:

-Rosa mía... ¿Estás cierta de lo que dices? Ese personaje, admiración y asombro de la corte y que apenas se digna mirar a nadie, ¿se ha apeado a nuestras puertas?

-Yo le he visto, señora... pero el ayuda de cámara se acerca... es que viene a anunciarle... Estoy temblando.

En efecto, un criado se presentó diciendo que el gran duque de la Gloria quería ver a la señora en aquel mismo instante.

-¡Conque Rosa no se ha engañado!... -murmuró la de Vinca-Rúa como si no pudiese creer todavía en tanta felicidad-. Que espere en el salón de las flores -le dijo al criado, y en medio del más completo trastorno, añadió, tan pronto como quedaron solas-: Esto parece una ilusión... , un sueño... , pero, ¡qué fatalidad! en qué momentos me sorprende... tan desaliñada, tan ojerosa...

-Nada de eso, señora... está usted perfectamente.

-¡Qué he de estar!... Sin rizos, sin bandós, con un miserable vestido de glasé liso... ¿por qué no se me habrá ocurrido poner el verde a listas blancas o cualquier otro? ¡Vaya... , es para desesperarse!

-Pues yo... , ¿qué voy a parecer con esta bata tan llena de manchas y tan sucia? -añadió la doncella.

-¿Qué importas tú?... ¡Hábráse visto la insolente!...

-No lo digo por mí, señora, sino por honor de la casa.

-Es verdad, ¡como si mi casa fuese a perder ahora el honor porque mi doncella no tenga limpio el vestido!... Poco falta para que estas míseras criaturas se crean tanto como sus señoras...

-El señor duque tiene prisa -dijo el ayuda de cámara acercándose muy agitado.

-¡Oh!, no lo sabía... ¡qué desgraciada soy! Dile que voy ahora mismo. Pronto, Rosa, arréglame estos cabellos y deja de pensar neciamente en tu bata... pero, ¡qué aturdida estás!... ¡qué torpe!... ¿quieres colocarme ese rizo sobre las narices?

-Hacia el medio de la frente, como la señora lo manda otras veces.

-Suelta... suelta, me peinaré yo misma, pues lo echarás todo a perder... ¡qué tormento! ¡Llegar al extremo de arreglarme el cabello con mis propias manos como la más miserable de las mujeres!... ¡Y en qué trance!... Pronto, un vestido cualquiera, con tal que no se asemeje al que tengo puesto y que llevarás para ti a condición de que no he de volver a verlo jamás porque le tengo aversión.

El ayuda de cámara, más sofocado que nunca, se acercó de nuevo diciendo que el señor duque se impacientaba en extremo y que no podía aguardar un momento más.

-Deténle... deténle, que ahora salgo.

-Pero, señora, si no quiere... si...

-Te digo que le detengas, ¿no has oído?

El criado volvió a alejarse todo confuso mientras la de Vinca-Rúa iba y venía por la estancia con una impaciencia difícil de describir; pero sin olvidarse, a pesar de esto, del menor detalle de su elegante peinado.

-No hay una mujer más desgraciada que yo -proseguía diciendo con una irritabilidad creciente-; nada me sucede como lo deseo. Venga ese vestido... ¿qué me traes ahí? El color punzó, ¡qué estupidez! ¿No sabes que me torna morena y macilenta? Tampoco el color malva, ni el azul, porque son demasiado chillones. El blanco, el blanco con flores lila. Todo hay que decírselo a estas gentes. Cualquiera menos tú comprende que esta hermosa tela da al rostro cierto aire de frescura y de juventud. Bien; la gola... ahora el alfiler de perlas, los pendientes largos... la red, porque estos cabellos se me escapan por todos lados: ¡ya se ve!, he tenido la desgracia de peinarme con mis propias manos... Dios me lo tome en descuento de mis culpas. Pero, ahora recuerdo... quizá me siente mejor el prendido a la Benoiton: tráele...

-¿El prendido al botón ha dicho la señora? ¿Cuál es?

-¡Qué botón ni que torpeza! ¡Vaya!, también será preciso ir sin él. Como si el francés no fuese ya una lengua casi española y que entiende todo el mundo menos estas gentes, que sólo saben la suya... dejemos el prendido y vengan las ligas celestes.

-Pero si no se ven, señora, y...

-¿Qué importa? ¿Había de ir sin ellas? ¡Qué horror! Se me hubiera conocido en el semblante. Vamos, las ligas azules y los zapatos de moña blanca.

-El señor duque se aleja ya; no puedo detenerle -repitió por última vez el criado con dolorosa entonación.

-¡Dios mío, qué servidores tan estúpidos me ha deparado la fortuna!... pues corre a decirle que ya estoy en el salón; no hay remedio... Rosa, dame ese abanico y el pomito de esencias... ése no... el de jazmines.

-Señora, falta un zapato, lleva usted uno blanco y otro negro...

-No importa, voy.. ¿qué tengo de hacer? ¡Qué criados... santo Dios!... ¡qué criados me rodean!...

La señora de Vinca-Rúa se lanzó entonces apresuradamente hacia el salón en el mismo momento en que el duque de la Gloria, venciendo la política resistencia que le oponía el ayuda de cámara, iba a levantar uno de los grandes portiéres para alejarse. Pero al oír el ruido que formaba el largo vestido de la dama se volvió hacia ella diciendo con la irónica cuanto delicadísima galantería que le era propia y con la cual hacía soportar todas las impertinencias y todos los insultos que salían de sus labios.

-Al fin, señora...

Al oír la de Vinca-Rúa el eco de aquella voz que por segunda vez llegaba hasta ella, se conmovió visiblemente y apenas pudo exclamar llena de aturdimiento:

-No sé cómo expresar mi asombro y mi satisfacción, caballero, al verle a usted aquí, si bien ignoro todavía a qué debo tamaña fortuna.

-¿Me conocía usted, señora?

-La noche del baile... ¡oh!, ¿y quién no conoce a una persona tan distinguida y tan... ? El que la ha visto una vez no puede olvidarla ya... por lo demás sé que muy pocos tienen la dicha que yo tengo ahora...

-Si a verme llama usted dicha, confieso, señora, que estuvo a punto de dejar de serlo...

-¿Por qué causa?

-No me agrada esperar, y cuando usted llegó iba a alejarme aburrido, muy aburrido de pasear solo por este vasto salón.

-¡Oh!... cuánto lo hubiera sentido -dijo la de Vinca-Rúa entre sorprendida y confusa- no me consolaría jamás si usted se hubiera alejado así... Crea usted que me devoraba la impaciencia, pero mis criados son los más torpes del mundo y yo no estaba vestida todavía...

-¿Todavía no?... A las tres... afortunadamente hace calor... si bien mucho más hace en el corazón del Asia y las gentes se visten allí desde que dejan la cama.

La señora de Vinca-Rúa apenas supo qué responder al pronto a tales palabras, que la hicieron ruborizarse; pero pasados los primeros momentos, repuso, casi tartamudeando:

-¿Quizá ignora el señor duque que hacemos aquí lo mismo que se hace en el corazón del Asia, es decir, que nos vestimos cuando nos levantamos del lecho?

El duque, eludiendo la pregunta y tomando un aire cada vez más atractivo y misterioso, repuso:

-Es decir que es usted perezosa... que acababa usted de levantarse cuando yo entré... ¡Usted, la reina de la moda... el modelo del buen tono!... ¡Qué lástima! Si las señoras se levantasen con la aurora y se acostasen con el sol, conservarían mucho más puras la frescura del rostro y la del corazón... pero está visto, Europa ha degenerado y se vuelve salvaje y ridícula por la perversión de las costumbres.

Sacó entonces su cartera del bolsillo y sin el menor reparo escribió en ella algunos apuntes, murmurando casi en voz alta mientras hacía resbalar el lápiz sobre la hoja: «Siempre el gato; dormir de día, cazar de noche, no comer lo que caza, sino lo que roba. ¡Ah, gato... gato!... ¡Cómo van a ponerte el cascabel!».

La de Vinca-Rúa al oír estas palabras no supo si enojarse juzgándolas una indigna burla o si reírse de ellas... pero el rostro del duque estaba tan grave y tan severamente hermoso que no era posible contemplarle sin enmudecer. Henos, pues, a la orgullosa señora en el lance más apurado de su vida y sin acertar a salir de él.

Comprendiendo no obstante que le era forzoso decir algo, pues el duque guardaba el más profundo silencio, repuso:

-A mi pesar caballero, acaban de sorprenderme esas palabras que no comprendo...

-Aluden, señora, a la mala costumbre de levantarse a las tres de la tarde las elegantes damas de estos países...

-Veo que no nos entendemos... yo no acababa de levantarme cuando usted llegó, únicamente no estaba en traje de recibir.

-¡Ah!... en traje de recibir... Usted me perdonará mi ignorancia; pero ¿tendría usted la amabilidad de decirme cómo es el traje de no recibir...?

-He aquí una pregunta que parece tan irónica como atrevida.

El duque se puso en pie al instante y dijo:

-No lo creo yo así... pero una vez que mi lenguaje le desagrada a usted, me retiro...

Estas palabras resonaron como amenaza en los oídos de la gran señora, que replicó vivamente.

-No es que me desagrade su lenguaje de usted, caballero, todo al contrario, le encuentro lleno de atractivo, mas no puedo negar que me pareció notar en él una así como osadía inexplicable que disuena en mis oídos mas lejos, sin embargo, de mi pensamiento el creer que hubiese usted abrigado la menor intención de ofenderme... no me tengo en tan poco, señor duque...

-Por mucho que usted pudiera valer, señora, jamás falta un atrevido que ose poner su mano en donde nadie la ha puesto. ¿Quién existe en este viejo mundo que no pueda ser herido y ultrajado por otro? Así, hace usted muy mal en creer que yo no podría ofenderla.

-Se acusa usted mismo, repuso la de Vinca-Rúa palideciendo.

-Esto no es acusarme, es decir únicamente que quizá no se haya usted engañado al juzgar sobrado atrevidas mis palabras. Es mi deber, pues, retirarme y no pasar adelante en mis investigaciones... Usted lo ha dicho antes, no nos entendemos.

-Y aun cuando no nos entendemos, ¿cumple usted caballero con alejarse así... sin haber dicho el motivo de su visita?

-Imposible me fuera, señora, explicarme sobre ese punto.

-¡Imposible!... no puedo creerlo... Cuando un ser tan interesante y misterioso se nos acerca por su voluntad para abandonarnos luego sin haberse dignado darse a conocer más que como un extraño, no sé qué viva emoción, qué profunda ansiedad se apodera del corazón y le desasosiega; por mi parte ya no podría quedar tranquila.

-Lo comprendo... pero nada de cuanto a mí atañe puede tener, por ahora al menos, una explicación satisfactoria. ¿Ve usted señora esta corbata y estas botas, admiración de las gentes? Pues ellas, así como mis investigaciones y mis visitas, son completamente hermanas, o lo que es lo mismo, incomprensibles.

-Eso raya en lo insoportable... es irritante... impolítico... ¡Haber venido y no decir a qué!...

-¿Le pesa a usted mi visita? Cosa singular; hace un instante se hallaba usted muy complacida de ella y conceptuaba una dicha el verme: ¡vanas futilidades! He venido... esto ya no tiene remedio; me alejo... Usted quedará así satisfecha.

-¿Cómo he de quedar satisfecha? Necesito una explicación, caballero; ¡oh!, eso sí... apenas hemos hablado algunos instantes.

-Se ha puesto usted tan grave a las primeras palabras, que me sería imposible esperar mejor resultado de las que se seguirían; por eso he renunciado a proseguir mis investigaciones... Usted no podría sostener una conversación en mi estilo.

-¡En su estilo! Lo procuraré al menos aun cuando sea tan difícil que hasta ahora no haya acertado a conseguirlo. Sé que existen extraños caracteres, en extremo francos, que hablan de las cosas no como comúnmente se habla sino como ellos las sienten y quizá el señor duque sea uno de ellos.

-Quizá sí... o quizá no...

-Y bien, ¿no podré al fin decidirme a tolerar en usted lo que a otro no podría perdonarle?

-Tampoco vamos conformes en esto. Yo no mendigo tolerancias, impongo siempre en el ánimo de los demás mis pensamientos: así, cuando hablo, no se me tolera, señora... , se me escucha.

-Veo que es usted tan severo como incomprensible, tan misterioso como difícil de contentar. Mas, ¡cosa extraña! Esto mismo aumenta en mí el deseo de alcanzar sus amistosas simpatías y de que no nos alejemos como enemigos. ¡Oh! un enemigo como el señor duque debe ser tan implacable como invencible. No extrañe usted, pues, el que le suplique me diga cómo dejaré de incurrir en su desagrado...

-Difícilmente se me contenta: Usted lo ha acertado; y es porque no voy nunca en pos de lo bello ni de lo que ambiciono.

-¡Qué monstruosidad!

-¿Por qué? Los que van en pos de esas cosas no obtienen comúnmente mejores resultados que yo. Lo que aman y desean se aleja de ellos mientras les sale al paso todo lo que detestan... por eso busco siempre lo contrario de lo que me complace... ¡Oh!, si así no lo hiciera, ¿sería digno de calzar estas botas?... Pero ya ve usted cómo no podemos entendernos, ¿a qué cansarnos más?

-Es decir que se empeña usted en alejarse sin haberse dignado decirme... ¡Señor duque! medítelo usted bien; ¡eso sería abusar! ¿Qué digo?, sería insultar, hollar mi dignidad jamás ofendida, sería... en fin... no sé lo que me digo. Señor duque, apelo al honor de usted, que él decida.

-Tanto rendimiento no puede menos que conmoverme, señora, y me excederá a mí mismo. Veamos, pues, probemos si es usted realmente capaz de soportar alguna de mis revelaciones. ¿Hila usted? ¿La tela trabajada por esas manos semeja la batista?

-¡¡¡Hilar!!! ¡Hilar yo!... ¡Una mujer de mi clase había de llenarse de aristas y oler a lino como las criadas de aldea! ¡Qué burlón es usted, Dios mío!

Y la señora de Vinca-Rúa se rió mucho, pero con una risa de aquellas que ocultan una profunda desconfianza. El duque la interrumpió al punto, añadiendo con la severa gravedad que a veces daba un carácter inmutable y sombríamente respetuoso a su pálido semblante.

-No es burla, señora. Mi bisabuela, que era condesa y mujer de talento, hilaba rodeada de sus sirvientas que hilaban también. Hilaban las reinas en otro tiempo en que no se había olvidado que dijo Dios al hombre: «Comerás el pan con el sudor de tu frente»; pero es cierto que tampoco se suda gran cosa hilando... ¡Adelante! ¿Hace usted calceta?

-¿También había de hacer calceta?

-Así va el mundo. Despilfarros domésticos, gastos superfluos, trabajar para derrochar, heredar para holgar... ¡Ah! ¡Pícaro gato! En fin, señora... preferirá usted coser, ¿no es verdad? Es una de las más bellas ocupaciones de la mujer. Cuando con la cabeza inclinada sobre la labor piensa en Dios o en sus hijos, mientras a cada ir y venir de la ligera mano hace estallar contra el dedal la fina aguja que brilla entre sus dedos, no hay corazón de hombre que al verla no se sienta conmovido.

-Las costureras parecen muy bien así, han nacido para eso -dijo la de Vinca-Rúa con cierta lastimosa benignidad.

-Y usted, ¿para qué ha nacido?

-¡Oh! Para vivir y morir sin duda.

-¡Ah! Lo mismo que las costureras.

-Pero no para coser. Cuando las mujeres de mi clase cogen alguna vez la costura, se pinchan los dedos de una manera horrible, señor duque.

-¡Pobrecitas! Entonces, ¿qué clase de ocupaciones llenan sus horas? ¿Cómo cumplen aquella sublime misión que todo ser que nace trae a la tierra?

-¿Necesito decirlo? ¡Válgame Dios! Una mujer de mi clase, ¿no tiene bastante con cumplir los deberes de sociedad y del gran mundo?

-¿Cuáles son esos deberes, señora?

-Señor duque... se diría que ha vivido usted en la India.

-¿Quién sabe? Acaso en el África o en la Siberia.

-Pues bien: el piano, el dibujo, las visitas, los paseos, los bailes, el teatro ¿nos dejan acaso un instante de reposo?

El duque volvió a sacar su cartera y se puso a escribir en ella, diciendo en voz alta: «Deberes que ocupan la existencia entera de las mujeres de la alta sociedad en la civilizada Europa: el piano, el dibujo, los paseos, las visitas, los bailes, el teatro». ¿Hay algo más, señora?

-También la equitación, las lenguas extranjeras.

-«La equitación, las lenguas extranjeras». ¿Y la nacional?

-¡Oh!... ésa se sabe sin aprenderla.

-Muy bien: el arreglo de la casa, el cuidado de la familia, todo eso se halla encomendado a otras manos, ¿no es así?

-Por supuesto. ¿Qué tiempo nos quedaría para eso, señor duque? Llega una del paseo, por ejemplo se tiende en la butaca llena de cansancio y cuando se encuentra mejor ya es hora de ir al teatro, y a vestirse otra vez. Viene una del teatro, y cuando quisiera descansar son las doce, la hora del baile y... a vestirse de nuevo; deja el baile, se acuesta, duerme casi nada, hasta las dos de la tarde, y cuando quisiera una estar un instante sola, hay que vestirse otra vez o para visitar o para recibir.

-¡Qué fatalidad, señora!

-¡Oh, es una eterna fatiga... ! ¡Cuántas veces Dios mío, tengo ambicionado la tranquilidad de los campos... , la vida de la aldea!

-¿Tiene usted más que emprenderla?

-Ya lo he probado en más de una ocasión, pero, ¡ay!, me aburro enseguida, y tengo que volverme a la corte.

-¿Y sigue usted fastidiándose?

-¡Por supuesto!

-¡Desgracia sin igual! ¡He ahí el gato, siempre el gato!...

-El gato, ¿qué significan esas palabras extrañas?

-Hablo del gato, al que hay que ponerle el cascabel. Tantas criaturas devoradas por la miseria y el trabajo, tantas otras devoradas también por el fastidio y el ocio... , es una terrible calamidad y en vano se habla de adelantos, de progreso; las mujeres siguen atormentadas, las unas teniendo que hacerlo todo, que trabajar para sí y para los demás; las otras haciéndose vestir y desnudar la mitad del día, teniendo el deber de asistir al baile, a la visita, viéndose obligadas a aprender la equitación y las lenguas extranjeras... ¿Cómo no sufrir? ¿Cómo no cansarse y aburrirse de todo eso? El que ha de ponerle el cascabel al gato procurará buscar un remedio eficaz para tan grandes males; pero en tanto, señora, oiga usted mi opinión sobre el particular. Dicen que las mujeres no deben ser literatas ni politiconas, ni bachilleras y yo añado que lo que no deben es dejar de ser buenas mujeres. Ahora bien, ninguna que no sepa hacer más que andar en carretela, tumbarse en la butaca y decir que se fastidia, por más que sepa asimismo la equitación, las lenguas extranjeras y vestirse a la moda, nunca será para mí otra cosa que un ser inútil, una figura de cartón indigna de oír la más pequeña de mis revelaciones. Éstas sólo son dignas de ser confiadas a cierta mujer hacendosa como la hormiga, semejante a mi bisabuela, aquella que era condesa e hilaba en medio de sus doncellas. La ando buscando por todas partes... no sé si la encontraré...

Al acabar de decir esto con un acento que hizo asomar lágrimas de asombro y de despecho a los ojos de la de Vinca-Rúa, el duque de la Gloria se alejó a grandes pasos antes de que ella acertase a darse cuenta de si aquella escena, tan ridícula como extraña, había sido realidad o sueño atormentador que el recuerdo de las botas azules y de aquel duque misterioso había creado en su imaginación.

Capítulo 13

En una casa de la calle de Atocha, cuarto principal de la izquierda, había dos días a la semana gran tertulia, de confianza los jueves y de etiqueta el domingo.

Asistían a ella, aparte de las siete señoritas de la casa, hijas de un médico afortunado, otras cinco, que habitaban el cuarto de la derecha, hermosas niñas hijas de un abogado más afortunado todavía; otras seis, hijas de un empleado en Hacienda, el cual, si seguía soplando el viento de la fortuna, pensaba ascender a director del ramo, y otras dos que porque su padre era familiar del conde de A*** y esperaba obtener muy pronto la efectividad de teniente coronel querían, así como las del empleado en Hacienda, contarse en el número de esa aristocracia que semejante a ciertas tisis pudiera llamarse incipiente. Solían concurrir también algunas vecinas de la misma categoría, y en aquel salón -pues aunque se decían salones, las demás habitaciones no eran sino antesalas- se reunían por lo general como unas veinte jóvenes, bonitas las unas, graciosas la mayor parte, y todas con aspiraciones a un buen partido. Respecto a ellos, eran, lo que se dice, jóvenes de grandes esperanzas y si las damas aspiraban a un brillante acomodo ¡no digo nada los galanes!

Es de advertir, no obstante, que por entonces ninguno había pensado todavía en el santo matrimonio, lo cual formaba un gran contraste con el afecto cariñoso que aun las más ligeras y coquetillas de aquellas niñas profesaban desde el fondo de su corazón a las dulces alegrías que proporciona un hermoso día de boda.

Y esto es bien natural por cierto. Los hombres se casan muchas veces, se casan con la toga, con la política, con las ciencias, con la cartera de ministro, mientras que las mujeres sólo se casan una vez en la vida. Si llegan a dos, ya sienta mal en los ojos que lloraron a un muerto el rayo de alegría que ha venido a iluminarlos en las primeras bodas. Es una repetición de ceremonias que se asemeja algo a un remordimiento, y parece que tras de las blancas cortinas que ocultan el lecho nupcial, debe hallarse escondida una sombra.

Mas volviendo a coger el hilo de nuestro relato, que al parecer se enreda y desenreda como suelta madeja, diremos que era la víspera de un domingo o lo que es lo mismo, un sábado por la tarde, y que las jóvenes que habían de asistir a la reunión de la casa de la calle de Atocha se hallaban muy afanadas arreglando sus trajes de baile y de paseo para el siguiente día.

Decíase que el duque de la Gloria había de atravesar a las siete el salón del Prado, y quizá dar por él más de una vuelta. ¿Cómo no llevar entonces las mejores galas?

Las del médico, las del abogado, las del empleado en Hacienda y las del teniente coronel se hallaban igualmente inquietas, todas iban y venían en medio de muselinas, tules y gasas esparcidas en el desorden propio de los cuartos de labor.

Una viva impaciencia las devoraba por ver concluidos sus vestidos y aunque algunas querían sostener sin menoscabo el estado de aristocracia incipiente en que creían hallarse pusiéronse a coser ellas mismas para terminar más pronto la tarea, cubierto el dedo índice de la mano izquierda con una calza de piel a fin de que la aguja con su acerada punta no dejase en el cutis la marca de sus picadas, porque... ¿qué mal efecto no hubieran hecho a los ojos de un joven bien nacido y de porvenir?

Por lo demás, como ninguna de estas familias podía sostener, pese a sus buenos deseos, gran número de servidores, hasta la cocinera tuvo que dejar más de una vez las cacerolas para venir a dar su puntada. Esto no suele acontecer en las casas verdaderamente aristocráticas, es verdad, ¿pero acaso tan pequeño inconveniente sería bastante para desalentar a nuestras heroínas?

Las del médico, que eran siete hermanas, tenían la casa revuelta de arriba abajo, no siendo posible dar un paso sin tropezar con algo que no debía pisarse. Estaban estas señoritas empeñadas en presentarse con los mejores trajes, en lucir algo que excediese en magnificencia a lo que llevasen las demás, y como sus padres, aun cuando consintieron en irse arruinando de día en día por cumplirles todos sus caprichos, no pudiesen satisfacer ahora sus deseos, buscó cada una el medio de poder arreglarse un poco sin tener que acudir a la bolsa paterna.

Tratábase de competir con las de Hacienda, en donde hay comúnmente tantos negocios, y con las del teniente coronel, de las cuales podía decirse que llevaban todo el caudal sobre sí, y era preciso sacrificarse para conseguirlo.

En efecto, la más vieja, para estrenar un collar que la había encantado, mandó vender ocultamente un juego de cama y dos camisas de fina tela que su padre le había regalado el día de su natalicio. Súpolo la segunda, y para no ser menos quiso estrenar también unos brazaletes y un lindo cinturón, para lo cual hizo vender asimismo un manguito de preciosas pieles y la crucecita de oro de su rosario. La tercera quitó los encajes a un vestido de su madre para adornar el suyo y no sabemos de qué medios se habría valido la cuarta para hacerse con una moña de rizos y un sencillo, pero elegante prendido. Sólo las tres menores, que ignoraban todavía semejantes artimañas, no tenían que estrenar otras cosas que las que sus padres les habían dado.

Aconteció, pues, que la más joven observó por la cerradura de la puerta cómo una de las otras se probaba, mirándose al espejo, el precioso cinturón, y llena de sorpresa, y con un sí es no es de envidia, exclamó con acento un tanto amenazador.

-¡Hola!, gatita, ¿quién te ha comprado eso?

-¿Quieres callarte, mocosuela? ¿Qué estás diciendo que no te he comprendido? -repuso la otra sin abrir la puerta y desnudándose aprisa.

-No te la quites, que ya le he visto.

-¿El qué?

-El cinturón.

-Y bien -dijo la delincuente presentándose al fin-, me lo ha arreglado mi amiga Concha, que me estima más que a sí misma.

-¿Quién... ? ¿Ella? Para sí lo hubiera querido. No, no me engañas... yo adivino no sé qué cosas, y ya no es ésta la primera vez; pero descuida, que voy a contárselo a Lola y a Juliana y después a mamá.

-No hagas tal, chismosilla, y te regalo mi alfiler de plata que tanto te gusta.

-Pero ¿quién me da en cambio un cinturón como ése?

-Para el jueves próximo te permitiré ponerlo.

-¿Y a mí?

-¿Ya está ahí la otra? ¡Picarona! ¿Por qué tienes la costumbre de andar con el oído atento a todo cuanto se habla?

-¿Y por qué tienes tú cosas que yo no tengo?

-¡Anda! He de pedirle a Dios que te deje sorda.

-Y yo he de pedirle que te deje ciega.

-Silencio, gruñona, que van a enterarse por allá adentro.

-Eso es lo que yo quiero.

En efecto, con estas voces acudieron las otras y armóse una baraúnda como de siete hermanas; mas, las pecadoras, a fin de que no se enterasen sus padres de lo que pasaba, halagaron con promesas a sus hermanas menores para que guardasen el secreto, al menos hasta que se hubiese pasado la noche del domingo porque después, si no bastasen las disculpas, ya de suyo tenía que estallar la tempestad.

Las del abogado hallábanse también plegando los bullones de sus vestidos con parsimonia tan delicada como si se tratase de una obra de arte. No podía ir esta tabla más ancha que aquélla, ni este lazo discrepar una línea del que le seguía, y, de haberles sido posible, hubieran medido con un compás las distancias.

Nada estaba a su gusto. La falda o era demasiado corta o demasiado larga, la cola no imitaba como debía un abanico abierto, el cuerpo hacía arrugas, y se lo probaban cien veces diciendo siempre:

-No puede ser, no puede pasar así. En el vestir se conocen las verdaderas señoras. Descosa usted otra vez.

Y mientras perdían el tiempo de este modo, su madre, mujer activa y trabajadora a pesar de sus aspiraciones, calados los anteojos, y con delantal blanco, estaba bate que bate, haciendo cold cream.

-¿Estará ya bastante, hijas? -les preguntaba a cada momento.

-Más batido, mamá, mucho más.

-Es que se cansa el brazo, queridas.

-Pero mamá, ya lo ves... ¡es preciso!

Y la madre volvía a su trabajo. Otras veces dejaba el cold cream para ir a cernir harina de arroz, después dejaba el arroz para ir a revolver el almidón cocido, y de este modo andaba la buena señora como la rueda de un molino; pero andaba contenta, pues en un exceso de amor maternal quería hacerlo todo, por que sus hijas no se estropeasen las manos, consintiéndolo las niñas como si fuese de justicia.

Por lo que toca a las del empleado en Hacienda, la escena variaba un poco aunque el tema era el mismo.

La madre y las hijas eran todas unas, en el vestir, en el discurrir y en el hablar. Reunidas en un elegante gabinete, conspiraban a la sazón, la una contra el que era apoyo de su debilidad y las otras contra el autor de sus días.

-Sería vergonzoso el que nos presentáramos con sombreros sin águila -decían las niñas-. ¿Qué diría el duque de la Gloria que irá mañana al Prado al vernos así? Que pertenecíamos a la última clase de la sociedad, que éramos hijas de un cualquiera.

-Cierto que lo diría; pero no temáis. Aun cuando hubiera de reñir para siempre con vuestro padre, llevaréis mañana al Prado sombrero con águila y por la noche adornos de encaje en los vestidos.

-¡Ay! Pero papá es incorregible y no quiere nunca comprender que para que se fije en una un joven de porvenir se necesita no tener que avergonzarse de pasar al lado de las condesas... que es preciso vestir como ellas para que no nos desdeñen.

-¡Desdeñaros... ! ¡Ah, eso no lo soportaré jamás! Aguardad, voy a hablar con vuestro padre y todo se arreglará.

Las hijas suspiraron dolorosamente como si dudasen del buen éxito de la empresa, y pusieron oído atento a lo que hablaban los esposos en la habitación contigua.

-Aguarda siquiera a que me nombren director del ramo -decía él.

-¿Pero no reflexionas que el duque de la Gloria irá mañana al Prado?

-Y qué tiene que ver ese ente ilustrísimo y singular con nuestras hijas? ¿Entre la muchedumbre que habrá en el salón las distinguirá siquiera? ¡Qué tontas sois las madres!

El padre se reía al decir esto mientras ella exclamaba llena de rabia:

-Jamás te nombrarán director, ¡no!, ¡eres demasiado estúpido!

El marido se rió más todavía diciendo:

-Peor para ti en ese caso, querida.

-Sí; ya lo sé: ¡qué horror... ! ¿En dónde tenía yo la cabeza cuando me casé contigo?

-Sobre ese blanco y redondo cuello, Andrea mía, en el mismo sitio en donde la tienes ahora. ¡Ay, ojalá no fuera así!

-No aumentes mi desesperación con tus chanzas, porque ya me siento mala. ¡Esto asesina!

-Pero mujer, no me vengas atormentando en vano. Te he dicho que para lo que deseas no nos llegaría el sueldo de un mes.

-Te quedan aún los negocios.

-¡Qué negocios! Mi casa es un abismo en el cual se hubiera consumido todo el producto de los negocios de España, que es cuanto hay que decir.

-Siempre echándole a uno en cara la miseria que gasta... ¡qué desgraciada soy!, pero no retrocedo. Es preciso, absolutamente preciso, que mis hijas vistan mucho mejor que las del médico y que no desmerezcan en nada a las del coronel. Es preciso que lleven mañana al Prado sombreros con águila y vestidos que correspondan a nuestra categoría.

-Si no tengo más que cien duros para pasar el mes, ¿quieres emplearlos en encajes?

-Vaya; está visto que serás siempre el mismo. Un hombre a quien poco le falta para que cuente los maravedís que ha de gastar al día como los contaba el tacaño de Alforjón. ¡No sé cómo no te avergüenzas al leer las descripciones de los bailes de la condesa Pampa! Tus hijas parecerían fregonas al lado de aquellas orgullosas mujeres.

-Ya lo creo, ¡como que mis hijas no son condesas... !

-¿Valen menos por eso? ¿Si querrás decirlo también? Pues sabe que, aun cuando me arruine, he de probarle a esas señoras que valgo tanto como ellas.

-No lo conseguirás. Te mirarán siempre mucho peor de lo que tú miras a las hijas de los médicos y los abogadillos, como sueles llamarlas.

-¿Qué es lo que vociferas? ¡Jesús, qué hombre! Déjame... déjame por piedad, no parece sino que te complaces en atormentarme.

Y la mamá se puso a llorar mientras su esposo se dispuso a dejarla sola; y entonces en el colmo de la desesperación la buena señora volvió a gritar:

-¿Conque es decir que no se comprará eso?

-Ya lo ves, añadió el marido con calma; ¡no puede ser!

Salió entonces de la sala, y su esposa se arañó la cabeza para desahogar el dolor que sentía. Mas reponiéndose pronto, sacó una llave del bolsillo y abriendo una cómoda desenterró del fondo de una cajita un antiguo, pero magnífico aderezo, recuerdo de su difunta madre, y lo llevó ligera al Monte de Piedad.

Sus hijas adornaban dos horas después los vestidos de baile con los deseados encajes y se probaban los sombreros con águila, hallándose con ellos muy hermosas.

¡A costa de vergüenzas y sacrificios tales va soportando la clase media el aparente fausto que la desdora y la pone en su último trance!...

Las dos hijas del coronel, infatuadas con la amistad que sostenía su padre con el conde de A*** y creyendo pisar ya regios salones, apenas se dignaban cuidarse demasiado de los trajes con que debían asistir a la tertulia del médico. De día y de noche soñaban con títulos y honores y repetían sin cesar que pertenecían a la clase de la sociedad más noble entre todas, la de las armas. ¿Qué no eran hoy los militares? ¿Qué no lo fueron en los antiguos tiempos? ¿Podía ninguno decirles yo soy más?

-Mamá -murmuraban aquella tarde-, ¿cuándo piensa papá presentarnos en casa del conde? Si supieras qué aburridas estamos de la empalagosa sociedad de las de Hacienda, que creen, ¡infelices!, valerlo todo cuando se hallan a merced de los gobiernos que pueden darles o quitarles los medios de vivir... Además, ¿no es ya vergonzoso que estemos reducidas a frecuentar la sociedad de un médico y de un abogadillo?

-Lo comprendo, hijas mías, pero no se puede romper de pronto con antiguas relaciones: al fin, en su casa pasábamos alegremente las noches cuando vuestro padre era teniente y no recibía yo más que sonrojos de las capitanas y comandantas. Poquito a poco las iremos dejando cuando vuestro padre sea teniente coronel efectivo.

-¿Qué falta ya para eso?

-Que lo sea.

-¡Válgate Dios... ! Pero, mamá, es un tormento sufrir a esas médicas que tienen la medicina por la más honorífica y útil de las ciencias mientras se atreven a decir insolentemente, porque se lo han oído a cierto abuelo suyo, que el arte de matar, así llaman a la carrera del ejército, debiera ser tenida por la más ínfima de todas.

-¡Necias que son! La ignorancia... ¡ya se ve!

-Pues las del abogado tampoco cesan de encarecer, cual si quisiesen contradecirnos con ello, que no existe nada igual a la carrera de jurisprudencia. ¿Qué fuera del mundo, dice la madre con aplomo, si no hubiera quien hiciese justicia a los hombres? Se despedazarían unos a otros como las fieras. Pero les respondo, confundiéndolas, que si no hubiese ejército casi no podría haber mundo; porque, ¿quién había de defender los territorios y las haciendas y las naciones?

-Muy bien dicho, hija mía, perfectamente dicho, Dios te conserve la inteligencia que te ha dado. Y tú, Margarita, debías aprender de tu hermana a salir en defensa de los militares.

-¿Para qué, mamá, una vez que tienen ellos espadas...? Pero ¡cuánto deseo que llegue el día de mañana! Será una delicia recorrer el Prado, casi todas vestidas de azul... ¡qué bello efecto! La modista ha dicho que las damas de palacio y toda la aristocracia vestirá mañana de ese color y llevará sombreros con águila. Es una especie de obsequio indirecto que el pueblo de Madrid quiere rendir a ese personaje a quien tanto admira. Muchos elegantes calzarán también altas botas de color azul, aun cuando ningunas podrán imitar la sin igual belleza de las del duque.

Sintióse en aquel momento ruido de pasos por la escalera, y exclamó una de ellas:

-Es papá... le conozco en la manera de pisar, alguna noticia nos trae.

-¿Le habrán dado ya la efectividad? -repuso la madre levantándose para salirle al encuentro con sus hijas.

Y en efecto era el teniente coronel, que entró agitado diciendo:

-Venid... venid, si queréis verle, dicen que acaba de entrar en el Retiro... un coche nos espera.

Mas cuando llegaron al Retiro, que se hallaba lleno de gente, de sol y de pajarillos que cantaban deliciosamente entre los árboles, ya no estaba el duque.

Capítulo 14

■ Tres bellas hurís esperan a mi dueño -dijo Zuma al duque cuando le vio llegar.

-¡Tres! ¡Oh, mudanza!... ¿esperan juntas?

-No estamos en Oriente, amo mío; cada una en su aposento.

-Digno eres de servirme. ¿Sabes quién son?

-Una es la juguetona criolla, tan enamorada de su ardiente país como del más magnífico de los hombres.

-No soportaré siquiera por rival el amor de la patria. ¿La otra?

-Es aquella que ama hasta el aroma que llevo de vos en mis vestidos: la que tiembla cuando alguna mirada se posa en ella como tiembla una yerbecilla cuando las aguas quieren arrebatarla al pasar, la del abanico, en fin...

-¡Ah, la marquesita de Mara-Mari! Vendrá a decirme que me vigilan nocturnos espías, o a saber su horóscopo. ¡La lánguida niña es tan dada a la magia cuando se trata de su sensible corazón!... Y ¿quién más?

-Aquélla de los treinta años cuya regia belleza es comparable al sol de mediodía.

-En efecto, la condesa Pampa no tiene rival en el brillo deslumbrador de su radiante majestad. Pero ¡ay!, existen corazones más duros que el pedernal. Condúcela al invernadero y dila que he llegado.

-¿Y a las otras?

-Que llegaré muy pronto.

-¿Haré vibrar cerca de su oído las cuerdas de mi bandolín para entretener su inquietud?

-¡No en vano has nacido en Oriente! Mas, sea: cántales aquella canción que dice:

Como la flor del mirto es la inocencia;

el soplo más ligero se la lleva.

y la otra que concluye:

Sobre la ardiente arena del desierto,

me sigues paso a paso,

cual sediento camello,

de misteriosa fuente sigue el rastro.

¿Quieres beber la hiel de mis desdenes,

mujer a quien no amo?

Dime, ¿por qué me buscas,

si nunca te he buscado?

-Amo y señor, -repuso el moro inclinándose profundamente,- mi voz temblará al entonar esa canción que el más cruel de los hombres dijo a una desgraciada cuanto hermosa mujer. ¡Es tan compasivo mi corazón!...

-Pero la compasión no niega la verdad ni excluye el buen consejo.

-¡Obedezco!

Zuma condujo a la condesa Pampa al invernadero en donde flores desconocidas y hermosas ostentaban vivos colores y exhalaban acres y penetrantes aromas capaces de producir el vértigo. La alta y bella figura del moro armonizaba perfectamente con aquellas plantas gigantescas y quizá hubo de notarlo al punto la condesa con rápida e inteligente mirada.

Parecía, no obstante, exclusivamente ocupada en contemplar las flores, algunas de las cuales iba cortando Zuma y haciendo con ellas un artificioso ramo, que le presentó después doblando en tierra una rodilla y colocando una mano sobre el corazón.

No sabemos si por la mente inquieta de la condesa pasaría entonces rápidamente y semejante a un sueño la novelesca historia de alguna noble cristiana y un aguerrido musulmán; pero es lo cierto que fijaba sus ojos con curiosidad e interés sobre el semblante del moro, semblante traidoramente bello a la manera que el de Don Juan de Byron.

-En nombre del más admirable señor de la tierra -le dijo él con aquella ampulosa y pródiga magnificencia de lenguaje que le era propia-, y, si me es permitido, en nombre también del último de los esclavos -añadió-, me atrevo a ofreceros este ramo que en el lenguaje de las flores quiere decir Sultana del paraíso.

-No puede dejar de aceptarse tan delicado presente, mas... dime, moro, ¿los esclavos en tu patria son todos tan galantes como tú?

-Todos, tratándose de una reina tan hermosa como vos.

-¡Y se atreven a llamaros salvajes! Pero, dime, ¿dejarías el servicio del duque por el mío?

-Preguntadle a una madre si consentiría en abandonar a un hijo para seguir a otro.

-Moro, o eres artificioso en demasía o amas mucho a tu dueño.

-Le amo como a serme permitido os hubiera amado a vos.

-¡Oh!... ¡basta!... y él, ¿a quién ama?

-¡Él, señora! Su corazón y su pensamiento son una inmensidad en donde la más penetrante mirada no encuentra límites. ¿Quién sabe lo que hay allí? Pero va a llegar, señora... ¡adiós!

Alejóse entonces Zuma no sin haber acercado antes sus dedos al borde del vestido de la condesa y besádolo con apasionada vehemencia, y la condesa se quedó sola un momento pensando en las veleidades de su corazón, en el moro y en el señor más magnífico de la tierra. ¡Desgraciados aquellos que todo lo ambicionan y nada les basta!

Sintiéronse a poco unos pasos sonoros, percibióse un perfume aún más punzante que el que exhalaban las flores y una viva claridad azul anunció que se acercaba el duende que traía revuelta la corte y sus alrededores, sin excluir la Corredera del perro.

La condesa se estremeció toda y mudó de color, no olvidándose, sin embargo, de arreglar con gracia los pliegues del vestido. El duque, que la sorprendió en esta ocupación, le dijo saludándola:

-Lástima es, condesa, que no sea costumbre colocar espejos en los invernaderos, pero yo aseguro que usted debe parecer hermosa porque Zuma lo ha dicho, y entiende de esas cosas.

-¡Ah! -exclamó la condesa algo confusa-. ¿Zuma ve por el señor duque?

-¡Pts! Algunas veces, sobre todo si Zuma fue visto.

-¡Oh!... no en vano se murmura que esas botas azules son un abismo, así como vuestro corazón -replicó la dama, más confusa todavía y evitando las miradas del duque.

-Y el de usted, señora, ¿no será acaso otro abismo?

-Mi corazón es un corazón sensible, impresionable, quizá demasiado inquieto y nada más.

-¿Nada más? Pues hay bastante con eso para formar tres abismos por lo menos, condesa; uno, de sensibilidad, y he ahí acaso el más peligroso para una mujer; otro de impresiones, quizás más peligroso todavía, y otro, de eternas inquietudes. ¡Señora... quién pudiera medir el fondo de esos tres abismos!

-Nunca lo he pretendido, pero a buen seguro que será lo que suele decirse una pequeñez.

-¿Por qué, entonces, esas ambiciones y deseos que no encuentran término?

-¿Qué sabe el señor duque de mis ambiciones? ¿Por ventura es un mago?

-¿No lo parezco al menos?

-Tanto, que necesita una hacer un esfuerzo para alejar de sí tan loca creencia. Mas ello no es fácil cosa y heme aquí por lo mismo sumida en una duda de la cual sólo usted puede sacarme.

-Pero no lo haré, señora.

-¿Es posible?

-Dicen que es insoportable la duda; pero hay ocasiones en que la certidumbre es más insoportable todavía... ¡infinitamente más! ¿Por qué nos empeñamos siempre en descorrer el velo que oculta algo a nuestros ojos? ¿Sabemos acaso si ese algo es la muerte?

-Que lo sea; ¿no hemos de conocerla al fin? Señor duque, a lo que entiendo pensamos en esto de un modo distinto. Yo sólo encuentro hermoso y sólo amo al rayo de sol que aparece a mis ojos después que se ha ocultado tras de la espesa nube. Sólo me encanta lo desconocido, lo vago, lo imposible... Las más preciadas perlas perderían completamente su valor si pudiesen cogerse entre las arenas como las margaritas.

-¡Funesta pasión, señora! ¡Amar lo que no está a nuestro alcance! Buscar lo desconocido y sólo encontrar hermoso lo imposible, equivale a amar la desgracia, a buscar una sombra y a adorar la nada. Condesa, si es tiempo aún, retroceda usted en tan traidora senda, pues a cada paso que el hombre adelanta por ella se aleja de la razón, de la verdad y del bien.

-¿Qué estoy oyendo? ¿También los magos se han vuelto misioneros? Pero es en vano; yo no habré de curarme de mi pasión por lo desconocido aun cuando el mismo señor duque, a quien tan particularmente estimo, la condene y la llame funesta.

-Quizá lo sea para usted, condesa.

-Terrible augurio...

-No hay que inquietarse... Me agrada a veces darme aires de profeta; pero es seguro que no se cumplirán mis profecías como no esté decretado que hayan de cumplirse.

-Lo supongo, pues no he nacido aprensiva, y, después de todo, séame o no funesta esa pasión que es mi encanto, ¡nada importa! Apenas recuerdo haberme sentido nunca realmente desgraciada y no me pesaría de llegar a serlo una vez siquiera en la vida. ¿No es al fin ridículo no saber una lo que tantos millones de mujeres saben?

-Esas palabras me recuerdan involuntariamente los bárbaros extravíos de los emperadores romanos.

-Sepamos por qué.

-Pienso que en esa naturaleza caprichosa, robusta y mimada por la fortuna, deben existir principios semejantes a los que contenía la extraña levadura con que aquellos fueron formados.

-Gracias, duque. Desde ahora ya no tengo derecho para decir que es usted hipócrita ni galante, y le bendigo por ello con todo mi corazón.

-Amable condesa... ¡Imposible me hubiera sido hablarle a usted en el mismo lenguaje que a las demás! Por ventura ¿no ama usted lo vago y lo desconocido?

-Mi presencia en este sitio lo confirma... Sólo semejante pasión pudo conducirme aquí para contemplar esas magníficas flores nacidas en otros climas y cuyo aroma, a decir verdad, empieza a marearme...

-¿Desearía usted respirar por algunos momentos un aire más puro?

-Lo necesito, que es más. Esos perfumes son demasiado fuertes para una hija de Europa.

-Renuncie usted entonces a que esas pupilas negras se vuelvan azules.

-Renuncio de buen grado. Hasta el presente no me ha ido mal con el oscuro brillo de mis ojos y si en lo futuro siguen siendo negros no lloraré por ello.

-En hora buena, condesa, pues de cualquier manera siempre parecerán hermosos. Dirijámonos entonces hacia el estanque y bajo aquel toldo de hojas gozaremos de una temperatura tan dulce como la que reinaba eternamente en la isla de Calipso. He aquí la gruta...

-Una gruta parece en verdad esa bóveda sombría formada por las espesas ramas. ¡Lugar hermoso es éste para oír historias maravillosas como las que debe saber el señor duque!

-¡Una sola he aprendido, y es la mía!

-Precisamente la que yo escucharía con mayor placer...

-La que no he contado todavía a persona humana.

-Por lo cual sería más interesante para mí. ¡Oh señor duque!... si usted quisiese hacer hoy la felicidad de una mujer que sobre todas las cosas de la vida desearía ver descorrerse ante ella el velo que oculta ciertos misterios, me contaría usted algún episodio de esa historia no revelada a ninguno.

-¡Qué pide usted, señora!... Mis palabras resonarían dolorosamente en esos oídos sólo acostumbrados a las confidencias del amor.

-¿Tan terribles serían?... No importa. Las confidencias amorosas han llegado a cansarme con su monótona dulzura y ya he dicho que no me pesaría de conocer el dolor.

-Hablar de la hiel no es gustarla.

-Abandone usted las excusas, señor duque. Usted ha podido comprender ya hasta qué punto me encanta lo extraño, lo desconocido y lo absurdo si posible fuera, pues bien... , esa sonrisa que vaga de continuo en los labios del duque de la Gloria, ese no sé qué que le rodea me prometen sin duda revelaciones tan ignoradas como los mundos en donde ya ha penetrado su mirada de águila. Por favor, no se burle usted de mi ansiedad, ¿no es esto natural en una mujer como yo al ver tan cerca, sin poder comprenderlo, un misterio, velado entre nubes deslumbradoras como el sol?

-Pero, señora, aquí para entre nosotros, ¿con qué derecho iría usted a penetrar los recónditos misterios que sólo el cielo y yo sabemos y a hacerse dueña de secretos para siempre sepultados bajo la nieve que cubre las estepas de la Siberia, y allá..., en el Cáucaso..., entre aquellas montañas y aquellos abismos tan salvajes como mi corazón?

Al oír estas palabras la condesa se inmutó visiblemente murmurando con trémula voz:

-¡Ay! No me ha engañado el corazón.

-¿Se siente mal? -le preguntó el duque.

-Es preciso que yo sepa eso de las estepas... eso del Cáucaso... ¡Oh! ¡El Cáucaso!... -repuso la condesa, aún más conmovida.

-¿Sin duda ha visitado usted también aquella región casi glacial en donde hasta el alma parece resentirse de la influencia del clima?

-Quisiera que hubiese así sucedido.

-¿Para qué? Hace ya tiempo que desapareció de allí el ave errante que cantaba armoniosamente canciones que ella sólo entendía. Yo la he visto en otros días bajar por las cumbres más altas saludando a las nubes impelidas por el austro y sonriendo hacia el abismo que parecía atraerla con su profundidad tenebrosa. Mas vino después una tempestad, y, arrebatándola en sus alas, aseguran que la condujo a la muerte. En realidad ella la buscaba a cada paso y ese a quien llaman ángel sombrío debía acudir a su voz.

Hablando de este modo, el acento del duque era tan amargo y melancólico, tan sonoro y profundo que se dijera arrancaba su armonía del fondo de un sepulcro.

-¡Oh Dios! ¿Es un fantasma o un ser real? ¿Es él o su sombra? -exclamó la condesa mirándole con interés y con espanto.

Por única respuesta, el gran duque se sonrió de la manera que se sonreía Petchorin, el héroe de cierta novela rusa, y casi fuera de sí la condesa se acercó más a él diciéndole:

-Señor duque... yo sé quién es usted... ¡ay!, conozco demasiado ese espíritu escéptico, ese carácter sensible y áspero a la vez, ese pobre corazón nacido como el mío, ambicioso y descontentadizo. ¡Lo he estudiado largos días cuando no hallaba nada a mi alrededor que me curase del hastío!

-Todo eso me sorprende. ¡Conocerme usted tanto, condesa!... ¡haber estudiado mi corazón por espacio de largos días!... En verdad, no comprendo cómo ni cuándo han podido suceder tantas cosas.

-¡Oh!, señor duque, el genio semejante al sol extiende sus resplandores por el universo. Aquella dolorosa amargura vestida en un raudal de poesía respondía a las quejas de mi corazón como un eco lejano y escuchándole me quedaba dormida, después de evocar una imagen que venía a aparecérseme en sueños, confusa y vaga al principio, conocida y distinta después.

-Pero, señora...

-Fue entonces cuando el caballero de las botas azules apareció en la corte... y al verle le reconocí.

-¡Cosa extraña! ¿Será usted sonámbula, condesa?

-Acaso... pero es lo cierto, señor duque, que yo había visto a aquel hombre, por eso aguardé temblando que se acercase a hablarme; mas desde que oí su voz temblé más todavía... ¡Ay, casi no dudaba ya! La estatua colocada a la entrada de la galería me hizo comprender después que aquel poeta adorado podía tener tanto de Dios como de demonio. Desde entonces emprendí una lucha a muerte con mi pensamiento. ¿Era él o no era él? Al resplandor de esas botas, señor duque, yo veía ese rostro, y lo veo todavía pálido y frío, irónico y delicadamente burlón, como he visto el suyo...

-¿El rostro de quién, condesa? ¿Puede existir algún hombre que se me parezca con tal que no lo haya devuelto el sepulcro?

Volvió a sonreír el duque como sonreía Petchorin y la emoción de la condesa no tuvo entonces límites. Creyendo reconocer en el duque el fantasma de sus locos delirios, cruzó las manos en actitud suplicante, diciendo:

-Señor duque, sufro horriblemente: usted y él son uno mismo, ¿no es verdad? Por salir de tan penosa duda estoy pronta a sacrificar la duda y el porvenir...

-No dispondré de esa vida ni de ese porvenir, señora; ¿sé por ventura quién es el fantasma de quien usted habla?

-¡Usted lo sabe!... Allá en la Rusia ha nacido un poeta cuyos cantos estaban en armonía con su semblante y con su corazón, podía compararse al ruiseñor que busca la noche para dejar oír sus gorjeos, y que sólo en las tinieblas sabe entonar el himno de sus amores. Él era sombra y luz, y al decir ¡no creo!, ¡no amo!, decía a la vez ¡amo y creo!, ¡quiero creer y amar... !

-¡Ah!, basta, señora, la interrumpió el duque sin dejar de sonreír, adivino... usted delira como una pobre enferma, y si quisiese la loca fortuna que fuese yo la sombra de Lérmontov...

La condesa lanzó un grito ahogado al oír este nombre, y el duque prosiguió:

-Si quisiese la loca fortuna que yo fuese la sombra de Lérmontov, le aconsejaría a usted, condesa, que antes de hablar con el mal espíritu de un hombre escéptico y muerto en desafío, se pusiese usted a bien con Dios.

-Lérmontov no ha muerto, señor duque...

-¿Quién lo ha dicho?

-No ha muerto... Usted lo sabe... ¡No me haga usted padecer más!

-Lérmontov nació el año 11.

-¡Pero vive todavía! En fin, señor duque, acabemos. Necesito saber con certeza quién es usted, o seré yo quien realmente muera.

-¿Y si después de saberlo muere usted también?

-Que muera; ¿acaso he nacido eterna?

-¡Oh!, delirios humanos... pues bien, condesa, lo sabrá usted todo, pero con una condición.

-¿Cuál?

-Es muy extraña...

-Sea cual sea, la acepto.

-Será preciso que usted se humille ante mí para besar mis botas antes de haberme oído.

-¡Oh!, ahora mismo...

-Ahora no puede ser: Zuma le dirá a usted cuándo.

-Pero que sea pronto porque voy a sufrir demasiado... ya estoy sufriendo.

-Mejor, condesa.

-¡Mejor!

-Tanto mejor. ¿No deseaba usted conocer el dolor y el sufrimiento?

-¿Quiere usted asustarme, señor duque?

-¡Qué asustar! Valor, señora, no en vano vamos buscando lo desconocido. La espera a usted una sorpresa. ¡Oh, qué sorpresa! Hasta entonces, adiós.

Cuando la condesa llegó a su casa tuvo intenciones de volver otra vez al lado del duque y no apartarse de él hasta saber la verdad.

Zuma, que la fuera acompañando, le había dicho cosas tan terribles y extrañas... Mas cuando una imaginación como la de la condesa va en busca de lo desconocido, no para hasta el infierno.

Capítulo 15

La marquesita de Mara-Mari había llorado de impaciencia y de ira al ver la tardanza del duque.

Ella, cuidada como una delicada flor, ella, adorada por los galanes más imberbes quizá pero también los más elegantes de la corte, ella, en fin, la heredera de la nobilísima casa de Mara-Mari y a quien todos servían casi de rodillas, ¡tener que esperar tanto tiempo a un hombre!

El caso era poco menos que increíble.

¡Haberse dignado ir hasta la casa del duque, saber éste que ella le aguardaba y no apresurarse a venir! ¡Infeliz!, ¡mil veces infeliz caballero, si llegaba a amarla!

Cansada la linda marquesa de pasear por la estancia y de morder las sonrosadas uñas, se había reclinado sobre un diván medio ahogada por la cólera, cuando sintió que una puerta se abría suavemente. ¡Al fin se ha acordado de que me encuentro aquí!, pensó la joven suspirando sordamente, mientras su rostro, momentos antes sombrío, tomaba de pronto aquel lánguido aspecto que le era peculiar, aquella espiritual melancolía que la hacía asemejarse a esos ángeles a quienes pintan derramando flores sobre la tumba de un niño.

La hermosa no se dignó siquiera mirar al duque, esperando con aire un tanto altivo a oír sus excusas; mas su admiración no tuvo límites al ver que el delincuente arrastraba un sillón y se sentaba familiarmente a su lado diciéndola:

-Bella marquesa, qué extrañas cosas voy a contarle a usted. Por mi nombre, he visto lo que no pensaba ver.

-Muy extrañas serán, ciertamente, cuando tanto tiempo han entretenido al señor duque, repuso la joven dando a sus palabras un marcado acento de frío desdén.

-Como que la estuve a usted contemplando, amiga mía, mientras usted se creía lejos de toda mirada.

—¡Cómo! —exclamó la joven con temblorosa voz—. ¡Caballero! ¿Se me ha espiado?

—Contemplado he dicho, señorita.

—Es lo mismo, señor duque; eso es indigno...

—¿Por qué, marquesa? ¿Quién no se goza en contemplar belleza?

—Porque yo estaba sola... y...

—¿Y qué? «Cuando estés solo, haz lo mismo que harías si no lo estuvieras... ». Por mi parte tengo siempre presente esta máxima y pienso que una dama nunca la olvida. Además, no era ésta una habitación reservada en donde mis ojos pudiesen sorprender traidoramente secretos de mujer: en fin, marquesa, ¿por qué fijarse en tales nimiedades? Sabido es que impertinentes miradas vienen de cuando en cuando a perturbar nuestro sosiego y que todo en la vida es lodo y miseria, todo farsa y mentira. ¿Qué hacer, sin embargo, si esto al fin no tiene remedio? Resignarnos con nuestras propias flaquezas y no enojarse a cada instante una vez que todo es en vano.

—¿A qué viene eso, señor duque?

—No nos apresuremos, bella marquesa; rodando, rodando, llegaremos al fin. ¡Qué mundo este, amiga mía! No hace mucho que yo me hallaba contemplando en dulce éxtasis la más pálida y bella de las criaturas, la que como una flor de débil tallo se creería que va a romperse al menor soplo, la que parece, en fin, cándida como las azucenas cuando de repente la he visto convertida en una mujer de pasiones violentas, altiva, llena de sí misma, implacable, colérica y vengativa como el mismo rencor. Lleno de sorpresa, consulté entonces al horóscopo para que me revelase los secretos que encerraba la existencia de aquella mujer... y el antro de su corazón apareció a mis ojos semejante a un abismo...

—¡Señor duque! —exclamó la marquesa inmutada—, yo no he venido aquí para oír historias de magia, sino para hacer una revelación salvadora.

—Gracias, marquesa, sé lo que usted tiene que decirme porque nada pasa en la corte que se oculte a mis ojos. Lo que de mí se piensa y se murmura; las asechanzas de que soy objeto; las inquietudes que despierto en cada corazón, todo lo veo claro y distintamente. ¿Para qué, pues, hablar de eso? Al fin proseguiré tranquilo mi camino, y sin pedir permiso a ninguno haré que mis botas sean el tormento y la dicha de los curiosos que van en pos de una luz que les ha de dejar entre tinieblas. Dejémonos, pues, de tales cosas, y ocupémonos únicamente de lo que ha dicho el horóscopo.

-¿Qué me importan a mí las revelaciones del horóscopo, caballero?

-¿Qué imaginación juvenil no se encanta con ellas? La marquesita de Mara-Mari ha pretendido más de una vez leer su destino en el fulgor de las estrellas, y en verdad que esas hermosas hijas de la noche se le han mostrado siempre propicias. ¿No es verdad?

-¿Para qué interrogarme? ¿No lo sabe usted todo?

-¡Todo!

-¡Hombre afortunado! En ese caso, señor duque, nada tengo que hacer aquí. Mi sacrificio ha sido inútil, y sólo siento haber importunado con mi presencia a un ser tan sublime que para nada necesita de sus semejantes. ¿Será que un nuevo Dios ha aparecido en el universo?

La marquesa había pronunciado estas palabras con sonrisa irónica y nerviosa mientras se disponía a alejarse; pero el duque, con una naturalidad llena de gracia, le dijo:

-¡Oh, el orgullo de la raza! Pero crea usted, marquesa, que todo ese aire de altivez y todo ese enojo son un recurso inútil para mí. Desde que he prescindido de mi propia vanidad, desde que he abandonado mi amor propio entre el lodazal de antiguos recuerdos, las demás vanidades y orgullos de la tierra no han conseguido más que hacerme reír con su hinchada figura. En fin, marquesa, esa actitud altiva y un tanto cómica no es bastante para ocultar a mis ojos lo que pasa en ese corazón.

-¡Vamos!, el señor duque pretende sin duda que yo le rinda culto como a una divinidad suprema, que me prosterne a sus pies adorando su inmensa sabiduría, que le pida la revelación de mis propios secretos. ¡Qué insensatez, caballero! No, señor duque, ¿qué me importan esa sabiduría y esos misterios?

-¡Calma, por Dios, marquesa! Veo que se impacienta y se irrita usted porque no quiero rendirme ante tanta arrogancia y tanta belleza. Mas ¿puedo hacerlo acaso cuando el horóscopo me ha revelado que aquella mujer a quien he visto convertirse de azucena en serpiente no conoce el amor, y que ese dios muchas veces cruel, siempre implacable, que todo lo sacrifica a sí mismo, el dios de los ricos, el capricho, ha tomado asiento en su corazón?

Muda quedó la marquesa al oír estas palabras, y semejante en su actitud a la leona que vacila en arrojarse sobre un poderoso enemigo; mas él prosiguió sin detenerse:

-Usted me asombra... ¡Oh, pues el horóscopo me ha revelado cosas más terribles todavía! Esa mujer, vana como la misma vanidad, no se contenta con ser adorada por los jóvenes más ricos y elegantes de la corte, sino que con sonrisas de diosa despierta en el corazón de sus servidores pasiones envenenadas que renovándose cada día no pueden verse jamás satisfechas. No hace tres meses que un desgraciado joven, de esos a quienes una suerte adversa arroja como un despojo en medio del camino para servir humildemente a los que acaso sirvieron como villanos a sus nobles antepasados, después que una pasión maldita se cebó en su pecho fue a expirar tísico a su país bendiciendo la mano traidora que le arrancaba la vida. Pues bien, ella se sonreía en tanto dulcemente al saber que aquella infeliz víctima moría pronunciando un nombre.

La marquesa con las manos crispadas adelantó un paso hacia el duque murmurando con lengua balbuciente:

-¡No tengo fuerzas!... pero la venganza será tan grande como el ultraje.

-¿Qué ultraje, amiga mía? -repuso el duque con candidez-. ¿Ha osado nadie negar que la marquesita de Mara-Mari es bella como la misma aurora? Pero que esa mujer cuyos secretos me ha revelado el horóscopo es asimismo pérfida y vana, que se goza en el tormento de los que la adoran y que hubiera hecho resucitar el culto de los ídolos para ser la diosa del mundo, que hubiera, en fin, recibido propicia sangrientos holocaustos, todo esto también es verdad, marquesa.

-Y si lo es, ¿qué tiene que ver con ello el señor duque? -prorrumpió al fin la de Mara-Mari semejante a una furia-. ¿Con qué derecho se atreve a insultarme... ¡a mí!, que soy servida de rodillas, que desciendo de regia estirpe, que...

-Que me he dignado ir sola a visitar al duque de la Gloria -le interrumpió éste riendo.

-Y me lo echa en cara: ¡qué horror!...

-¿Por qué no, señorita? -continuó el duque implacable-, ¿por qué no, si esto no deben hacerlo las mujeres que descienden de regia estirpe?

-¡Ah, me muero!... -gritó entonces la joven marquesa cayendo sin sentido.

El duque le roció el rostro con agua, y salió de la estancia diciendo: ¿Por qué, musa, me obligas a ser tan cruel? ¿Tiene ella acaso toda la culpa?, ¿no le han enseñado desde niña el exclusivo aprecio y la estimación de sí misma y el más altivo desdén hacia los demás? Sin embargo... ella ha pecado; ella ha hecho morir de amor a aquel infeliz joven, y yo no la he matado todavía... Duro ha sido el castigo, pero más dura ha sido la falta.

¡Musa mía, adelante!

Capítulo 16

¡Qué aspecto nuevo y deslumbrador presentaba el Prado el domingo por la tarde, qué mágica y extraña perspectiva!

El cielo estaba completamente azul; ráfagas de un viento suave oreaban de cuando en cuando graciosamente hojas, velos y cintas, y flotantes y leves faldas ondulaban por donde quiera en grata confusión: no de otra manera el mar cuando al caer de la tarde se agita suavemente acariciado por las brisas.

Desde que la raza de Caín se extendió por la tierra, nunca como aquel día habían rendido los hombres tan ciego culto a la moda, ¡loca deidad que se hará adorar por ellos hasta la consumación de los siglos! El mismo Hoffmann, al contemplarlos con aquel atavío, superior sin duda al de las muñecas pintarrajeadas y al del caballero que andaba con pantuflos sobre la nieve, hubiera comprendido que los caprichos de los hombres exceden muchas veces en su realidad a cuanto la más ardorosa y creadora imaginación haya podido soñar de extravagante y de fantástico.

Si habéis seguido alguna vez con la mirada esas ligeras nubes que, voltejeando en el espacio, ya son castillos, ya piñas de oro, ya extraños monstruos que hacen pensar en remotas edades o en mundos ignorados, podréis formaros una pequeña idea de lo que parecían aquella tarde las mujeres. ¡Ay!, ¿por qué permite el cielo que esas criaturas tan hermosas nazcan algunas veces feas y que la moda venga a desfigurar sus naturales encantos con novedades traidoras a toda belleza?

Vedlas luciendo el alto y revuelto peinado llamando montaña alpina, sobre el cual un disecado aguilucho tiende las nevadas alas y posa el encorvado pico cual si fuese a dormirse embriagado por el aroma que exhala su nuevo nido.

El talle de cada mujer luce estrechamente ceñido bajo las celestes ravi-moras, chaquetillas cuyo nombre está en perfecta armonía con su corte extraño: multitud de cascabeles sirven de adorno al vestido formando caprichosos dibujos, y los pabellones de la trasparente falda, entre cuyos pliegues parecen juguetear los amores van recogidos con grandes botas azules que sustituyen a los broches de oro, a los elegantes camafeos y a los medallones de pasamanería.

Pero, ¿qué diremos de ese otro sexo, no vano, no ligero, no inconsecuente y frívolo como la mujer, sino fuerte, grave y majestuoso como la misma nobleza?

¡Ay! Ellos como ellas, pobres hijos del pecado, ¿de qué se envanecen? Al menos por esta vez no pudieron echarles en cara -a las que, pese a sus defectos, son el encanto de la tierra- sus fútiles y vanas inclinaciones.

En donde desde antiquísimos tiempos han ocupado los botones su puesto dignamente, llevaban entonces cascabeles; en vez de corbata lucían aves disecadas cuyo corvo pico parecía protestar contra tan ridículos antojos y la holgada campana de una hermosa bata azul -mas no trasparente y luminosa como las del duque- se levantaba hasta sus rodillas sobre el ajustado pantalón insultando al verano.

El cuadro era en verdad sorprendente. ¡Qué bella uniformidad en el conjunto, qué armonía en los detalles, qué novedad en la forma! Suspensa se hallaba aquella multitud en la contemplación de sí misma; todo era animación, todo alegría, y muchos de los que pasan su existencia ocupados en vestirse con arreglo al último figurín no cesaban de repetir que los cascabeles eran el adorno más bello de todos los adornos y que los aguiluchos disecados hacían mucho mejor efecto sobre las cabezas de las damas y sobre los diminutos sombreros-duque que las aves del paraíso y los hocicos de conejo.

-¡Gracias al cielo! -exclamaban algunos con ferviente entusiasmo-; ¡ésta es la primera vez al cabo de largos años que España no ha tenido que mendigar una moda al infierno de París!

Sólo faltaba para que el cuadro fuese verdaderamente magnífico que el que lo había inspirado viniese a realizarlo con su presencia; ¡era ya tan tarde!

Mas, ¿qué carruaje es aquel que se acerca?

Todos se conmueven: sin duda es él que llega al fin, ¡ya era tiempo, en verdad! ¡Oh!, cómo va a sorprenderse al contemplar... Pero, ¡Dios santo!, la portezuela se abre y en vez del magnífico duque aparece una mujer.

Un pobre vestido de lana oscura se ciñe a su cuerpo como una túnica y un sencillo velo le cubre la cabeza. Creyéranla alguna viuda indigente que viene a implorar la caridad pública si no se viese brillar en sus cabellos una herradura de oro cuyos brillantes valen una fortuna. La sorpresa de cuantos la contemplaban no pudo ir más allá cuando reconocieron en aquella mujer a la gran señora de Vinca-Rúa.

Seguida de sus lacayos, atravesó el Prado con aire modesto, casi humilde, y después de haber dado una vuelta por el salón volvió a entrar en el coche, no sin haber dirigido antes una mirada de descontento en torno suyo. ¡Es que sus ojos no habían distinguido al gran duque! ¡Tampoco esta vez pudo conseguir lo que tan ardientemente deseaba!

En tanto, todos leían con asombro un impreso que otro de sus lacayos acababa de repartir entre lo más escogido de la nobleza y en el cual se leía:

La señora de Vinca-Rúa suplica a sus conocidos y amigos se dignen asistir a la reunión que dará desde mañana en su casa bajo el título de Tertulia económica del trabajo. Demanda este favor en nombre de las buenas costumbres, casi olvidadas, a fin de dar buen ejemplo a las clases pobres y hacer que la verdadera nobleza vuelva a marchar por el virtuoso sendero que le han señalado sus ilustres antepasados.

La sorpresa que su lectura produjo en tanto fashionable poseído de la elegancia y novedad de su traje, no puede describirse.

Hubo risas, tumulto, olvidóse por un instante al duque de la Gloria, y el mayor desorden se extendió por el salón. Los aguiluchos, los cascabeles y las trasparentes faldas con sus botas azules iban y venían en todas direcciones formando un laberinto extraño y una confusión admirables. ¡Oh, año 3000! Tú no sabrás nunca las maravillas que cierto duque ha hecho en cierta corte, a la cual, sin embargo, te atreverás a llamar bárbara. ¡Osado charlatán!

Cerró por fin la noche, y como el esperado no apareciese, aquello que ya podía decirse mar turbulenta se deshizo y tornó cada aguilucho, no a las altas regiones a donde eleva el gigantesco vuelo, sino a la elegante sombrerera que se le tenía destinada.

Las hijas del médico, las del abogado, las del empleado en Hacienda y las del teniente coronel, se retiraron también a sus casas, disgustadas de no haber sido envidiadas las unas de las otras y muy descontentas de no haber visto al duque.

Cuando se hallaron reunidas en la tertulia, no acertaron a hablar sino de los sucesos de aquella tarde memorable. Las del teniente coronel decían en voz baja, al oído de su madre, que si su padre las hubiese presentado ya, como debía, en casa del conde, se hallarían cansadas de ver al caballero de las botas azules, y no se quejaban menos las de Hacienda al verse precisadas a frecuentar una sociedad a donde no iban los duques.

-¡Qué hay que hacerle, hijas mías! -respondía la madre, mordiendo desesperadamente los labios-. Vuestro padre me dejará morir antes de hacer que le nombren director. El desgraciado apenas acierta a manejar algunos negocios de escribientillo mientras nos lleva atadas al carro de su infortunio. Hijas mías, libraos de enlazar vuestra suerte a la de ninguno que no se halle ya en sus plenos derechos de hombre de buena sociedad.

-Explíquese usted más claramente, mamá.

-Yo me entiendo, hijas. ¿Podemos llevar nunca, si no es por mis sacrificios, adornados los vestidos con encajes o salpicados de grosellas, de uvas, o de gusanillos de luz? ¿Puede vuestro padre arrastrar siquiera un miserable coche? Pues bien, a esta clase de hombres debiera la sociedad condenarlos al celibato.

Con éstas y otras conversaciones sostenidas a media voz hallábase el salón casi en silencio cuando en la cercana antesala se oyeron resonar pasos acompasados y sonoros. Dijérase que unos tacones de vibrante metal herían el suelo con sigilosa precaución.

Todas las miradas se volvieron hacia la puerta. Un secreto presentimiento hacía latir aprisa cada corazón. Aquellas pisadas tenían tan extraño sonido...

-¡Tris!... ¡tris!... ¡tris!...

-¿Quién podrá ser? ¡Qué ruido singular! Veamos. ¡Ah, sorpresa inesperada! ¡Es él!

¡El duque de la Gloria acababa de presentarse en la puerta!

La alegría mata como el dolor; así poco faltó para que damas y caballeros se desmayasen con tan inesperada novedad. Sólo se veían allí rostros pálidos y llenos de emoción.

La señora de la casa en vano quiso pronunciar en los primeros momentos algunas palabras para recibir a la enormidad que acababa de presentarse ante sus atónitas miradas.

-¡Sin duda me he engañado! -dijo el duque pausadamente y sin pasar de la puerta.

La señora de la casa hizo entonces un supremo esfuerzo para salir de su estupor y adelantándose hacia el duque con vacilantes pasos dijo, acompañando sus palabras con la más fina, risueña y atenta de las sonrisas:

-Es aquí, caballero... aquí mismo... Sírvase pasar adelante el señor duque... sentimos una profunda satisfacción al verle...

-Gracias, señora -repuso aquél-, mas me he engañado, estoy seguro de ello.

-¿Buscará el señor duque a los del cuarto de la derecha? -preguntó la mamá de las del abogado levantándose.

-Sin duda pregunta por papá -añadió en voz bastante alta la del teniente coronel.

-¡Qué petulante y qué necias! -dijo a su vez la de Hacienda torciendo el gesto-; había el duque de ocuparse de ellas. A no ser que tenga algún asunto en Hacienda... y que...

El caballero de las botas azules repuso entonces:

-Venía buscando una reunión de familias modestas y de mediana fortuna, mas, a lo que entiendo, me hallo entre personas de la más alta sociedad.

-¡Oh caballero! -exclamó la señora de la casa sin poder ocultar su satisfacción-, es usted muy amable al calificarnos de ese modo y sólo siento que mi esposo, médico muy conocido, no se halle aquí en este momento para...

-¡Médico! -repuso el duque con admiración.

-El inventor de las píldoras cartelarias a las cuales ninguna enfermedad se resiste... Yo le daré al señor duque una cajita para que juzgue de su eficacia.

-Agradezco la atención, señora, pero precisamente yo suelo también administrar en píldoras varios medicamentos muy saludables.

-¡También el señor duque! Las píldoras que ha inventado mi esposo están premiadas.

-Las mías no, señora; mas, a pesar de eso, mis enfermos toman cuantas les receto.

-¡Oh!, se hallarán convencidos del talento y penetración de su médico.

-Quizá...

-¡Qué mujer más impertinente! -murmuraban las otras-. Sólo sabe hablar de su marido y de sus píldoras: esto hace daño...

-Señora -siguió diciendo el duque-, pienso que usted se digna chancearse conmigo, lo cual me lisonjea, mas, como me urge el asunto que aquí me ha traído, preciso retirarme para buscar en otra parte lo que en esta distinguida reunión no podría encontrar.

-Hable usted, caballero, hable usted... ¿quién sabe si hallará aquí lo que desea? Está usted en su propia casa y nos conceptuaríamos muy honrados en servirle...

-Imposible, señora, voy en busca de modestas jóvenes que necesiten ganar con el trabajo de sus manos algunos miles de pesos para ayuda de la dote.

-¡Miles de pesos! -murmuró la señora de la casa con interés-. ¿Qué trabajos, pues, serán ésos? ¿Pueden saberse?

-¿Para qué, señora? Las condesas no necesitan de esas cosas... ni tampoco las ricas y así...

-Es que nosotras no somos condesas, ni podemos llamarnos ricas.

-¡Mire usted qué salida! -replicó en voz baja la de Hacienda.

-¡Vaya!, no puedo comprender por qué se empeña, señora, en querer aparecer a mis ojos una cosa que no es.

-Pero, señor duque, ¿por qué se ha imaginado usted que se le engaña? ¿Podríamos permitirnos semejante libertad?

-Pues bien, ya que usted se empeña, hablaré, si bien convencido de que será en vano. ¿Querrían estas señoritas calcetar doscientos gorros de dormir, hechos con merino y listas de seda a seis duros el par?

-¡Jesús... qué horror!... ¡Nosotras calcetar gorros! ¡Trabajar por dinero como si fuésemos miserables obreras!

Estas palabras, acompañadas de desdeñosas sonrisas, resonaron de repente en los cuatro ángulos del pequeño salón; todos se habían escandalizado de la proposición del duque, que repuso enseguida:

-He aquí como tengo razón. Yo venía buscando algunas modestas jóvenes de la clase media, de esas que sin dejar de ser señoritas saben pensar en el porvenir, no desdeñándose de aumentar con el trabajo de sus manos su pequeña dote: mas desde que he entrado en este sitio comprendí que me hallaba entre personas de la más elevada esfera, a las cuales mi proposición hubiera parecido una afrenta, como acaba de suceder.

-No porque no seamos condesas nos ofendemos, caballero -dijo la señora de la casa con cierta altivez-. No necesitamos trabajar para comer: Ya le he dicho al señor duque que soy la esposa del señor Cartelí, médico muy conocido en la corte...

-¿Por qué, entonces, ese enojo, señora? -le replicó el duque, mientras todos le miraban con cierto aire de asombro y de indignación-. Si su esposo de usted fuese un médico, como se me quiere hacer creer... ¿acaso el médico no trabaja para ganarse la vida? ¿No trabaja el abogado, el empleado?... Pero concluyamos, señora condesa -añadió el duque con cierto aire confidencial-, si un médico, un abogado o un empleado cualquiera desplegase en su casa tan fastuoso boato, podría decirse de él que hacía pagar demasiado caro a la Hacienda, a sus clientes o a los enfermos lo que los unos llaman ¡mi trabajo!, y lo que los otros dicen ridícula y pomposamente ¡mi ciencia!, palabras con las cuales, mientras se toleren los abusos, seguirán saqueando y vaciando la bolsa ajena muchos hombres que se dicen honrados.

-¡Caballero! ¡Esas palabras! -exclamó alguno entre dientes-; ¡qué insulto!, esto es insoportable...

-¡Jesús!... , yo me ahogo de indignación -exclamaron muchas mamás.

-¡Sin duda está loco! -murmuraba temblando algún fashionable al oído de las irritadas señoras... El duque añadió entonces con el aire más natural:

-¿Pertenecerán ustedes realmente a la clase media? Pues en ese caso, señoras, ¿por qué no querer calcetar gorros de dormir cuyo par da de ganancia seis duros? ¿No trabajan sus papás? Pues trabajen ustedes también, señoritas, y déjense de esas apariencias de riqueza que ocultan una miseria vergonzosa y un orgullo tan ridículo como inútil.

-Salga usted inmediatamente de aquí, caballero; salga usted -prorrumpió la señora de la casa.

-¡Oh! Con mucho placer... jamás me han gustado los oropeles... ¡Que no estuviese aquí mi amigo el misionero!

Y el duque se alejó riéndose de tal modo que muchas de las señoras rompieron a llorar de cólera, mientras decían los caballeros con un furor que ocultaba su miedo y su despecho:

-¡Insolente! ¡Conspirador!... ¡Pero a pesar de sus botas azules le buscaremos y le desafiaremos!...

Capítulo 17

Vamos, Perico, vamos a casa de Ricardito Majón para que nos dé un consejo y nos guíe que, como aún me decía la tarde anterior a la de nuestra desgracia con aquel pico de oro que Dios le ha dado, pues nunca le he oído pronunciar, como a otros muchos, Madrí, salú, ciudá, sino ciudad, salud, Madrid, y a este tenor cortadita y arreglada cada palabra como lo ordenan la gramática y el diccionario, de todo entiende hoy día un maestro de escuela, porque han llegado a ser los civilizadores del mundo.

-Calla, Dorotea, no me digas tal cosa que yo con mi corto entender pienso al revés, que nunca servirán sino para lo que siempre han servido, y es para enseñar a los niños el a e i o u, y un poquito de otras cosas, que a tener yo tiempo también se las enseñara.

-No blasfemes, Perico, que siempre has sido más testarudo que una cabra, y atiende que deprimes mi digna profesión. Vamos, como te decía, a casa de Ricardito Majón y ríete del abogado que no sabe hacer más que cobrar consultas, y de los que, porque escriben en periódicos y componen libros y novelas impías, se creen sabios consumados cuando ignoran muchas veces lo que es sintaxis, prosodia y ortografía, aritmética, geografía y otras ciencias que los maestros de escuela saben manejar como si fuesen habas contadas.

-¡Grandes cosas me cuentas!... De sintaxis y prosodias está lleno el mundo desde que nació mi tatarabuelo, y también yo las manejara si hubiera querido, porque aprender, querida, también aprenden los loros si les enseñan. ¡Ay!, ¡si consistiese sólo en eso el busilis del talento! Pero el caso está en discurrir bien y con provecho.

-¡Como si no discurrieran ellos!... y mucho que discurren y de todo... Tengo leído cada décima y cada cuento en verso, no hablando de amoríos y otras cosas profanas, sino útiles y morales, que me parecía estar oyendo las santas letanías. El mismo Ricardito, sin ir más lejos, me leyó casualmente la otra tarde unos versos que hizo en honor de su director, los cuales, de bonitos que son, se me quedaron en la memoria algunos de ellos, y dicen así:

> Son los maestros de escuela
> orgullo de los humanos,
> que a los hombres enseñamos,
> aun antes que echen las muelas.
> Educación, artes, ciencia,
> todo a nosotros lo deben,
> y con esto saber deben
> que somos por excelencia.

Había muchos más que no me es posible recordar, pero todos eran a cuál más bonitos y bien cortados.

-¡Qué han de estar bien cortados y qué han de ser bonitos! Mejores los hace Perico el ciego, pues por lo menos tienen gracia... pero, sobre todo, mira qué me interesa a mí cuando tengo el corazón triste como la noche, que hagan o no hagan versos bonitos los maestros de escuela.

-¡Vaya! ¡Si siempre he dicho que con hombres sin instrucción no se puede hablar! Sea como quiera; si tú lo rehúsas, me iré sola a casa de Ricardito Majón a ver lo que me aconseja que hagamos con la muchacha y el caballero de la capa negra, que ya ha pasado día y medio después del lance, y no nos hemos movido todavía siendo de tanta necesidad. Bien que el asombro y la pena no nos lo han permitido, así como al pobre Melchor que no sé cómo se encontrará.

-No me hables de él, pues hasta vergüenza tengo de tropezarle. ¿Y la chica? ¿Qué hace esa descorazonada que en tales aprietos me pone, y a quien no quiero ver por temor de matarla? ¿Se ha vuelto más pálida de lo que estaba?

-¿Que si se ha vuelto más pálida? Yo tampoco puedo mirarla a la cara sin sentir mareo; pero una vez que descuidadamente se me volvieron hacia ella los ojos, me pareció más blanca que el lienzo que en la mano tenía, ni más ni menos que si ya se encontrase entre la cera.

-Dorotea... no me digas más, que se me vuela el sentido. Vamos, ya que te empeñas, a casa de Ricardito el salchichero, a ver si nos da remedio para salir de este trance y volverle la vida a esa mozuela; pues, por mala que se haya vuelto, no puede uno verla morir en la flor de sus años.

Ricardito Majón era todo un señorito desde los pies a la cabeza y ni pizca se le conocía que hubiese estado a punto de hacer embutidos como su padre. En casa vestía siempre de bata y gorro de terciopelo, enseñaba a los niños con tono doctoral y frases escogidas entre las más celebradas de los antiguos y modernos filósofos y estaba siempre dispuesto a sostener contra el mundo entero el digno pabellón de los maestros de primera enseñanza. Por medio de incontrastables razones sabía probar que ellos son los que están más al alcance de las ciencias, así como también que su misión es la más digna, la más alta, la más respetable del mundo. Ricardito Majón era, en fin, uno de esos maestros a la moderna, orgulloso de su título, y está dicho todo.

Hacía versos, entendía de leyes, discutía sobre política, moralizaba con el cura, era fuerte, sobre todo, en historia, y jamás, aun cuando se tratara del misterio de la Santísima Trinidad, dejaba de decir, arreglándose la corbata:

-Sé de todo un poquillo y me hallo bien enterado en esa cuestión.

Arrellanado en su sillón, como un banquero, oyó con aire grave y pensativo. cuanto le dijo doña Dorotea, a quien él tenía en grande estima por ser esta señora una admiradora de sus talentos.

-Amiga, mía -repuso con aire doctoral cuando aquélla hubo concluido-, el caso es grave y de seguro no hubiera acontecido lo que aconteció si usted me hubiese enviado la niña para que yo la instruyese convenientemente... No; no es que yo dude de que usted la educase como debía, que si directoras conozco dignas de serlo ocupa usted entre todas el lugar preferente; pero, doña Dorotea, como los maestros de primera enseñanza manejamos hoy día cierta clase de estudios ya morales, ya científicos que abarcan toda clase de conocimientos en la esfera social e intelectual, etcétera, y que usted no ha podido adquirir todavía, con ellos y con mi táctica habría conseguido sin el menor esfuerzo irle abriendo los ojos a Mariquita para...

-¡Ave María Purísima! ¿Qué está usted diciendo, Ricardito? Eso es precisamente lo que yo no quería y que desgraciadamente nos sucedió. Por cerrárselos bien cerrados, sí que diera yo las minas del Potosí que ahora poseyera.

-Y dígame usted, respetable amiga: una persona ciega, ¿puede saber adónde la llevan?

-¿Y para qué necesita saberlo una mujer que ha de tener un marido por guía?

-¡Bien, muy bien! Ya sé que es usted doctísima en tales cuestiones; pero, ¡ay!, si lo que usted acaba de decir sucediese siempre. En la escabrosa senda de la vida, dice no sé qué filósofo, hay más espinas que flores y casi nunca pasan las cosas como uno quisiera que pasasen. Esto lo acaba usted de palpar de una manera lamentable y por eso decía yo que si usted me hubiese mandado la niña para que con mis conocimientos y la táctica especial que me distingue, pudiese ir poco a poco abriéndole los ojos, era...

-Nada, nada de eso, que hubiese sido usted o el de la capa, era lo mismo.

-Pero, señora, entendámonos.

-No hay que entender, Ricardito, y no hablemos más de ello; porque me ofende y me hace daño; como que he nacido en los tiempos en que ningún hombre se atrevía a faltar a una mujer, ni ella se faltaba nunca a sí misma.

-Déjate de eso, Dorotea, y habla de lo que importa -le dijo su hermano muy harto ya de aquella conversación en la cual no había tomado parte.

-¡Hombre de Dios! ¿Ves que salgamos de ello? Es el caso, Ricardito, como ya al principio le he dicho a usted, que hay de por medio un caballerete rival de Melchor, y que la otra tarde, amén de estarse el muy tuno tan cerquita de ella que podía, como quien dice, ofenderla con el aliento, se atrevió a cogerla una mano delante del mismo a quien aquella mano estaba prometida. ¡No he creído presenciar en mi vida semejante escándalo! ¡Y dígame usted lo que hacemos ahora!

-Señora, señora, el caso es arduo, dificilísimo y, por desgracia, harto verosímil. Ya se ve, la pobre Mariquita andaba a oscuras, y no sé por qué usted no me la había de mandar para...

-Mire, Ricardito, que si vuelve a repetir la frase reñimos para siempre.

-Corriente, no la repetiré, pero ¿qué quiere usted entonces que yo la diga? Si el de la capa negra le cogió la mano y ella se la dejó coger... en fin... a Melchor se le habrá vuelto del día noche, y... casualmente le recitaré a usted unos versos que sobre un tema parecido acabo de hacer para un librito dedicado a la enseñanza de las niñas; dicen:

La mujer que a un amante taimado,
la blanca mano le deja coger,
¡desdichada!, pues sigue la senda
por donde otras muchas solieron perder.
Así, niña inocente,
muéstrate siempre dura
para aquél que tu mano
incautamente asegurar procura.

E l hermano de doña Dorotea se levantó entonces sacudiendo la cabeza y dijo:

-Mire usted, Ricardito, lo mismo entiendo yo de versos que de sembrar estrellas, y lo único que deseo saber es cómo tengo que arreglarme para castigar al caballerote de la capa negra, contentar a Melchor y hacer que a la muchacha se le vuelva al rostro el color que lleva perdido.

-¡Bah! Todo es muy fácil -añadió Ricardito sin pararse en barras-: al de la capa, le busca usted bien buscado, aun cuando mala es de buscar una capa negra, y tan pronto lo encuentre, le da usted tal zurribanda que se le acuerde para mientras viva. A Melchor se le dice que aun cuando aquel caballero se atrevió a coger la mano de Mariquita, ni le quitó ni le puso por ello a la novia, tanto más cuanto que una mano que se estrecha en medio de la calle se suelta por temor a la luz del cielo sin el menor detrimento. Y Melchorcillo que no sea malo de contentar, que tampoco lo es la que consiente en ser su mujer. Respecto a la pobre Mariquita, ¡válgate Dios! Si usted, doña Dorotea, me la quisiese traer por aquí, veríamos de...

-Vamos, Ricardito, ya hemos hablado bastante. Muchas gracias por los consejos y hasta otro día en que le daremos cuenta de lo que ocurra.

-¿Lo has visto, Dorotea? ¿Tú lo has visto, mujer? -decía a la vieja su hermano al bajar la escalera-. Cosa que a mí me dé el cuerpo, por algo me la da. Mire usted cuánto tiempo perdido para salir con el hijo de la oveja.

-Mal contento; pues, ¿no ha dicho verdad en lo que te ha dicho?

-¡Lo que yo ya me sabía!

-¡Que si quieres! Hay que buscar al de la capa; esto es lo primero.

-Pero, santa o mujer, ¿sé yo de él por ventura? Búsqueme usted uno de capa negra en Madrid, como dice el refrán.

-Calla, que todavía no le hemos sonsacado nada a la muchacha y puede que nos dé alguna luz.

-¡No habíamos caído en ello cuando por ahí debiéramos empezar! Y no, señor, que en vez de esto ni una palabra le hemos dado ni pedido desde que aconteció el lance. Vamos, date prisa y pregúntale y sonsácale cariñosamente, que de una muchacha encaprichada más se quita por bien que por mal. ¿Quién sabe si es inocente?

-También se me ocurre a mí, que muy bien pudo no haber malicia por parte de ella en aquello de haberle cogido la mano el caballero, porque los hombres son tan insolentes y atrevidos en el día que cuando atravieso por la noche la calle siempre voy temiendo algún desmán.

-¡Ca, mujer! ¿Quién se hubiera atrevido a ti?... Pero, en fin, me quitas un peso del corazón, Dorotea, y quisiera pagarte con la sangre de mis venas el bien que acabas de hacerme prometiéndome alguna esperanza.

-No quiero más paga sino que tu hija siga pareciéndoseme como se me parecía.

Iban a separarse los dos hermanos cuando les salió al paso una de esas caritativas vecinas que ni siquiera faltan en la calle de la Corredera del perro.

-¡Buenas tardes! -les dijo-. ¿Cómo va ese valor?

-De todo hay, doña Mercedes -contestó el señor Perico con un suspiro que de suyo estaba diciendo calamidades.

-¡Válgate Dios! -añadió la vecina, con rostro compungido-. En este pícaro mundo para todos hay un poquito de cada cosa. Los hijos, sobre todo desde que son grandecitos, no hacen más que regalarle a uno pena sobre pena.

Callóse el señor Perico como si no hubiese entendido lo que se le había querido decir; pero doña Dorotea contestó al punto con melindre:

-No todos, doña Mercedes, porque yo a mis padres jamás les he dado ni un leve disgustillo.

-¡Tú! Como todos -añadió el señor Perico con sorna-, que yo bien recuerdo aún ciertas rabietas que por la manía de irte a pasear muchas tardes a la Virgen del Puerto le causabas a madre.

-Mire usted, señora, lo que este hombre viene a sacar ahora a colación; yo bien digo que con personas sin instrucción no se puede razonar. Claro está que me agradaba ir de paseo a la Virgen del Puerto por ver los hermosos árboles que por allí crecen y sombrean el campo.

-¿Sólo los árboles? ¡Bueno... bueno!... Y el novio, aquel mocetón de señorito que por allí te andaba rondando mientras comías los anisillos colorados de que eras tan amiga.

-¡Jesús, María! Lo que va a decir... ¡Mire usted qué ejemplo para Mariquita si nos estuviese oyendo desde la ventana!

-Es porque a mí no me gustan las personas que dicen que nunca han roto un plato. Todos hemos hecho las nuestras cuando mozos.

-Vaya... no hay que reñir, que eso no vale nada -dijo la vecina-; ya se sabe que no hay que ir contra las cosas de la juventud, pero lo peor de todo en tales asuntos son siempre las malas lenguas, que de uno hacen veinte, como sucedió ahora con la pobre Mariquita.

-Eso no valió la pena, eso no fue nada -repuso el señor Perico con enfado, pero la vecina prosiguió impasible.

-Ya se sabe que no... y que Mariquita es una inocentona, yo no lo dudo; pero vamos a un decir, que porque la vieron hablando a la anochecida con un caballero que le cogió la mano y no sé qué más... pues ya murmuran los mal intencionados que no la quiere Melchor y que Ricardito el maestro, que según daba a entender tenía también por ella su caprichillo, ha mudado de voluntades. Pero lo mejor es no hacer caso de habladurías y tan pronto le vengan a uno con esos cuentos, hacer oídos sordos y nada más.

-Sí; después que uno se haya tragado la píldora -repuso el señor Perico con sonrisita de ya te entiendo.

-¡Y qué se le ha de hacer! -repuso con mucha compasión doña Mercedes... -, qué se le ha de hacer más que digerirla como se pueda y tener paciencia... , porque señor Perico, este mundo es muy pícaro y por donde uno menos lo espera recibe un lanzazo. Conque hasta otro día y salud, y no apesadumbrarse demasiado, que para todo hay remedio en este valle de lágrimas menos para la muerte y la honra perdida.

-¡Pécora venenosa! -dijo el señor Perico cuando la vio marchar... -. ¡Así no la haya tampoco para ti! Ya lo ves, Dorotea, mira en qué lenguas anda mi pobre hija; pues aunque no fuera más que por esto, juro que la tengo de perdonar y llevármela a donde tales gentes no sepan de ella.

-Muy bien dicho -dijo una voz detrás de ellos, y cuando se volvieron para ver quién, como suele decirse, metía cucharada en su conversación, les pareció que el caballero de la capa negra doblaba la esquina con ligereza.

Doña Dorotea y su hermano no vacilaron en correr tras él, pero la calle estaba casi desierta y en vez del caballero de la capa negra sólo divisaron a un personaje singularísimo y que les llenó de asombro, pues calzaba unas botas azules como no habían visto otras jamás, cuyo brillo les trastornaba de tal modo que casi se olvidaron del rival de Melchor. Pero el caballero de las botas azules dobló la esquina y ellos prosiguieron entonces sus pesquisas por la calle vecina, preguntando a cada transeúnte si habían visto pasar por allí un caballero de capa negra.

-Búsquenle ustedes por Madrid -les respondía algún pilluelo, y otros les decían:

-Lo que sí hemos visto es uno que lleva unas botas lo más maravillosas que darse puede.

-¡Ah! Sí. ¿Quién es ése?

-Dicen que es un duende que ha aparecido en la corte y que viene a comerse a todas las viejas que traen todavía escofieta.

-¡Vaya el insolentón en hora mala! ¡Pícaros hombres los del día!

De este modo fueron perdiendo el tiempo el señor Perico y doña Dorotea, mientras Mariquita, escurriéndose a sus espaldas, se lanzaba ligera como un gamo en pos del caballero de la capa negra.

Así acontece siempre en el mundo; cuanto más se mira, menos se ve.

Capítulo 18

Tanto había corrido Mariquita tras del duque que lograra alcanzarlo.

-Tu ángel guardián te envía, pobre niña -le dijo al verla-; mucho tengo que decirte, pero será preciso que subas conmigo al coche que me aguarda a algunos pasos de aquí.

Mariquita, tan ciega como su señora tía y directora la había criado, obedeció sin reflexionar en lo que hacía y por la primera vez de su vida se halló bien pronto en el fondo de una magnífica carretela cuyas ruedas se deslizaban suave y muellemente sobre la arena de un camino solitario.

La noche estaba hermosa, era una de esas noches de verano, a quien la brisa presta el misterioso lenguaje de los susurros y de los besos de las hojas, la luna su serena claridad y las hierbas de los campos el perfume que nunca se olvida cuando lo hemos aspirado en momento de felicidad. El último rayo del sol resplandecía aún en lo más lejano del horizonte, cantaban los grillos y la llanura blanqueaba en torno silenciosa, igual y convidando a correr por ella hasta tocar otros mundos y otros cielos.

Jamás hasta entonces Mariquita había visto realmente la transparencia del firmamento, el fulgor de las estrellas, la inmensidad del espacio y la hermosa vaguedad de la campiña alumbrada a un tiempo por la luna y el último resplandor del crepúsculo. ¡Qué hermoso le pareció el mundo!

Arrebatada en rápida carrera, suavemente mecida como un niño en la cuna, respirando ansiosa el aire fresco y embalsamado de la noche, ¿qué nombre dar al sentimiento que llenaba su corazón? ¡Felicidad inmensa!... El sueño del poeta cuando se cree llevado por la blanca nube que pesa sobre las verdes y azuladas cumbres, o bien resbalándose suavemente con la onda cristalina por un lecho de sonrosada arena, no es más dulce ni más halagador.

El duque guardó silencio contemplándola, mientras la niña permanecía inmóvil.

Mariquita escuchaba absorta revelaciones que le hablaban de cosas nuevas, de realidades veladas por la bruma de una ignorancia virginal, de otro mundo y de otro porvenir cuyas turbias oleadas parecían rodar ante ella incomprensibles pero avasalladoras. Visiones confusas turbaban su entendimiento; Madrid cuajado de palacios, sembrado de jardines, lleno de lujosas damas y rebosando alegría se presentó de repente a sus ojos semejante a una nube de fuego... y después, tal como una brisa glacial del norte que disipa todo calor vio también la Corredera del perro, vio a su tía, con su escofieta y sus grandes anteojos, a Melchor que vestido de gala le alargaba los brazos y el cementerio enlosado de tumbas uniformemente colocadas.

Presa de tan diversas emociones, el corazón de la pobre niña podía compararse al arpa cuyas tirantes cuerdas suspiran y gimen dolorosamente a cada soplo que las hiere: sus latidos eran rudos golpes que lastimaban el pecho que les servían de nido, y el cual veía el duque agitarse con agonía bajo los pliegues de una bata de percal.

-¡Desdichada niña! -dijo entonces con compasión, y cogiéndole una mano que estrechó cariñosamente entre las suyas le preguntó-: ¿Qué tienes?

-No sé qué cosa hay en mí que no cabe en el mundo! -exclamó Mariquita lanzando un profundo suspiro.

-Son pensamientos locos que trastornan tu cabeza y quieren devorarte el corazón -contestó el duque mientras al verla caer acongojada sobre los almohadones del coche le desató el pañuelito que le sofocara el rostro para que el fresco de la noche la reanimase.

-¡Ya empiezas a perder los suaves contornos que son el más bello distintivo de la juventud! -le dijo-: Mariquita, hablemos pronto, antes que llegue la hora en la cual ninguna muchacha honrada debe hallarse lejos de su hogar. Que tu buen padre no tenga nuevos motivos de queja contra ti.

Estas palabras despertaron a Mariquita de su sueño.

-¡Mi pobre padre! -exclamó entonces con pena-. ¡Dios mío!, ¿no estoy realmente loca cuando así me he olvidado del motivo que me trajo aquí? ¿Qué mal espíritu me guía y en dónde está mi ángel guardián que no me libra de él? ¡Ay! Yo le he dado un gran pesar al padrecito de mi alma, caballero, pero fue sin saberlo, lo juro, ¡y sin embargo acabo de permitir otra vez que me cogiese usted la mano! Eso fue bastante para que los vecinos de la calle murmurasen de mí y me llamasen descocada, sinvergüenza y mala hija. Pasaban diciéndolo por debajo de mi ventana, y doña Mercedes, como usted pudo oír, habló de eso también con mi tía y mi padre, que al escucharla tenía el rostro descolorido y ojeroso como cuando estuvo enfermo. Mas a pesar de lo que todos me despreciaban, aún dijo que había de perdonarle a la hija de su corazón. ¡Pobre padre mío! ¡Cómo entonces quise arrojarme a sus pies y besárselos mil veces! Pero me faltó el valor, y al verle a usted tras de la esquina a espaldas de mi tía pensé que ninguno mejor que el que tanto mal me ha causado podría darme remedio. Sí, caballero, usted me ha cogido la mano, dígame, pues, qué he de hacer para aliviar la pena que mi padre siente por ello. ¡Dios mío! ¡Dios mío!, la culpa la tuve yo en escribirle a usted la carta; pero no, la culpa la tiene usted porque... no, no; usted tampoco tiene la culpa, sino Melchor, por querer casarse conmigo.

Mariquita habló sin parar y lloró hasta anegarse en lágrimas.

-No te aflijas -le dijo el duque, lleno de emoción-, las gentes habrán de juzgarte otra vez honrada y tu padre volverá a creer en tu inocencia.

Mariquita miró entonces al duque con desconfianza y bajando la voz preguntó ruborosa:

-¿Y es verdad que soy todavía inocente?

-¡Todavía! -repuso aquél, sonriendo-, si bien es cierto que hiciste mal en escribirme aquella carta de la cual no debes volver a hablar a nadie.

-Sí, sí -murmuró Mariquita en voz aún más baja, escondiendo el rostro bajo una punta del delantal-; lo adivinaba, y por eso me llené de vergüenza cuando usted me sorprendió dentro de la sepultura en donde quería quedar dormida para siempre. ¡Oh!, aún me avergüenzo ahora.

Mariquita empezó a sollozar de nuevo y el duque le hizo comprender que no le diría lo que tenía que decirle si proseguía afligiéndose de aquel modo.

-Bien, señor -repuso ella procurando sofocar el llanto que la ahogaba-, haré por no llorar más y aun cuando suspire un poco no haga usted caso, pues es que no lo puedo remediar.

-Suspira cuanto quieras, pero óyeme atentamente. Ya te he advertido que no debes volver a hablar de la carta, pero aún es preciso además que no reveles nunca lo que ahora vamos a hablar; de lo contrario, causarías doble pena a tu buen padre y quedarías perdida.

-¡Oh, antes me dejaría matar que decir la menor palabra!

-Bien, ahora empezaré por asegurarte que no te casarás con Melchor contra tu voluntad.

Mariquita miró entonces al duque con expresión investigadora y ardiente, y comprendiéndola, él le preguntó:

-Dime, niña, ¿te parezco un hombre como los demás?

-¡Oh!, no señor, ninguno me agrada tanto.

-¿Y por qué?

-¿Lo sé yo acaso?

-¡Pobre loca! ¿Y no adivinaste que un ser como yo no puede hacer feliz a una criatura como tú?

-Al contrario, ¿con quién podría ser más dichosa?

-Te engañas.

-¿Qué he de engañarme? ¿No sé por ventura lo que pasa dento de mí? Cuando no lo veo a usted sólo tengo deseos de morir, mas si como ahora le tengo a mi lado, ¡qué alegría siento en el corazón, qué contento, en fin, pues estaría siempre así y nada más que así!

-¡Amor mío! -murmuró el duque conmovido, pero, mudando de tono, añadió enseguida-: Y si tuvieses que dejar de verme, si no volviese a hablarte jamás, ¿qué harías?

-Morir, quiero morir.

-Ese deseo es un crimen.

-Dios me ampare entonces y me libre de tales pensamientos, que a decir verdad me hacen sufrir de una manera horrible.

-Más sufrirías al ver que yo sólo podía darte tormentos y pesares en vez de la dicha que esperabas. ¿Sabes lo que yo soy? Soy un duende inquieto y tornadizo que se complace en reírse de sí mismo y de los que se le parecen, un mal espíritu que no ama el reposo que una honrada medianía proporciona, ni el fuego amoroso del hogar doméstico, y que sólo pasaría a tu lado breves instantes porque iría en busca de los combates y emociones del mundo, ¿qué sería entonces de ti, pobre niña? Esa alma ardiente con que has nacido y ese impresionable corazón, que, llevado al extremo de las pasiones, o tiene que ser víctima o verdugo, se marchitaría al contacto de mis abrazos de esposo, como una tierna planta a quien el hielo ha cubierto sin compasión con sus hilos cristalinos.

Mariquita empezó a mirar con espanto la pálida figura del duque y le preguntó con voz trémula:

-¿Por qué había de hacerme usted tanto daño?

-Porque tu alma y la mía son distintas; ni podrían vivir unidas en la tierra ni ocupar un mismo lugar en el cielo.

-¡Dios mío!... ¿es eso cierto?

-Tan cierto como que el mayor bien que puedo hacerte es huir de ti y que no vuelvas a verme.

Mariquita inclinó la cabeza sobre el pecho y abundantes lágrimas empezaron a correr de sus ojos. Ya no sollozaba como antes; aquel llanto brotaba sin esfuerzo, y se dijera que era tan frío como amargo: era el llanto del primer desengaño. El duque prosiguió diciéndole:

-Además, yo no soy siempre el mismo y te horrorizarías si pudieras verme en las diferentes formas que toma mi extraña naturaleza. Algunas veces soy, como ahora, joven y bello, otras me convierto en un viejo de rostro de hielo y mirada de cadáver...

-¡Dios mío!... eso es horrible... eso no es cierto... -exclamó Mariquita horrorizada.

-Quizá antes de separarnos llegues a convencerte por ti misma de lo que te digo.

-No, no, me moriría de miedo.

-Nada temas: voy ahora a darte un consejo. No digas que me has hablado porque te seguirían desgracias sin cuento. Si te preguntan adónde has ido, responde que a rezar, o que te detuviste en casa de alguna vecina, u otra mentirilla que Dios te perdonará porque es para salvar tu honor. Y como han de hablarte de mí, sólo debes contestar que no me conoces, que te cogí la mano aquella tarde llamándote Dorotea...

-¿El nombre de mi tía?

-El mismo, no te olvides; y añadirás que te he parecido un duende y no un hombre como los que por el mundo andan.

-En eso sí que no mentiré, los demás hombres no son así. ¿Pero está usted seguro de que Dios me perdonará todo lo demás?

-Segurísimo, haciendo el firme propósito de no volver a escribir a otro hombre como me has escrito a mí.

-¡Oh!, antes quemaría las manos...

-Ni a querer casarte con duendes ni con ninguno que no te haya dicho antes que te quiere.

-Casarme... ¿para qué? Y querer a otro... ¡me parece que son muy malos los hombres!

-Tienes razón. Ahora, amor mío, digámonos ¡adiós!

-¿Tan pronto, señor?

-Es preciso, al fin, y tu tardanza causaría a tu padre doble pesar.

-Adiós, entonces, ¡adiós! Pero, señor, ¿qué va a ser de mí? Estaba aquí tan contenta que si no fuese por mi padre, ¡le pediría a usted que me dejase correr así un poquito más!

-No puede ser, querida niña. Si llegase el momento de volverme viejo...

-Viejo y todo, si era usted el mismo, ya pienso que no le temería.

-Si me vieras arrugado, cadavérico...

-¡Oh, no! ¡No quiero ver nada de eso!

-¡Adiós, pues!

-¿Hasta cuándo?... No me abandone usted para siempre... ¡me siento tan triste!... parece que la sangre se me ha enfriado toda dentro del corazón.

-¿Me prometes no visitar más el cementerio?

-¿Y dónde he de ir los domingos cuando quede sola?

-Unas veces a Madrid y otras a casa de tus amigas.

-A Madrid bien iría si me llevaran, pero a ver a mis amigas... ¡pts!, tan triste es su casa como la mía.

-No importa... el cementerio es la habitación de los muertos, y cuando los vivos penetran allí parece que dentro de los sepulcros se oye un eco de descontento.

-Nunca he oído nada de eso.

-No habrás puesto atención -repuso el duque, mientras añadía para sí: «no hay nada tan brutalmente material como la realidad», y prosiguió diciendo en voz alta- de cualquier modo, Mariquita, es preciso que no visites como hasta ahora el cementerio si quieres volver a verme.

-Lo prometo.

-Pero ¿me conocerás después de mucho tiempo?

-El día del juicio le distinguiré a usted entre todos los hombres. ¡No, jamás me olvidaré!...

Y Mariquita volvió a llorar. El duque no pudo menos de exclamar entonces:

-Juro que he de hacerte tan dichosa como puedas serlo.

Y le besó la mano; pero Mariquita la retiró presurosa, añadiendo con energía:

-¡Eso no! No me toque usted más; si mi padre me viera...

-Tienes razón -repuso el duque-; perdóname, a nadie se niega una última caricia.

Paró entonces el coche y, aunque como por fuerza, Mariquita salió de él.

-¡Adiós! -le dijo otra vez el duque-; tampoco me olvidaré de ti.

Mariquita no respondió: un nudo le apretaba la garganta y, aunque sintió que el carruaje se alejaba, no se atrevía a moverse.

Cuando al fin se decidió a dirigirse a su casa, notó que era demasiado tarde y, cogiendo una piedra de buen tamaño, la dejó caer sobre el pie, para poder decir que se había lastimado y que ése había sido el motivo que la detuviera tanto tiempo. En efecto, el pie se le hinchó y nadie pudo decir que Mariquita mentía ni extrañar de que llorase.

¡Pobre Mariquita! ¡No le había valido nacer en la retirada y desierta calle de la Corredera del perro! La primera flor que había brotado en su alma nació y murió en el torbellino de una tempestad sin que quedase de ella ni cenizas. Sólo quedó el recuerdo. ¡Y en verdad que la memoria de Mariquita no era de las que se olvidan presto!

Capítulo 19

Como si me fuese posible creer en la duración de los sentimientos humanos le hubiera dicho ahora a esa pobre niña: ¡deténte a mi lado, amor mío, y no nos separemos jamás! Pero después de la alborada de ilusiones que ahora llama tan afanosa a las puertas de su corazón, después de este primer día de esperanzas, de sueños y de velados deseos que el pudor y la ignorancia más casta embellecen, ¡qué abismo de ambiciones!, ¡qué seguro arrojo para marchar por las oscuras sendas de la vida en las cuales la planta se detiene apenas por temor a la mirada implacable, escudriñadora y siempre alerta con que la sigue el mundo! ¡Qué eterna batalla entre el duro y frío razonar del entendimiento y el ciego empuje de las pasiones! ¡Pasa!... pasa, mentira candorosa que, como todas, has de convertirte en olvidado recuerdo. Aquel ¡ya fue!, que es tumba desolada de cuanto en el mundo ha existido, resonará también para ti en su hora... y, ¡ay!, ¿qué hubieras sido entonces para el ser descontentadizo y turbulento en quien los primeros albores de tu amor primero han venido a reflejarse? Una Mariquita y nada más.

Razonando de esta manera, tan propia de los héroes de nuestro tiempo, y envuelto en la ya conocida capa negra, llegó el duque de la Gloria a casa de Melchorcillo, a cuya puerta llamó suavemente. El mismo mozo, pálido y demudado, salió a abrir, como tiene que hacerlo el que no puede pagar porteros ni criados; mas a la vista de su rival, a quien reconoció a pesar de que iba embozado hasta los ojos, retrocedió lleno de horror. El duque, con tono afable aunque sin descuidar el rostro, le dijo:

-Crea, amigo, que mi visita es de paz y aun provechosa para alivio de los males que le afligen.

-¿Qué podía venirme de usted que me fuese provechoso? -repuso Melchor con abatimiento y reconcentrada desesperación.

-¿Podemos hablar solos un momento? -le preguntó el duque sin hacer caso de sus palabras.

-Si viene usted a hablarme de ella, bástele saber que ya no la quiero.

-No puedo creerlo.

-Hace usted bien; en verdad, la quiero todavía, la querré siempre, pero no nos casaremos.

-¿Y por qué?

-¡Se atreve a preguntarlo! -murmuró el pobre Melchor con profunda amargura. Clavó después en su rival una mirada terrible, y, con ceño tan adusto que convertía en fiero y casi salvaje aquel rostro comúnmente lánguido y doliente, añadió:

-¿Se imagina usted que no le conozco?

-Lo creo, que es aún más. ¿Por ventura me ha visto usted nunca si no fue una vez al caer de la tarde? ¿Y esa vez pudo distinguir siquiera mi fisonomía o saber mi nombre?

-Cierto que no, pero tampoco lo he menester.

-Es mucho decir, amigo. ¿Quién puede asegurar en este pícaro mundo engañador que no ha menester de esto o aquello, aun cuando aquello o esto sean nuestro propio enemigo?

-Por lo que veo, tiene usted mucha gana de conversación, y es lástima porque se encuentra muy débil mi cabeza. Mas, si quiere usted algo de mí, venga a buscarlo en mejor ocasión, que aunque siempre fui enemigo de contiendas, a fe que no he de negarme esta vez.

-No se trata de eso, hombre de Dios. ¿Cómo se lo he de decir? Mi visita es de paz. ¿Será preciso advertirle que no me alejaré sin que hayamos hablado?

Después de reflexionar algunos momentos, Melchor entreabrió la puerta de su cuarto para que pasara el duque.

Vio éste entonces con asombro que aquella habitación humilde exteriormente era en el interior no rica, pero hermosa y elegante, una especie de oasis escondido en el desierto de la calle de la Corredera del perro. Cuadros, flores, pájaros, mariposas y perfumes se hermanaban en ella, con tal gusto y armonía, que el duque creyó contemplar alguna de esas viñetas en que la mano del artista se dejó correr, guiada por la más fantástica inspiración.

-¿Es usted pintor? -le preguntó.

-Soy sacristán -respondió el mozo secamente.

-Ahora comprendo por qué ella no le ama. Nunca los sacristanes han sabido conquistar corazones; pero lo que no puedo comprender es que un hombre que debe hallarse ocupado la mayor parte del día en tocar campanas pueda habitar en tan delicioso nido.

Tornóse sombrío el semblante de Melchor al oír estas palabras y con el mismo aire feroz que antes había cambiado su doliente fisonomía, dijo:

-Abusa usted indignamente de mi posición. Me hallo débil, enfermo, lleno de pesadumbre... , me cuesta, en fin, trabajo sostenerme de pie; mas juro que otro día contestaré como es debido a tales insultos.

-Me alegro infinito de que se halle usted débil y enfermo hasta el punto de no poder tenerse en pie.

-¡Caballero!

-Sí, hombre, me alegro, porque esto nos evitará un lance desagradable, que ciertamente no deseo.

Por única respuesta, Melchor miró en torno suyo como si buscase alguna cosa, suspiró después profundamente y, lleno de desaliento, se dejó caer al fin sobre un diván.

El duque comprendió entonces cuán profundamente hería con sus palabras aquel corazón ya lacerado.

-Amigo mío -le dijo con acento franco y afectuoso, mientras tomaba asiento a su lado-, tenga usted la paciencia y la bondad de escucharme algunos momentos más, que, aunque mis palabras son comúnmente burlonas, no soy tan malo como parezco. Yo he venido aquí para probarle de una manera indudable que las sospechas que abriga usted contra ella...

-¡Sospechas! -rugió sordamente el mozo.

-Sí; que esas sospechas son completamente infundadas.

Al mismo tiempo que esto decía, el duque dejó caer el embozo de la capa, descubriendo un rostro viejo, escueto y acartonado. Melchor retrocedió lleno de asombro.

-¿Es que no le parezco a usted bastante joven y hermoso para ser amado por una niña de dieciséis abriles? -le preguntó el duque riendo-. En verdad -prosiguió-, que tampoco hubiera yo tenido tal pretensión: pero las apariencias nos sumen muchas veces en la desventura, si es que la casualidad no viene a alejarnos del error, y ¡esto es precisamente lo que yo quiero que no le suceda! He aquí lo que ha pasado. Vuelto a Madrid después de una ausencia de cuarenta años, y al entrar lleno de alegría en la calle de la Corredera del perro, veo una linda niña, hacia la cual corrí apoderándome al instante de una de sus manos que estreché entre las mías con ciega pasión. Había creído reconocer en aquella criatura a mi dulce, a mi encantadora Dorotea, por lo mucho que se le parece; mas no era ella, sino su sobrina, que huyó con enojo asombrada de mi osadía. ¿Comprende usted ahora el error en que todos nos hemos visto envueltos?

-Pero, señor, dijérase que todo eso es un cuento, o sueño, del cual no acierto a despertar. Doña Dorotea es tan vieja que fuera imposible confundirla con...

-¡Oh! -le interrumpió el duque-, para usted y para el mundo es vieja Dorotea, mas no para mí que la veo fresca y joven como en sus mejores tiempos. Yo la contemplaré siempre igual hasta que me la robe el sepulcro. Veo que mis palabras producen en usted grande extrañeza, pero al menos le devolverán, como deseo, la paz que involuntariamente le he arrebatado. Sí, mi Dorotea es hoy a mis ojos tan bella que Mariquita no la excede en hermosura, si bien existe entre ambas esa marcada semejanza que me ha obcecado por un momento. En vano, sin embargo, hablaríamos de estas cosas que usted no comprende, y únicamente le advierto, para que se sorprenda y asombre menos de lo que vaya viendo y oyendo, que no soy un hombre como los demás.

-Ya se conoce.

-Bien. No le ocultaré a usted ahora que, como tengo una recta conciencia, me hallaré intranquilo mientras no remedie el mal que involuntariamente he causado a la inocente niña que usted ama. Sí, ¡por mi vida!, antes que todo quiero dejar las cosas en el mismo lugar en que se encontraban y aun mejor si es posible. Tratemos, pues, de esto.

El duque tomó entonces un tono grave y con pausado y misterioso acento añadió:

-Como nada se oculta a mi penetración, yo sé que la sobrina de mi Dorotea no consentía gustosa en casarse con un sacristán. Los cabellos rasurados y los rostros sin barba no enamoran demasiado a las mujeres.

-¡Ay!, lo sospeché un día en que se burló de mí con sus compañeras, ¡pero yo la amaba tanto!, y, por otra parte, ¿qué determinación tomar?

-Hacerse amar. Si un hombre se empeña, a la corta o a la larga, se hace al fin dueño del corazón de una mujer.

-¡Oh!, para amar de ese modo se necesitan sin duda fuerzas que no poseo; jamás podré ser más de lo que soy ahora.

-¡Gravísimo error! Veamos, ¿no acertaría usted a vestirse con tan delicado gusto como el que ha tenido para adornar esta hermosísima habitación?

-¡Oh!, todo esto lo había comprado y hecho para ella con lo que he ganado por los lugares vecinos.

-¿Quizá tiene usted entonces otros medios de ganar la vida más que los que ha dicho ya?

Antes de responder, Melchor vaciló algunos momentos; pero lleno de cortedad dijo por fin:

-Hago flores y santos de cera, que vendo después por donde puedo.

-¡Hola!, soy también aficionado a esas cosas y precisamente me convendría comprar algunas si fuese de mi agrado. ¿Podría usted enseñarme sus trabajos?

-He aquí lo que tengo por ahora -dijo Melchor señalando en torno.

El duque le miró por algunos instantes como si no le hubiese comprendido, mas no pudo dudar al fin de lo que realmente veía. Aquel ser humilde y lánguido como una mujer era sin duda uno de esos artistas nacidos para asombrar a los siglos con sus obras inmortales.

Todas aquellas flores, al parecer frescas y llenas de rocío, que tapizaban como en un sueño de hadas las blancas paredes; todo aquel agrupamiento de brillantes y entrelazadas hojas, que convertían en misteriosa gruta aquella habitación engalanada para el amor... eran obra del inimitable artista... éranlo asimismo las guirnaldas que caían graciosamente en torno de cada ventana; éranlo aquellas mariposas que parecían agitar coquetas las brillantes alas rivalizando en sus finísimos colores con los de las rosas, y éranlo, en fin, los pájaros y todo cuanto el duque había creído fruto de la hermosa naturaleza.

Melchor no pareció, sin embargo, sentir halagado su orgullo al ver que el duque había cambiado en respetuosa admiración la compasiva deferencia que antes le demostrara.

De alma afectuosa y sencilla, aquella extraña criatura, cuya única ambición se cifraba en ser amado de Mariquita y cuyo genio de artista había nacido y desarrollado a la sombra de la soledad más olvidada, ni comprendía aún las aspiraciones de gloria que lastiman el corazón a la par que lo engrandecen, ni los orgullos de la lisonja resonaban en sus oídos sino como una música extraña que escuchamos sin comprenderla.

Grande lo encontró el duque en medio de aquella ignorante sencillez que había apartado de su alma de artista el pecado de la vanidad; por eso, con una expresión casi paternal, le dijo:

-Permítame usted que estreche su mano. Es usted más digno de Mariquita de lo que yo creía; pero será forzoso que, abandonando la Corredera del perro, viva usted en Madrid y trabaje allí algún tiempo para volver regenerado ante ella.

-¿Alejarme de la Corredera del perro... es decir, no verla ya? ¿Qué dice, caballero? Eso es un delirio... ni puedo hacerlo ni lo haría aunque pudiera.

-¿Por qué no? Madrid está a un paso, allí llevaría usted a cabo magníficos trabajos que rivalizasen con las más alabadas obras de arte y en ello ganaríamos usted, ella y yo.

-No comprendo...

-Óigame usted con atención. La sensatez de los mortales puede caber a veces en la cáscara de una avellana; no hay que extrañar, pues, que las mujeres se enamoren casi siempre la mitad del rostro de un hombre y la otra mitad de su vestido.

-¡Oh!, eso es insoportable.

-Y bien, amigo, son flaquezas humanas. A nosotros que, según se asegura, no hemos nacido frívolos, nos pasa lo mismo respecto de ellas. Comprenderá usted así que Mariquita, al verle elegantemente vestido, ya no podrá reírse ni del pantalón color canela ni del chaleco verde que ahora se interponen entre usted y su amor. La envoltura, dice un adagio, si no lo es todo, ayuda; y a mi ver, digo yo, que el amor vive a veces revoloteando como un fuego fatuo en torno de algunas apariencias más vanas que una sombra. Inútilmente se apela entonces a la lealtad, a los juramentos y a las eternas promesas para retenerlo con cadenas. Dejémosle al principio tan inseguro como se presenta, vagando aquí y allá como errante llama que busca a donde asirse; después que esa llama haya prendido realmente, sea por donde quiera, lo que antes era menos que un sueño se realizará por fin.

-Esas ideas me confunden y lo que veo al través de ellas parece darme alguna esperanza, mientras por otro lado deja vacío dentro de mi corazón un hueco que yo llenara con ilusiones y creencias bien distintas por cierto.

-Eso le pasa a cada hombre cien veces en la vida. La existencia no es más que un cielo que presenta a cada instante diferentes celajes cuya eterna mudanza nos sorprende al principio, pero a la cual nos acostumbramos al fin. Valor, pues, amigo mío. Trasládese usted al centro de la corte, dése a conocer allí por sus relevantes dotes de artista, vístase con la elegancia propia de un hombre de mundo, y Mariquita, amando al mismo Melchor, contemplará en usted extasiada un hombre nuevo. Respecto a mí, podré proporcionarme de ese modo magníficos modelos que añadir a la rara colección de ciertos objetos artísticos que yo poseo. He aquí cómo usted, ella y yo ganaremos a un tiempo con que usted se aleje de la Corredera del perro.

Hablando de este modo, el duque casi llegó a convencer a Melchor, cuya imaginación se exaltó por fin con la idea de que llegaría a ser realmente amado y a hacer rica y feliz a Mariquita.

-No me alejaré de aquí -añadió el duque después de haber observado detenidamente los trabajos de Melchor- sin que usted me venda estos dos magníficos ramilletes con los cuales adornaré mi chimenea. He aquí doce mil reales. Si le pareciese a usted poco...

-¡Poco!... -repuso Melchor asombrado-; mis ramilletes no valen tanto, ni la tercera parte siquiera.

-De cualquier modo, podrían valerlo para mí, y aun cuando fuesen realmente caros en ese precio, lo que no creo, mañana podría cobrarme en los demás trabajos que espero ha de hacerme. Dos cosas voy ahora a pedirle antes de retirarme. Deseo que sepa el mundo la inocencia de Mariquita, aunque sin mentar para nada el nombre de mi Dorotea, y que se sepa asimismo que usted sigue amándola como siempre; puede usted añadir, sin temor a ofenderme, que el caballerete que por equivocación la detuvo en medio de la calle era viejo y feo como las muecas de un ogro. Lo principal de esto es que la honra de Mariquita quede tan limpia como lo merece.

-Eso corre de mi cuenta.

-Gracias... mas otra corre de la mía, y es que para indemnizarle los daños que involuntariamente he causado a esa pobre niña, quisiera que para el día en que ésta se case, sea con quien fuere, reserve su tía esta pequeña bolsa. Ni tengo hijos ni parientes cercanos, y, siendo dueño de una inmensa fortuna, no me parece fuera del caso hacer este pequeño dispendio en favor de la sobrina de mi amada.

-Caballero, veo que es usted generoso, mas no sé si doña Dorotea consentirá, y valiera más que usted mismo...

-No me he atrevido a presentarme delante de ella por el lance de Mariquita. Sin embargo, entréguele la bolsa y dígale que, si en compañía de usted quiere presentarse en el palacio de la Albuérniga el domingo por la noche, le daré explicaciones que a ambos nos convienen.

-A esa hora recelará acaso...

-Por mi honor que no debe recelar. Hasta entonces no me hallará en Madrid, y después de esa noche, en la cual me visitarán también otras personas, me ausentaré otra vez no sé por cuánto tiempo. Tal es la causa que me obliga a pedirle tan gran sacrificio.

Aturdido Melchor con lo que le pasaba, consintió en cuanto le propuso el duque, que se despidió al fin añadiendo:

-Y díganle lo que quieran de cierto duende que trae revuelta a la corte, no olvide usted que ese duende tiene un corazón noble y que su dinero es realmente dinero contante y sonante.

Capítulo 20

E l duque llegó a su casa y tendiéndose fatigado sobre un diván dijo:

-¿Acabará esto pronto? A fe que me voy cansando de reírme. Felices nuestros primeros padres, que pasaban la vida alabando a Dios, cuidando de sus rebaños y vestidos con pieles de oveja; ¡maldito el efecto que les hubieran hecho mis botas azules! Mas tu poder, querida Musa, sólo alcanza a añadir nuevas locuras y vanidades a las vanidades y locuras de los hombres. El día que les hicieses cambiar un palacio por una cabaña, te volverían la espalda murmurando que habías discurrido una moda inconveniente. Pero mándales que sobre un palacio edifiquen otro, que intenten levantar una nueva torre de Babel y exclamarán unánimes: ¡éste sí que es un bello adelanto! Diles, en fin, a algunos que, calzando unas botas azules, harán el primer papel en el mundo o la primera figura, siquiera sea ésta la más ridícula entre todas; y hételos con botas azules anunciándose por donde quiera con un cascabel. ¡Aún no he perdido completamente la vergüenza, Musa, aún existe dentro de mí un resto de amor propio que me hace ruborizarme aquí, en donde nadie me ve!... Lo conozco: yo mereciera, el primero, ser arrojado en el pozo de la moderna ciencia en compañía de las historias inspiradas, de los malos versos, de las zarzuelas sublimes y de las novelas que se publican por entregas de a dos cuartos. ¡Concluyamos de una vez!

El duque agitó el cascabel de la varita negra y apareció Zuma, a quien dijo:

-Es preciso acabar pronto la tarea... me aburro ya de mi poder...

-Todo se ha arreglado, dueño mío. Las librerías se hallan casi vacías, los sótanos están llenos, el jardín admirablemente dispuesto y el señor de la Albuérniga al borde de la desesperación. En vano ha viajado, en vano ha ido buscando los lugares más apartados: en todas partes le salían al encuentro para preguntarle por el singularísimo duque de la Gloria su particular amigo. Siguiéronle además en su camino agentes de la policía, empleados del gobierno, hombres de negocios, zapateros y fabricantes de corbatas, editores y escritores. Exigíanle los unos revelaciones que al buen señor no le era posible hacer, secretos que no conocía, y pedíanle otros cartas de recomendación y su influencia para con el hombre más poderoso. Así importunado, vigilado, volvió a tomar el camino de la corte, esperando hallarse en ella más tranquilo que en todos esos pueblecillos y ciudades a donde ha llegado ya la fama del duende azul. Aquí le tenemos, pues, lleno de desaliento, aburrido y desconfiando de volver a recobrar la perdida felicidad.

-Es decir que el fruto ha madurado... perfectamente. ¿Y la de Vinca-Rúa?

-La tertulia económica progresaba rápidamente. Damas hubo, amo mío, que llevaron la sencillez en el vestir hasta el extremo de presentarse con gruesas batas de lino, mientras brillaban en sus cabezas aquellas herraduras de diamantes con cuyo modelo la de Vinca-Rúa fue en el Prado, un día memorable, el asombro de todos. Pues bien, ninguna quiso en esto desmerecer a su lado y se empeñaron fincas, y se pidió dinero a un interés ruinoso, a fin de rivalizar con ella dignamente. La tertulia económica exigía en verdad este sacrificio, pues la diadema era el distintivo más digno de las que formaban tan moralizadora sociedad. Nadie se negó a asistir a ellas, pues, según decían, era preciso que las damas de alto rango enseñasen a las gentes la modestia en el vestir: así se desterrarían las exageraciones del lujo, y las clases acomodadas aprenderían de ellas la virtud del trabajo. ¡He aquí, pues, por qué para todo esto se reunían y hacían calcetas cuyo producto, después de vendidas, debían dedicarse a los necesitados y a los establecimientos de beneficencia!

-¡Sociedad celestial!...

-Cuando el misionero, vuestro amigo, les hizo comprender que mejor que hacer calcetas y vestir batas de lino hubiera sido ceder, para bien de muchos desgraciados, el importe de las diademas, las damas no ocultaron lo indiscreta que les parecía semejante indicación. La de Vinca-Rúa tomó, pues, la palabra para atajar aquellos murmullos y dijo: «Padre, cuanto dice es muy santo y muy bueno, mañana nos reuniremos para deliberar sobre ello y le daremos parte de lo que hayamos acordado». Y, en efecto, diéronle parte al otro día de que, por indisposición de varias damas, no había podido efectuarse la reunión... Las señoras siguieron indispuestas por algunas semanas y la tertulia económica economizó así sus reuniones, hallándose casi extinguida como lámpara sin aceite.

-Ése era su destino... ¿Y las de la calle de Atocha?

-No hay nada comparable a su despecho cuando recuerdan que han sido humilladas por el hombre más notable del siglo. Sueñan, no obstante, con los gorros de dormir, si pudiesen calcetarlos sin que lo supieran las gentes, ¡qué magníficos vestidos estrenarían con los miles de duros que el poderoso duque de la Gloria ofrece por ellos!...

-He aquí cómo es incurable la enfermedad de esas criaturas... más se arraiga en su corazón cuando más se procura arrancarla... Los hombres no saben hacer perfectos actos de contricción sino cuando van a morir, es decir, cuando ya no les es posible pecar más... ¡Oh, Dios... si no fueras tan misericordioso!... ¿Y las viejas?

-Viven cada vez más atormentadas por el demonio de la curiosidad, y ellas, que desde su magnífico escondrijo murmuraban de las locuras de sus semejantes, darán al fin su resbalón, y ya no se conceptuarán más dignas de ser respetadas que las demás mujeres. Asistirán al convite con la librea, amo mío, y aun consentirán en bajar al infierno, por saber los secretos que encierra la vida del señor duque. Respecto a los editores, se arrastran casi a mis pies, para que les revele algo de lo que el gran libro encierra; mas yo, fiel a mi magnífico señor, hago lo que debo mostrándoles el tesoro y escondiéndolo cuando se imaginan que van a tocarlo.

-Mereces mis alabanzas.

-¿Qué más puedo ambicionar?

-Bien; dame ahora las llaves. Es preciso que hoy vea a mi mejor amigo.

-Helas aquí, amo mío... ¡pobre señor!...

-Áspero es el camino de la gloria.

Capítulo 21

¡Ay! ¡Si pudiera convertirme en asesino del que me roba la paz y el sosiego! Mas diome Dios una conciencia justa, y ella no sentencia a muerte a mi verdugo. Sólo Dios es el árbitro de la vida. Y he aquí cómo, cuando pensaba acabar mis días en la calma y el reposo, reconcentrándome en mí mismo para gozar mejor la paz prometida a los hombres de espíritu tranquilo, tengo que concluir diciendo con todos los humanos: «No es este mundo lugar de descanso, sino pasaje penoso en donde inquietudes y temores nos van abriendo el sendero de la tumba. No huyas, pues, miserable mortal, de conocer como tus hermanos las espinas sembradas para todos en el camino de la vida. Tus plantas quedarán al fin ensangrentadas y tarde o temprano tendrás que llevar sobre los hombros el pesado hatillo, patrimonio del peregrino que camina hacia la eternidad». ¿Nos estará prohibido, a pesar de esto, llorar las pasadas dichas? No; que propio es del corazón del hombre alegrarse con la felicidad y gemir con la desventura. Y yo también gimiera, si así el llanto como la alegría no fuesen un exceso, al cual mi madura sensatez no me permitirá jamás abandonarme. ¿Quizá no es bastante haber perdido lo que más amamos sin que hayamos de añadir la inútil cuanto amarga ocupación de llorarlo? Pero, ¡qué apacibles, qué tranquilas mis noches antes de haberle visto? Y ahora no puedo estar nunca seguro de que no aparecerá delante de mí... No hallo lugar en donde no me hablen de él, en donde no me busquen por causa suya. Su recuerdo, su sombra me seguiría hasta la eternidad y hasta no podría morir tranquilo, lo confieso, antes de saber de qué son hechas aquellas botas y lo que significan aquel cascabel y aquella corbata maldita... esta idea no me abandona. ¡Triste condición la del hombre! Un ángel vela a su derecha, un demonio a su izquierda; y aun cuando yo no había llegado a creer sino en el primero, siento ahora que el segundo se hallaba traidoramente escondido dentro de mí para sorprender mi buena fe y presentárseme más tentador y más invencible. No; yo no me hubiera entretenido como Fausto en querer comprender la esencia de la vida, el espíritu que anima el universo, el más allá de la tumba, ni en evocar la sombra de la encantadora Elena o hacer morir de amor a la inocente Margarita; pero mi demonio se mete en una corbata y en unas botas azules, y heme aquí loco, atormentado y sin sueño. Y creía, ¡necio de mí!, no pertenecer al siglo XIX.

Así, medio sepultado en un gran sillón y con la cabeza oculta entre las manos, se lamentaba el señor de la Albuérniga de su azarosa cuanto cambiada suerte. Y no es que hubiese exageración en sus palabras, porque su bello rostro estaba pálido y ojeroso como el de una joven que se muere de amor. De cuando en cuando volvía los lánguidos ojos hacia el lecho de bronce que se veía a algunos pasos, y los apartaba después con expresión doliente y repitiendo con triste voz estos versos:

¡Oh, si como algún tiempo en ti durmiera,
feliz y venturoso me llamara!
¡Oh, si tal dicha recobrar pudiera!

La aguda voz del reloj dejó oír las tres y allá por una gran ventana que desde la misma habitación del caballero se veía, a través de varias entornadas puertas, en el fondo lejano de una galería, empezaba a notarse una leve claridad, que bien pudiera ser producida por el postrer resplandor de la luna o por el primer rayo de la aurora. Creyó entonces el buen señor que podría tomarse la libertad de descansar un momento y se hizo desnudar por uno de sus imponderables servidores. Solo ya, había metido entre las sábanas la pierna derecha cuando oyó decir muy cerca:

-En vano es cerrar las puertas a un amigo con el cual se ha hecho un contrato sagrado, y en verdad que no podré desearle a usted buena noche o buena mañana hasta que hayamos tenido un instante de conversación.

La pierna que el de la Albuérniga acababa de deslizar suavemente entre las sábanas, volvió a caer al lado de su compañera con dolorosa lentitud.

-¡Qué fardo pesado es la conciencia! -exclamó el de la Albuérniga con voz sorda; y volviéndose hacia el duque añadió-: ¡Qué cosa me fuera más fácil que quitarle a usted la vida!

-Tan fácil como a mí me sería quitarle a usted la suya, porque no hay barro más propenso a quebrarse que este de que somos hechos los mortales. Pero no se trata ahora de esas cosas, se trata de que ha llegado el momento en que necesito de un aliado.

-¿A estas horas? -replicó el de la Albuérniga con el amargo acento de la víctima que se ve obligada a hacer concesiones a su verdugo.

-Por el espacio de tres días y tres noches será preciso que usted se convierta en un ser activo y dispuesto a todo lo que pueda sobrevenir.

-Está visto que quiere usted convertirme en asesino.

-Siempre he huido de eso, así como también de verme en la dura necesidad de dejar sin vida al que como usted sabe aprovecharse tan perfectamente de las delicias que la suya le proporciona. Pero éstas son palabras inútiles y el tiempo urge. Caballero, usted no podrá olvidar que le he dado cumplida satisfacción por los que juzgaba agravios premeditados; no soy, pues, exigente, al pedir lo que me ha sido prometido y me pertenece de derecho; desde un principio he pensado elegirle a usted como columna de apoyo para mis triunfos, y usted ha consentido. Además, sólo accediendo a mis deseos podrá usted gozar después el perdido sosiego y saber de qué son hechas esta corbata y estas botas azules que no ha de volver a ver lo mismo que al que las lleva.

-No volverle a ver... ¡y saber de qué son! -murmuró el de la Albuérniga lleno de gozo-. ¿Me lo promete usted bajo solemne juramento?

-Si no cumpliese lo que digo, le doy a usted el derecho a castigarme como lo desee.

-Dispuesto estoy a todo, pero ¡una hora o dos de reposo antes de empezar la lucha! ¿No ve usted que las vigilias y la inquietud me han vuelto pálido y flaco, que sufro?

-¿Quién sin penitencias y sufrimientos ha podido ganar el cielo?

-He aquí unas palabras que no he comprendido hasta ahora -murmuró el de la Albuérniga con reflexiva lentitud.

-Pues aún no es tarde -añadió el duque gravemente-; pero no olvide usted que la hora se acerca.

Y se alejó del caballero, quien en vano quiso entonces dormir para olvidar por un instante sus pesares. Volvió, pues, a vestirse y, para distraer la amarga inquietud que le devoraba al alma, se sentó en un sillón y se puso a leer lo más devotamente que pudo en las Consideraciones sobre la brevedad de la vida humana.

Esta lectura le dejó sin duda mejor dispuesto a cumplir la penitencia que le había impuesto el duque. «¿Quién vive sin pesares? ¿Quién no encuentra algunos abrojos sembrados entre las rosas más bellas? ¿Quién no ha sentido pesar alguna vez sobre su corazón la mano de la fatalidad o del dolor?».

-No hay duda -concluyó pensando el caballero-, esa vez llegó también para mí, y en vano es oponerse al destino. ¡Sea, pues, lo que ha de ser!

Capítulo 22

Y sucedió que en una de las calles más principales de la corte se presentó cierta mañana un ciego de semblante enjuto y marmóreo. Acompañándose con una guitarra, cantaba o recitaba, en son extraño y monótono, lo que sigue:

«¡Oíd!, ¡Oíd!, y meditad después.

Yo soy el nuevo profeta de lo que se desea y se siente, aunque no se conoce.

Yo soy el que ha escrito con letras de oro el libro de los libros y los triunfos de un nuevo porvenir.

Cuando ese libro aparezca, yo habré muerto, pero queda un heredero de mi ciencia, que extenderá por la tierra los frutos de mi sabiduría, empezando por las tierras de Occidente.

Ese hombre llevará en pos de sí la atención de las gentes, porque en sus pasos brillará el resplandor del cielo y ostentará en su pecho el símbolo del espíritu que le anima.

Él hará lo que ninguno ha hecho en nuestros tiempos... ¡Él es! Reconocedle y buscadle... apresuraos a reuniros en torno suyo, para ver lucir la nueva aurora que ha de salir de las tinieblas.

Así un Moravo, profundo
sabio y profeta eminente,
dijo la morava gente
antes de irse al otro mundo.

Y, al acabar el recitado y la copla, rascaba el ciego de tal modo las cuerdas de la guitarra, que se dijera quería rascar asimismo los oídos de cuantos le rodeaban.

-¡Jesús! -exclamaban algunos-, tiene garras y no uñas el hombre. A ¡vaya con lo que reza!... ¿quién le entiende?

-¡Oh!... mucho quiere decir con lo que dice -añadía otro-, y de buena gana le haría yo preguntillas a no haber aquí tanta gente que las oyera. ¿Habráse visto tanta boca abierta?

-Lo mismo que la de usted que, a fe, no se ha quedado corta -respondía chillando alguna mujer, que se daba por aludida.

Multitud de damas y caballeros se apeaban también de sus carruajes para oír al dichoso ciego, diciendo, después que le habían examinado de cerca:

-Preciso será que llamemos a este hombre para que nos explique el significado de sus palabras: además, parece que su rostro no es desconocido aquí.

De este modo, la fama del ciego cundió aquel mismo día por toda la corte, mientras el periódico Las Tinieblas decía a la tarde, con su acostumbrada malicia, que encontraba cierta afinidad directa entre el ciego y el duque de la Gloria; notabilidad única en su género y muy semejante en su aparición a la invención de los fósforos.

Ninguna prueba aducía el periódico Las Tinieblas para afirmar tan extraña suposición; pero las gentes creyeron sus palabras y el ciego fue buscado aquella misma noche y presentado en varios círculos políticos y aristocráticos, en donde se le aguardaba con una impaciencia digna de mejor causa. El ciego era al parecer más taimado que aquel a quien servía el Lazarillo de Tormes.

-Poseo secretos -decía-, que no me los arrancarían ni el fuego ni el hierro. Pero el que ha de ponerle el cascabel al gato los publicará sin esfuerzo ni violencia, bajo el dominio de su absoluta voluntad.

-Y, ¿quién es el dichoso que ha de poner el cascabel al gato? -le preguntaban.

-Es el que el Moravo anuncia.

-Pero, ¿quién es ese que el Moravo anuncia?

-Es el que anuncia.

-Por supuesto; mas su nombre, ¿cuál es?

-Él lo sabe.

-¿Él? ¿Quién es él?

-El que el Moravo anuncia.

-¿Si querrá burlarse? Amigo, gringo se llama tal juego de palabras y no contestaciones: diga, si quiere, si es verdad, como se asegura, que conoce usted al duque de la Gloria.

-El Moravo sí...

-O es loco de atar o malicioso como una zorra. ¡Dejémosle!

En efecto; era imposible luchar contra la mala intención o la falta de juicio de aquel hombre cuyo semblante, lleno al mismo tiempo de una misteriosa impasibilidad, imponía respeto, casi miedo al que lo contemplaba.

-Aquí hay misterio -decían algunos, temerosos de su propia sombra-. Lo que el ciego dice de ese libro maravilloso y del Moravo y del que ha de poner el cascabel al gato... es sospechoso: ¿por qué dejar ese hombre en libertad?

Mas a pesar de todo esto, el ciego se alejaba tan libremente como había venido y no bien salía de un sitio cuando ya le aguardaban para conducirle a otro.

Celebrábase aquella noche una de las reuniones literarias más brillantes y escogidas. En ella, escritores mimados por la gloria rendían culto a editores, que se dignaban mostrarse amables con aquella juventud, mina inagotable de su risueña prosperidad, y directores de periódicos, cuya posición social era cada vez más respetable, ostentaban su poderío en medio de su corte de redactores, gente ilustrada y tan generosamente modesta que aparentaba no notar siquiera cómo su digno director hacía pasar por propios ajenos pensamientos. ¡Sin duda creía que en sus labios parecerían más delicados y profundos, o que el que compra un escrito se hace absoluto posesor de la idea que ese escrito entraña!

Todo era animación y entusiasmo. Habíanse leído muchas poesías, buenas y malas, aunque siempre aplaudidas, y varios trozos de novelas que ponían a prueba el empedernido corazón de los editores. Pero atentos éstos al buen éxito más bien que al mérito de la obra, guardaban una prudente reserva, por aquello de que nunca el que compra debe alabar los géneros del mercader.

-Lo pensaré -decía alguno con diplomática sonrisa al infeliz que imploraba una esperanza-, tengo grandes compromisos con el autor de La mujer honrada y El amor sacrificado, del cual estoy imprimiendo ahora La pobreza sin mancilla. ¡Oh!... es un éxito fabuloso el que estas novelas obtienen. Casi todos los maestros y maestras de primera enseñanza, casi todas las obreras de Madrid se han suscrito, sin contar las directoras del Hospicio, de la Inclusa y de otros colegios particulares, que las compran para que las niñas, al mismo tiempo que se entretienen los días de fiesta con su amena lectura, se instruyan y aprendan en ellas a ser virtuosas.

-¡Desgraciadas niñas!... ¿No hubiera sido mejor un catecismo? -respondía el paciente con ironía.

-No hay catecismo mejor que las novelas de... , además de estar llenas de escenas tiernas y conmovedoras, además de que el movimiento y la acción no cesa en ellas ni un instante, encierran al mismo tiempo una moral que la misma inquisición no hubiera reprobado.

-Quizá; pero, en cambio, la gramática reprueba su lenguaje, y el buen sentido, sus dislates, reñidos con la bella literatura.

-¿Qué importa todo eso? ¡Aprensiones!... Las mujeres que son las que realmente aman y se impresionan con esa clase de libros, no saben gramática en nuestro país, y muy pocos son los hombres que tienen buen sentido desde que han muerto los Cervantes y Quevedos.

-No tanto: aquí estamos viendo una juventud que promete.

-¡Oh, vaya usted a aventurarse con lo que promete! Y por otra parte, amigo mío, no está probado que los buenos libros hagan los buenos negocios. Pero aun cuando yo desee, más que mi propia conveniencia, ilustrar el país, no siempre las circunstancias que me rodean son favorables a mis patrióticos deseos. En fin, más adelante, se servirá usted, si gusta, pasar por mi casa y hablaremos largamente.

El desdichado, se iba entonces con la música a otra parte, o, lo que es lo mismo, hacia otro grupo en donde se peroraba de este modo, sin duda para ensayarse en la oratoria.

-Señores, difícilmente, aun en aquellos tiempos oscuros en que la literatura se hallaba en mantillas y se esforzaba el poeta en dar una forma a las nebulosas creaciones de su fantasía, pudieran verse abortos literarios como los que hoy se admiran, vilipendio del arte y de las musas. ¿Por qué ese criminal silencio, por qué esa injusta tolerancia con todo lo que es malo? ¿Por qué los hombres de verdadero talento no lanzan sus anatemas contra los dislates y aberraciones de ciertos entendimientos? Pero en vez de esto, señores, la moda, o más bien dicho, el mal gusto, hace a todos los escritores, buenos o malos, ¡distinguidos!, ésta es la palabra sacramental. Por favor, señores y amigos míos, jamás me hagan ustedes distinguido, lo pido en nombre de mi dignidad. Tampoco me digan ustedes ¡inspirado!, porque desde que existen ciertos libros inspirados me parece abominable esta palabra. Ya no les basta a algunos que falte el buen gusto por completo en sus obras, ni que la idea sea tan pobre y mezquina que se pierda a cada paso entre la despilfarrada acumulación de ampulosas frases, sino que, traspasando los límites de la paciencia humana, se ven aparecer descaradamente y sin pudor y -lo que es más- con pretensiones de ser conservados para mejores tiempos, libros cuyo monstruoso conjunto pudiera llamarse el sueño de un demente; libros escritos en una especie de jerigonza que no pertenece a ningún idioma ni dialecto, y cuyas frases incoherentes y retorcidos giros -no podemos hallar una palabra que exprese mejor aquel estilo sin nombre- pueden compararse por su desaliño al sonido de un instrumento roto. En cambio, llenan otros páginas y páginas de no sabemos qué insustancial clasicismo, indigno de corazones poetas y que pudiera decirse inspirado por una momia egipcia: mas es lo cierto que unos y otros pretenden sin pudor ocupar los primeros puestos, reservados a los genios inmortales: ¡Irritante iniquidad, contra la cual es preciso que se proteste con energía! Hablo de este modo, señora, porque me ha indignado la reciente lectura de una novela desconocida que lleva por epígrafe: El caballero de las botas azules. En ella, una gracia bellaca, como diría Cervantes, unas pretensiones que se pierden en lo infinito, una audacia inconcebible y un pensamiento, si es que alguno encierra, que nadie acierta a adivinar, se hermanan lastimosamente con una falta absoluta de ingenio; he leído la mitad, y no puedo saber todavía en qué capítulo empieza, puesto que es en todos a la vez.

-¡Singular ocurrencia! Sin duda el autor habrá juzgado más cómodo no acabar nunca, método que no dejarán de seguir algunos.

-Leeré esa novela, y con su crítica divertiré a mis lectores ávidos siempre de cosas nuevas -dijo Pelasgo.

-No admite crítica -replicó el orador-. Sólo puede decirse de tal novedad que le falta todo para serlo. Argumento, pensamiento, moral... , en fin es una simple monstruosidad, lo peor entre lo peor.

-Sólo por ser tan mala la leeré -añadió otro-; casi la prefiero a muchas otras que no salen nunca de su pasito clásico... ¿y Las Tinieblas le echó su andanada?

-Ayer decía de ella entre otras cosas. «Érase una novela titulada El caballero de las botas azules, éranse unas botas azules en los pies de un caballero, érase un caballero que no se sabe lo que era». ¡Oh, qué espíritu burlón debe animar a quien discurrió todo eso, cuando no vaciló en ridiculizar su propio ingenio con tan mala caricatura!

-Está bien, ya que lo merece. ¿Y qué más dice?

-Se ocupa con preferencia del nuevo libro anunciado por el ciego que llamó hoy la atención de Madrid con su rostro de mármol, sus salmodias y su Moravo, que antes de irse al otro mundo les dijo a sus compatriotas no sé qué profecías sobre el que después de su muerte había de publicar el libro de los libros, y ponerle el cascabel al gato. Y añaden Las Tinieblas que el ciego, el Moravo y el duque de la Gloria, son una cosa muy semejante al laberinto de Creta.

-Y tiene razón, pues si Madrid tuviese una sola cabeza ya se la hubieran vuelto loca.

-Háblase de semejante libro desde que ese señor duque apareció en el palenque de las notabilidades del siglo, como campeón invencible. El buen caballero hace, deshace, rompe cuando quiere con las costumbres sociales, se burla descaradamente de ellas, habla a las mujeres como un sultán a sus concubinas y a los hombres como si tuviese el poder de vencerlos con su sola palabra.

-¡Mentira! -dijeron algunos a una voz-; ninguno ha logrado todavía tener con él una pequeña conversación, no da audiencias a nadie, absolutamente a nadie.

-Es íntimo amigo del de la Albuérniga.

-O su enemigo, pues, según cuentan no le deja reposar tranquilo, y el apacible señor se halla con esto fuera de sí... ya es otro hombre.

-En efecto, aseguran que el duque de la Gloria maneja al rico sibarita como se le antoja.

-A no verlo, no lo creyera; pero ese duque es un verdadero duende puesto que no hay medio de descubrir el misterio que le rodea. Grandes diplomáticos y personajes de diversas naciones, celosos de su popularidad, que amenaza hacerse universal como su gloria, han ofrecido ya cantidades fabulosas al que haga unas botas y una corbata como las suyas. Mas ninguno se atreve: todos confiesan su impotencia para el caso.

-Entre esos personajes se cuenta un lord inglés y un cercano pariente del emperador de las Rusias.

-Ítem más, un título francés que dará al contado cincuenta mil francos al que consiga hacerse editor y saber antes de su publicación lo que contiene el gran libro que va a publicar el duque; pues no es otro, señores, el que el Moravo anuncia en su profecía.

-Negocio no despreciable -dijo uno.

-Renuncio al premio y a la gloria de adquirirlo -repuso con cándida indiferencia cierto editor descontentadizo.

-Tampoco aspiro a tamaña honra -repuso otro sonriendo irónicamente.

-Ni yo -añadió un tercero-, temería que esa fabulosa fortuna, a imitación de las que, según dicen, proporciona el diablo, desapareciese de entre mis manos al tocarla.

-¿Cuál será entonces el que se digne recoger la piña de oro que tantos desprecian?

-Aquí traigo quien puede saberlo -gritó una voz alegre-. Y se vio entrar a un joven de esos que llevan la travesura pintada en el semblante, dando el brazo a un hombre muy alto y envuelto en una capa burda.

-¡Es el ciego!... ¡el ciego!... -exclamaron todos-. ¿A dónde le ha ido a buscar el demonio de Jorge?

-A donde pudo -replicó el joven, que pertenecía a esa clase de criaturas siempre dispuestas a hacer algo que no aciertan a hacer los demás-. Y dirigiéndose al ciego le preguntó:

-Buen hombre, ¿podrá usted decir a estos señores quién es el editor del libro que anuncia?

-Sábelo él -repuso el ciego con su acostumbrado laconismo y severidad.

-¿Y quién es él?

-El que ha de poner el cascabel al gato.

Al oír estas palabras, Pelasgo, que las tenía grabadas en su corazón, se levantó de un salto y acercándose al ciego le dijo:

-Bienvenido el amigo del que ha de poner el cascabel al gato.

-Bienhallado el gato -repuso impasible el taimado ciego.

Esta respuesta produjo grandes carcajadas y aplausos que partieron de un grupo en donde se hallaba Ambrosio, quien añadió al punto:

Nacen en opuestos polos,
y los acerca al destino.

— Pelasgo -añadió enseguida-, en donde menos lo esperamos nos sale al paso un adversario.

-No los temo -dijo el crítico con byroniana ironía, y dirigiéndose otra vez al ciego prosiguió-: A través del blanco de los ojos, ¿puede usted verme, amigo?

-Si el ciego no ve, siente cuando le arañan.

-¡Hola! Porque comprendí que era el ciego el cabo de una madeja que quiero desenredar, fue porque le dejé sentir mis uñas.

-Pequeñas son -contestó el ciego pausadamente.

-Las tengo mayores. Se lo probaré a usted si lo desea.

-¿Al ciego?... es ridículo.

Al decir esto, el ciego se rió de tal modo que cuantos le miraban experimentaron cierto rubor, semejante al que nos cubre el rostro cuando un enemigo invencible se burla de nosotros traidoramente, sin que podamos tomarle por ello satisfacción. Después de haberse reído, el viejo añadió.

-El que ha de poner el cascabel al gato sabe resistir las garras de los leones.

-¿Es domador de fieras? -contestó Pelasgo, con grandes deseos de arrojarse sobre el ciego.

-Y de hombres -repuso aquél.

-No me domará a mí...

-Él lo dirá.

-¿Por qué no ha declarado que era gitano y le hablaríamos en su jerga?

-Todos los gatos la hablan.

No bien el ciego acabó de pronunciar estas palabras cuando en la puerta del salón apareció un lacayo con librea azul, diciendo:

-El muy alto y magnífico señor duque de la Gloria se conceptuará muy honrado si los individuos de esta reunión se dignan asistir a una cena que dará esta noche en el palacio de la Albuérniga.

Y dejando algunos cientos de papeletas de convite sobre la mesa, se alejó saludando respetuosamente. La reunión se deshizo al punto mientras un leve chubasco rociaba las calles y templaba el calor de la atmósfera.

Uno de aquellos editores que habían hablado con desdén del gran libro del duque de la Gloria, se acercó entonces al ciego y le dijo:

-Mi amigo, no permitiré que usted se moje. Sírvase entrar en mi coche, pues tenemos que hablar.

-¿Quién es usted, señor?

-Uno de los editores más ricos y conocidos en la corte. Soy N***.

-¡Ah!... pues no acepto. ¿He de ir yo en coche cuando tantos literatos esperan humildemente en el portal a que pase el chubasco?

-¿Qué tiene usted que ver con ellos? Cada uno cuida de sí.

-No es precisamente por ellos, sino por mí el que yo no acepte.

-Pues, ¿cómo?

-Un ejemplo -replicó el ciego, con el rostro más impasible y severo que nunca-, así peca el usurpador, disfrutando lo que no es realmente suyo, como el que le ayuda a disfrutarlo.

-¡Insolente! -murmuró el editor, justamente indignado, y, poniendo el pie en el estribo del carruaje que partió al galope, dejó plantado al taimado ciego en medio del arroyo.

Capítulo 23

Eran ya más de las dos de la mañana y no se notaba en el palacio de la Albuérniga la animación precursora de una espléndida cena, sino que brillaba sombrío, semejante a una guarida de conspiración, que tal parecían los convidados al penetrar sin que nadie los anunciase en el vasto salón de mármol negro que, iluminado por lámparas opacas, los recibía en silencio, como las tumbas reciben a los muertos.

-¿Qué significa esto? -se preguntaban unos a otros en voz baja. Pero todo era soledad, todo reposo, y parece que el sueño, tendidas la negras alas sobre su predilecta mansión, les decía al oído: «Aunque os creéis despiertos, dormís y soñáis».

Los convidados miraban a todos lados recelosos, y si no se alejaban era por temor a que se dijese de ellos que eran unos cobardes.

Y en verdad que el aspecto que presentaba el salón era imponente. Abiertas de par en par las gigantescas ventanas que daban al jardín más silencioso de la tierra, no se oía otro rumor que el de la fuente, mientras el diáfano y amarillento resplandor de la luna, viniendo a mezclarse con el de las lámparas y reflejándose sobre el negro mármol, formaba una luz en extremo fantástica y de un colorido indescriptible. Al mirarse unos a otros los convidados, casi se temían mutuamente.

-¿Si será ésta una cena de Nerón? -decían.

-Nerón no recibía a oscuras a sus huéspedes, sino que los hacía morir entre ánforas de vino, coronas de flores y mujeres hermosas. Pero nada de eso se ve aquí.

-Aquí no se ve nada. ¿Quién nos ha mandado aceptar el convite de un duende? Esos hijos de las sombras aman la noche, y he ahí por qué nos tiene a oscuras.

Como una respuesta dada a tales palabras, las negras paredes de aquel salón inmenso reflejaron de repente multitud de luces que, como las figuras de los convidados, parecían vagar en un fondo sin fondo.

No hubo quien al pronto no se sobrecogiese de terror, pero al notar que aquella viva claridad venía del jardín, se agolparon a las ventanas para contemplar iluminación tan hermosa como inesperada.

Todo era resplandor en donde, hace un instante, reinaba la noche. Miles de luces parecían brotar a un tiempo del aire, de las hierbas y de las flores mientras la ninfa de la fuente, graciosamente dormida sobre una roca que con ella se reflejaba en las aguas, creyérase que iba a despertar ruborosa y sobrecogida por tan súbita claridad. En torno de la fuente se veían multitud de mesas artísticamente colocadas entre las flores, y pajecillos vestidos de azul iban y venían por aquel laberinto encantador. El cuadro era tan sencillo y tan bello que no pudieron menos de exclamar todos a una voz:

-¡Bien por el duque de la Gloria! -aun cuando muchos aprensivos creyeron desde luego que el duque era realmente un duende, como de él se murmuraba, y no pudieron menos de dar a conocer sus recelos diciendo:

-El señor duque quiere hacernos contemplar bellos efectos de luz por más que esto no sea muy divertido para personas que no han cenado todavía.

-Es harto plebeyo demostrarse hambriento -repuso una voz desconocida, y momentos después el ciego de la guitarra entró en el salón, diciendo con el tono impasible que le era peculiar:

-El duque de la Gloria ruega a sus convidados que se dignen seguirme:

-¡Vaya un mensajero que el tal señor nos envía! -pensaron todos al tiempo que seguían en silencio al taimado ciego.

La luna se había ocultado entre densas nubes y una parte del jardín, cual si lo cubriese un enlutado velo, se hallaba también sumido en negra oscuridad. Pero esto mismo hacía mayor contraste con las luces del mágico resplandor que iluminaban las mesas del convite. Sólo entonces fue posible admirar la suntuosa sencillez con que se hallaba dispuesto el banquete.

Los platos estaban servidos y cubiertos por una fina gasa que dejaba ver sin esfuerzo el oro, el cristal y las rosas, los dorados vinos y las frutas de lejanos países. También se veían allí frescas ostras, tiernos espárragos y pescados tan finos, como desconocidos en la corte, aromáticas fresas, y urracas de almizclado aroma y gratísimo sabor: todo traído por la primera vez de la hermosa y fecunda Galicia, tierra incomparable para el delicado paladar del gastrónomo y bella como ninguna en todas las estaciones para el poeta y el artista.

Los convidados se deleitaron con tan agradable perspectiva, admirando el genio sublime que así sabía distinguirse en las cosas más triviales de la vida, y, casi reconciliados con el malicioso duende azul, ninguno dejó de confesar que el duque de la Gloria era un conjunto de bellos y admirables misterios.

No tardó éste en aparecer vestido como tenía de costumbre; mas, predispuestos como se hallaban los ánimos, produjo con su presencia una impresión más profunda que nunca.

Con un atento saludo contestó a las entusiastas aclamaciones con que le recibieron y, pasando al lugar que debía ocupar en el convite habló, a su huéspedes en estos términos:

EL DUQUE.- Empiezo dando gracias a los señores que me honran con su presencia por haber comprendido que se hallan en el palacio del reposo.

LOS CONVIDADOS.- (Sin saber qué contestar.) ¡Oh! ¡Oh!

EL DUQUE.- Contra mi voluntad me hice esperar este corto tiempo que ha debido parecer a ustedes demasiado largo y enojoso, señores.

LOS CONVIDADOS.- ¡Nada de eso!, ¡oh!, al contrario.

EL DUQUE.- Es demasiada bondad. Pero el señor de la Albuérniga dormía, aún duerme y dormirá según su costumbre y regalía hasta que lo juzgue conveniente. Nos será, pues, forzoso cenar sin él, aunque cabiéndonos la grata esperanza de que al final del banquete vendrá a llenar nuestras copas (Murmullos de sorpresa entre los convidados.) y a brindar, así por esta digna y escogida concurrencia, como por el que ha escrito el gran libro entre los libros, el libro por excelencia sabio y destinado a abrir nuevas y venturosas sendas al pensamiento humano. (Vacilación general, dudas y sobresaltos.) El señor de la Albuérniga, mi más distinguido amigo, será el primero que dé la señal para que se descorra el velo y mane la fuente hasta llenar el gran pozo de la moderna ciencia, como una copa cuyo licor rebosa. (Mayores vacilaciones y murmullos.) Por eso este jardín será desde hoy un lugar de útil enseñanza y de palpitantes recuerdos, y el que quiera saber en lo futuro la moral que ciertos libros entrañaban, sus bellezas y sus glorias, vendrá aquí y obtendrá una elocuente respuesta. (La incertidumbre se halla pintada en los semblantes.) Ya sólo una advertencia me resta que hacer, señores, es ésta la primera y última cena que doy a tan distinguidos personajes, así como mañana será el último día que el bello sol de España alumbre al duque de la Gloria. (Grandes muestras de asombro.) Sí, señores, después de ese día que pronto asomará por el oriente, mi misión quedará cumplida, y nada me restará que hacer en esta hermosa región del mundo, a quien he dado una preferencia cariñosa. (Grandes aplausos.) Esta cena viene a ser, pues, un anuncio y una despedida, una especie de simulacro con el que me complazco en abrir la marcha de la más grande de las victorias, después de las de Alejandro y Napoleón I. Así lo anuncia el Moravo. Será, pues, servida a mi estilo esta cena memorable y ustedes se dignarán dispensarme tal libertad. Cada país tiene sus usos, y cada hombre sus gustos, y yo, señores, que jamás di al olvido las propias costumbres, no he vacilado en ocasión tan solemne en obsequiar con una cena a lo duque de la Gloria a los que se dignan acudir a mi llamamiento. (Tempestuosas aclamaciones; los aplausos duran más que el discurso.)

Después de una breve pausa en la cual se restableció el silencio, el duque agitó el cascabel de la varita negra y Zuma apareció trayendo un alto taburete de terciopelo blanco, en el cual colocó el duque los pies. El brillo deslumbrador de las botas azules se reflejó insolentemente en todos los rostros. Mas, ¿por qué enojarse?, los pies del duque no eran pies, sino dos objetos cuya cubierta exterior estaba elevada a la categoría de maravilla incomparable y digna por lo mismo de ocupar el más alto puesto. Las botas azules quedaron, pues, presidiendo el banquete.

Colocáronse los pajes en torno de las mesas, levantaron las gasas que cubrían los manjares, llenaron las copas, y dio principio el festín. Al mismo tiempo, la cortina de una de las grandes ventanas que hacían frente a las del salón negro se corrió con suavidad y tras ella, en lontananza, tal como ilusión óptica, dejóse ver la bella y reposada figura de un hombre que sepultado en una especie de tumba carmesí dormía, al parecer, tranquila y profundamente. ¡Era el señor de la Albuérniga!

-Todavía descansa; pero nos preside desde el lecho -dijo el duque.

El asombro de los convidados llegó a su colmo. Indudablemente iban a cenar con un duende; mas, ¿qué importaba? Después de todo, les convidada de una manera regia. ¡Oh, si los duendes se divirtiesen en dar cenas como aquéllas!

Las cosas del diablo tienen siempre esa apariencia engañosa y seductora que encanta a los mortales, y quizá por eso los vinos del duque tenían asimismo un sabor añejo que alegraba locamente la cabeza y el corazón. Podemos decir que se bebía sin miedo al infierno y que se comía con ardiente apetito, aun cuando los manjares, aparte de algunos conocidos sólo por inteligentes catadores, eran lo más raro que imaginarse puede. He aquí, si no, una lista de muchos de ellos, que nos parece curiosa.

Amarguillos a la verdad.
Soplillos de gabinete.
Esperanzas de aire.
Alfileres dulces.
Pronto hecho.
Pronto comido.
Pechuguillas de dama, en salsa a lo jefe.
Pollos al amor, salteados.
Cangrejos a lo ministro.
Pavos de salón en papel.
Escombros a lo ama de casa.
Palos de sorpresa.
Caracoles al diputado.
Revueltos a la moderna.
Alondras al minuto.
Pasteles de banquero.
Pepitorias a lo editor.
Agujetas clásicas de limón a lo literato.
Mermelada de general.
Manzanas infernales.
Pudding supremo de la victoria, a lo botas azules.

Como se deja ver, el duque se había esmerado en dar una cena de esas que, apurado el discurso en la elección de manjares, hasta llegar a lo absurdo y lo ridículo, traen a la memoria las de los emperadores romanos. Mas, para que todo llevase allí el sello de lo raro y de lo inverosímil, para que todo fuese tradición y extravagancia en el singularísimo duque, él fue el primero a reírse de aquella tan exagerada como inútil complicación de guisos, fricandós, revueltos y pasteles, diciendo que para su alimento cotidiano le bastaba un buen trozo de ternera y algunas copas de Jerez. Así, añadió con una naturalidad y franqueza llenas de gracia, no podré tomar siquiera, después de esto, ni unas agujetas clásicas ni una mermelada de general, porque de seguro se me indigestarían.

Muchas botellas se habían escanciado, mucho se había hablado y reído; en una palabra, reinaba ya en el convite esa franca y loca alegría que hace olvidarlo todo y que al calor del vino, semejante a un río que engrosa su corriente, crece y crece sin cesar, hasta desbordarse. Es entonces cuando una cabeza fría y pensadora puede contemplar a su gusto el contraste que ofrece la vanidad de las criaturas y la inmensidad de sus miserias; es entonces cuando puede preguntarse a sí misma si el hombre, ebrio siempre, ya de orgullo, ya de amor, ya de vino, siempre cayendo aquí y arrastrándose acullá, puede envanecerse de sus pasajeras victorias, puede creerse mejor que sus semejantes y atreverse a maldecir faltas de que cada uno en particular se hace reo a cada paso.

Las palabras del duque, insolentes acaso como todas las que pronunciaban sus labios, pero dulcificadas por su armoniosa voz, hicieron en los convidados el efecto que hace el primer relámpago que rasga de repente un cielo negro y tempestuoso. Resonaron simultáneamente interminables carcajadas, chocáronse con estrépito las copas, levantáronse todos para brindar nuevamente por el más extraordinario y admirable de los mortales, y fueron tan grandes las exclamaciones y los aplausos, tan entusiastas los vivas que el ruido de un cañonazo no hubiera podido apagar aquel otro ruido más poderoso que el del trueno. Madrid debió oírlo, tal como Roma oyó sin duda el lejano rumor de pisadas de las legiones bárbaras, cuando se acercaban para derribar su soberbio imperio.

Aturdido y casi asustado, abrió los ojos el de la Albuérniga, comprendió que se acercaba el momento supremo, y, después de elevar al cielo una mirada en la cual le ofrecía acaso su cruento sacrificio, se incorporó lentamente en el lecho y se dispuso a saltar al suelo. Corrióse en esto la cortina como lo exigía la decencia, y el duque dijo:

-Mi querido amigo se ha levantado al fin. ¡Dichoso él! Activo y puntual como ninguno le ha conocido todavía, hoy le veremos hacer la señal para que mane la prodigiosa fuente, le veremos llenar nuestras copas en compañía de dos nobilísimas damas, y sonreírnos con la cordial benevolencia de un hombre que se reconcilia con sus semejantes. Me alejo por un instante, señores... También deben venir a amenizar el banquete algunas hermosas esclavas, hijas del Oriente, y es preciso que con mis propias manos abra su encierro.

Desapareció el duque y entre los convidados creció la ansiedad y la confusión. Muchos creían ver ya ante los turbados ojos a las hermosas desconocidas, a quienes el duende azul iba a dar libertad con su mano sedosa y mágica; otros cantaban e improvisaban himnos en honor de aquella noche feliz, y algunos, en fin, inmóviles y sombríos en medio del bullicio general, parecían vigilantes demonios que acechasen el momento de llevar a cabo una venganza con ansia esperada. Entraban en este número Pelasgo y otros críticos a quienes la sola presencia del duque lastimaba su orgullo y exaltaba sus nervios; eran Ambrosio y varios poetas satíricos, eran, en fin, los envidiosos de todo poder, siquiera ese poder se ostente a costa de la dignidad y del respeto que cada hombre se debe a sí mismo; y eran, en fin, algunos editores de índole aviesa, a quienes sin duda habían sentado mal las pepitorias y que veían en pésimo camino la cuestión del gran libro. Respecto a ciertos novelistas, se hallaban completamente satisfechos de sí mismos y sobre todo contentos del buen vino.

-He aquí a Nerón con sus extravagancias y necias burlas -murmuraron del duque los mal humorados cuando aquél hubo desaparecido-. ¿Por qué nos dejamos engañar con tan insulsas supercherías? ¿Nos hemos convertido en estúpidos?

-El diablo puede mucho y el duque es el diablo. Ni Mefistófeles sabría reírse tan descaradamente de todo lo risible, empezando por él mismo.

-Oye pajecillo -le preguntaba uno de los más alegres al que le servía- ¿qué sabes tú del duque?

-Que ha tenido la buena idea de regalarles a sus servidores de una noche este lindo traje y dos monedas de oro.

-Es magnífico como si nada le costase serlo. También lo fuera yo así.

-¿Qué te atreves a murmurar a espaldas de un demonio? -repuso otro más cauto, pero no menos alegre-. A fe de hombre, cómo le temo a ese duque con botas azules, cuando le miro de cerca, y aun esta noche, se me figuraba ver tres duques en vez de uno.

-Los efectos de su magia; mas, ¿qué es aquello que se descubre allí? Un nuevo panorama. ¡Cáspita!, ¿si estaremos, sin saberlo, en una cueva encantada?

Todos los convidados volvieron a un tiempo la cabeza para contemplar un alto monumento cubierto de letreros y perfectamente iluminado, que se levantaba en la parte del jardín antes sumido en tinieblas. Tenía la forma de una fuente, cuyo ancho caño de bronce, suavemente inclinado sobre el profundo pozo del jardín, parecía dispuesto a dejar paso a un torrente.

Los convidados iban a levantarse para contemplar de cerca la nueva maravilla y leer los misteriosos letreros cuando el señor de la Albuérniga apareció tranquilamente, dio un golpe en el gran caño con el puño de su bastón, y una como extraña o impetuosa corriente saliendo del ancho agujero empezó a caer en el hondo abismo de aquel pozo profundo.

-¿Qué es aquello que cae? -prorrumpieron todos a la vez-. Parecen libros, ¿no es verdad? Libros nuevos, completamente nuevos.

-Lo parecen, mas debe ser ilusión nuestra.

-Son libros.

-No son libros.

-Libros son.

-Señora, más tarde hablaremos de eso -dijo el de la Albuérniga, que, habiéndose retirado algunos momentos, se adelantaba ahora hacia los convidados con aire risueño y llevando del brazo a dos damas cuya fealdad sin ejemplo nos ahorra, por esta vez al menos, el necio pecado de las comparaciones. Eran horribles y basta, aun cuando, en esta ocasión, nos resta añadir que venían honestamente escotadas, que traían vestidos de gasa blanca con adornos azules, y que su frente y sus mejillas estaban asimismo del color del cielo. ¡Oh, purísimo éter, cómo fuiste entonces profanado!

Los convidados hubieron de apartar la curiosa mirada de la mágica fuente para fijarla en aquellos espectros, el uno arrugado como manzana de invierno, y el otro hinchado como higo no maduro todavía, según había dicho Zuma.

-He aquí estas nobles damas que vienen a honrar el convite en obsequio al duque de la Gloria -dijo el de la Albuérniga presentando a sus compañeras.

-¡Dos Locustas! ¡Es demasiado! -murmuraron los convidados con asombro-. ¡Esto pasa de chanza! Y para que el cuadro sea completo el cielo va a regalarnos con una tempestad, pues ya algunos relámpagos rasgan las nubes.

-Pero miradlas bien, ¿no son esos espectros las monjas caseras, las chupadoras de aromáticas pastillas, las egoístas, hermanas gemelas del caballero de la Albuérniga, las viejas Cienfuentes en fin?

-¡Cómo! ¿Presentarse ellas aquí, tan coquetas, tan fantásticas, ellas, para quien no existe en la tierra nada verdaderamente bueno ni honesto? ¡Imposible! Serán sus sombras acaso.

-¿Es decir que estamos en el mundo de los espíritus? Mas, he aquí las otras. Las maravillas se multiplican. Sin duda son éstas las esclavas hijas del Oriente. ¡Qué fantásticas también, pero qué hermosas al mismo tiempo! Pasó la muerte y ahora viene la vida. La juventud y la belleza son como el primer rayo del alba: todo se alegra en torno cuando aparecen.

En efecto, las esclavas, hermosas como la alegría, acababan de entrar por diferentes puertas, arrastrando largas túnicas de seda blanca que las cubrían desde el cuello hasta los pies y llevando en la cabeza una gorra jokey, cuya enorme visera les ocultaba el rostro teñido de azul, como el de los espectros.

Difícil, casi imposible, era percibir sus facciones, pero la verdadera hermosura, esa hermosura soberana que empieza desde el ensortijado y sedoso cabello hasta terminar en el diminuto pie, puede decirse que tiene su fulgor particular como las estrellas y su perfume como las rosas: en todo se deja adivinar, y es imposible que permanezca oculta.

Los convidados conocieron, pues, al ver a las esclavas, que eran mujeres admirablemente hermosas, y más vivo interés despertó en ellos el notar que aquellas misteriosas criaturas esquivaban toda mirada y vacilaban en sus pasos cual si se hallasen poseídas de temor, puesto que, buscando la amiga sombra, no habían osado penetrar entre los curiosos que fijaban en ellas sus ojos medio turbados por los vapores del vino.

Afortunadamente para tan singulares hermosuras, cuya mortificación crecía a medida que se aumentaba en los que las rodeaban el empeño de conocerlas, el duque de la Gloria apareció de nuevo en el jardín. Cogida de su brazo venía otra mujer, más singular si cabe que las que allí se hallaban, pero menos fantástica... De duro aspecto, descomedidamente alta y sobrado enjuta, cubría su cabeza con aquella escofieta blanca y almidonada que dejaba reconocer sin esfuerzo a la directora del colegio de la Corredera del perro, a doña Dorotea. Pero lo más singular del caso era que el duque, inclinándose dulcemente hacia ella le hablaba despacio y con el aire amable y galante de un hombre enamorado.

Ni la fuente misteriosa, ni las viejas Cienfuentes, ni las damas jokeys produjeron tanto efecto en los convidados como esta última pareja, y las damas jokeys, las viejas Cienfuentes y el señor de la Albuérniga, así como los demás convidados permanecieron con los ojos fijos en ella, aun cuando no pudiesen oír con toda claridad lo que se decían mutuamente.

-No extraño que no me reconozcas al pronto -murmuraba el duque con aire y acento apasionado al oído de la gigantesca anciana-; el tiempo todo lo borra, ¡ay!, pero no ha borrado tu imagen de mi corazón. Ha cincuenta años que te vi por la primera vez bajo uno de los copudos árboles que rodean la ermita de la Virgen del Puerto y...

-Pero, caballero, ¿qué está usted diciendo? ¿Cómo puede ser eso si usted?... La Virgen del Puerto... ¡Oh! ¿Quién puede saber?...

-Sólo yo y tú lo sabemos, porque soy como una tumba y nunca ha salido de mis labios ese secreto tan amado. ¿No te acuerdas? Yo soy aquél... el mismo que era entonces... un joven como lo eras tú y sigues siéndolo para mí.

-¡Dios me valga! ¿Cómo puede ser eso? Sí... Caballero, ¿quiere usted volverme loca?

-Por piedad, Dorotea mía, no me atormentes y hablemos de tan dichosos días.

-Y aunque eso sea... aquí, entre tanta gente...

-Ninguno se atreverá a dudar de tu virtud... Escucha... Estabas sentada aquella tarde bajo del árbol cuya suerte yo envidiaba, y cuando acerté a pasar, procurando tocar con mi larga capa la falda de tu vestido, te entretenías en romper con los más lindos y pequeños dientes anisillos colorados.

-Sí, eso es verdad. ¡Dios mío, yo me siento desfallecer!

-Es la emoción, amor mío. ¿No te acuerdas? Por mi parte no pude olvidar jamás tus promesas.

-Hable usted despacio... ¡Ay!

-Aquel cuello blanco como la nieve, y...

-¡Santo cielo! ¿Será usted realmente mi... ? Pero si ha muerto, y además, lo confieso, yo he debido variar bastante desde entonces porque los años...

-No existen los años para los hombres de mi temple; por eso te veo hermosa como el primer día. Ni yo he envejecido ni tú dejarás de ser nunca joven para mí; ¿cómo si no podría confundirte con aquella niña? Voy a contarte lo que me pasó hace pocos días. Acababa de llegar a Madrid, después de una ausencia de cuarenta años, y lo primero que hice fue preguntar por mi querida Dorotea a cuantos encontraba. Dijéronme que vivías en la calle de la Corredera del perro, me encamino hacia allí y lo que veo al entrar es una joven en quien creí reconocerte, la alcanzo presuroso y, cogiéndola una de sus manos, la estrecho entre las mías con loco frenesí. ¡Ay!, pero no eras tú, y la joven huyó ligera mirándome con espanto.

-¡Mi sobrina! ¡Ay!, ahora lo comprendo todo; Melchor tenía razón. Pero, por otra parte, usted no puede ser él. Dios mío, se me trastorna la cabeza. Esos cabellos son los mismos, sí, pero los ojos no eran así tan brillantes.

-¡Qué pequeñeces, amor mío! Dorotea, soy el mismo que te ha amado y te amará siempre, soy el que realmente ha muerto, pero que no ha muerto al mismo tiempo, porque...

-Dios mío, mi Diego viene a hablarme desde la eternidad... ¡misericordia!

Estas últimas palabras fueron a resonar distintamente en los oídos de los convidados, haciéndoles crispar los cabellos, sobre todo cuando vieron que el duque se reía con la ironía acostumbrada, mientras la vieja se desmayaba realmente.

-No hay que asustarse, señores -añadió el duque, dejando a doña Dorotea reclinada sobre un asiento y rociándole después con agua el rostro-. Los ancianos y los niños se asustan de todo y se impresionan con un soplo. Sólo con haberle recordado a esta buena señora algunas escenas de nuestra juventud, se ha sentido desfallecer.

Los criados llevaron al momento a doña Dorotea; pero los convidados no pudieron tranquilizarse. La velada, el vino y las sorpresas con que les regalaba el duende azul, les tenían trastornada la cabeza: ya ninguno distinguía bien cada objeto ni estaba seguro de si cuanto veía era ilusión o realidad. Algunos, no pudiendo dominar su inquietud, se levantaron de la mesa; pero valiera más que no lo hicieran. Pelasgo fue uno de ellos y, al volver al lado de sus amigos después de haberse acercado a la misteriosa fuente, traía el rostro demudado y pálido como la misma muerte.

-¿También quieres convertirte en fantasma? -le dijeron.

-Aquí se nos ha llamado para escarnecernos -murmuró con sordo acento-; hoy va a haber sangre.

-¿Por qué?

-¿Veis esa fuente? ¿Veis lo que de ella se desprende?... es nuestro honor que se desploma en el abismo... esta cena será memorable... ese demonio burlón lo ha dicho.

Al oír esto, el ánimo de los convidados llegó a un grado de exaltación indescriptible. Ya nadie permaneció en su asiento. Los brindis cesaron: a las risas y los gritos sustituyó un eco sordo y amenazador que se confundía a veces con el de la tempestad que empezaba a rugir en el cielo, y, aunque ninguno sabía cómo iba a concluir tan singular comedia, todos se hallaban dispuestos a la lucha.

El duque hizo oír su voz en medio de aquellos sordos rumores, diciendo:

-Se ha dicho muchas veces, señores, que el mundo es una comedia; pero ¿se sabe acaso hasta dónde esa comedia puede llegar? El Moravo ha intentado probarlo en el libro de los libros, y el mundo juzgará mañana si pudo conseguirlo. Mas observo, señores, que la tempestad empieza a sentirse y que el día nos sorprenderá pronto en nuestros esparcimientos nocturnos... , apresurémonos, pues, a echar los últimos brindis.

Y dirigiéndose al de la Albuérniga, añadió:

-Ha llegado el momento. Tú, que te hubieras extinguido como llama que no da calor a no haberme tropezado en tu camino, haz conocer al mundo que has entrado al fin en la senda de la actividad. ¡Oh filósofo hasta ahora inalterable! Da una muestra del poder de nuestra alianza, llenando en unión con tus compañeros las doradas copas del festín: después de esto, vuestro nombre vivirá con el mío, os habréis regenerado comprendiendo que todos los hombres han sido hechos de lodo y sabréis lo que anheláis saber.

El de la Albuérniga y las viejas dieron principio a su tarea con una prontitud y ligereza digna de todo elogio, mientras el duque decía a las esclavas:

-Venid ahora vosotras, esclavas mías, hermosas hijas del libre pensamiento, que lucháis por romper unas cadenas que sólo desata la muerte; valientes amazonas que no vaciláis en medir vuestras fuerzas con el gigante invisible que os vence... ¡acercaos para rendirme homenaje!... ¡mis botas os esperan!...

Las esclavas vacilaron un instante, y aun retrocedieron como si rehusasen obedecer, pero, al fin, una tras otra se inclinaron a los pies del poderoso duende.

Entre los convidados se levantaba en tanto un murmullo de desaprobación que crecía por momentos.

-El que esto permite es tan miserable como el que lo hace -decían.

-Son ellas... Casimira y la condesa Pampa... y aquella... Marcelina la criolla.

-¿Se habrán rebajado y atrevido a tanto? Las ricas, las orgullosas... ¡no puede ser! Todo esto es magia, ilusión...

-¡No importa! De cualquier modo, es preciso que, hombre o demonio, muera hoy el duque. Tanto insulto no puede quedar sin venganza.

-Que muera... Esa fuente vierte en un pozo profundo el fruto de nuestras vigilias. Dramas, novelas, historias, periódicos, versos, la mayor parte de lo que constituye la moderna literatura va a pudrirse en semejante abismo. Esos letreros dicen los nombres de los autores cuyas obras se hallan destinadas a llenar el pozo de la moderna ciencia. ¡Irrisión sin ejemplo! ¡Y todos esos autores se hallan aquí! ¿Comprenden ustedes esto? Es el insulto más sangriento que ha podido hacerse a los escritores en tiempo alguno. Todos tenemos derecho a descargar nuestras iras sobre ese demonio, y morirá.

-¡Atención! Las esclavas han besado las botas... ¡Vergüenza!, veamos cómo quiere concluir la fiesta.

El duque fingió no oír cuanto se murmuraba en torno suyo y, apenas las esclavas se inclinaron ante él, tendió las manos sobre sus cabezas y les dijo:

-He aquí cómo en vez de ser fuertes como la encina, os mostráis débiles como la hoja marchita a quien el viento más liviano arrebata a donde quiera, ¡todas lo mismo! Será, pues, forzoso que os devuelva la libertad, mas no sin deciros que la mujer, así en Oriente, como en Occidente, así en la civilizada Europa, como en los países salvajes, sólo podrá vencer sabiendo resistir; idos en paz.

Las esclavas se alejaron tambaleándose como si fuesen a caer y el duque volviéndose hacia los convidados, añadió:

-Esas pobres hijas de la esclavitud aman la libertad como el mayor bien de la vida, pero no han comprendido todavía la manera de alcanzarla. Compadezcámoslas, no obstante: toda mujer es digna de compasión, sólo por serlo.

De entre los convidados se adelantó entonces hacia él un joven de noble aspecto, quien, con voz trémula y al mismo tiempo llena de amarga ironía, le dijo al duque.

-A esas mujeres les bastaba haber sufrido en su patria los horrores de la esclavitud sin que tuviesen que soportarlos también en un país libre, y le advierto al señor duque que ningún hombre insulta de tal modo en mi presencia a una mujer cualquiera que no me dé por ello una satisfacción.

-A ellas debía pedírsela usted, caballero, pero estoy pronto a dársela en su nombre, cuando y como usted quiera -repuso el duque sonriendo de una manera que desesperaba a cuantos le contemplaban.

Pelasgo se interpuso al punto entre Carlos, que era el que había hablado primero, y el de la Gloria diciendo.

-Amigo Carlos, usted me perdonará, pero este caballero ha contraído conmigo hace largo tiempo una deuda que va a pagarme enseguida.

-¿Quién es usted, amigo mío? -le preguntó el duque mirándole de tal modo que algunos no pudieron menos de soltar la carcajada-, ¿su nombre de usted se hallará inscrito en esa fuente cuyo recuerdo ha de pasar a la posteridad?

-Se lo diré a usted ahora con la punta de una espada -gritó Pelasgo ciego de ira. Los convidados se agruparon en torno de ellos.

-¡Vaya! -repuso el duque con una naturalidad que contrastaba notablemente con el trágico aspecto de cuantos le rodeaban-. No me he engañado... Y ha escrito novelas terriblemente histórico-españolas, de las muchas que están llenando el pozo de la moderna ciencia... lo conozco por lo de la espada... pero no estamos en los tiempos de Bayardo, y las espadas son demasiado pesadas para los hombres de hoy, que sólo saben manejar estos instrumentos de niño -y sacó al mismo tiempo de los bolsillos dos magníficos revólveres que puso a la altura de todas las miradas y que volvió a guardar tranquilamente, diciendo a los que se habían retirado un paso llamándole cobarde:

-No hay que asustarse señores; no soy duende asesino...

-Con esas armas nos batiremos usted y yo si antes no le matan mis amigos -gritó Ambrosio, frenético.

-Lástima es que en vez de estas botas azules tan encantadoras no tenga yo cien vidas para pagar tantas deudas -replicó el duque riendo, y añadió:

-Estoy pronto a dar esta misma noche y en este mismo sitio cuantas satisfacciones se me exijan; mas sepan ustedes antes por qué les he llamado: ello es al fin muy curioso. Les he llamado a ustedes, señores, a fin de que presenciasen un acto importante y trascendental para España y de buen ejemplo para la Europa entera en una época en que tanto se escribe... cuantos ejemplares he podido encontrar de las obras de... y de... -el duque empezó a nombrar rápida y distintamente infinitos nombres de varios autores, muchos allí presentes- se han acumulado en esa fuente, para que en presencia de todos llenasen con acompasada y solemne gravedad el pozo que ha de llamarse de la moderna ciencia. Helo allí, que rebosa ya... ¡Señores, la obra está cumplida! La humanidad se ve libre de un peso inútil, ya no tropezará con escorias en el camino de la sabiduría; ya no leerá artículos distinguidos, ni historias inspiradas, ni versos insípidos, ni novelas extravagantes, ni artículos críticos cuya gracia empalagosa trasciende a necio... Helo ahí todo reunido en un punto de donde no saldrá más, y mañana el gran libro aparecerá como un astro brillante en medio de una atmósfera limpia y pura, en donde sin estorbo podrá esparcir la lumbre de su gloria. ¡Brindo, señores, por la nueva aurora! ¡Ya al fin se le ha puesto el cascabel al gato!... Ahora a batirnos.

La voz del duque se había hecho tan poderosa y burlona que se oía sobre todos los murmullos, semejante al agudo sonido de un instrumento de metal.

Mas al acabar su discurso creció de tal modo el tumulto que las viejas Cienfuentes casi se desmayaron de espanto y el duque hubo que repetir con voz más enérgica y vibrante:

-¡Silencio! Para matar o morir no se necesita graznar como los cuervos.

Habló después a Zuma, que se alejó enseguida con el señor de la Albuérniga y las viejas Cienfuentes, y dirigiéndose a los que le habían desafiado, añadió:

-Sí, señores; se trata de matar o morir, cosa la más sencilla y natural del mundo, cuando se mata y se muere cada día, lo mismo que se come y se duerme... mas ¿saben ustedes lo que es morir? Morir es hacer la mueca más fea que puede verse en la cara de un hombre, y a usted caballero -se dirigía a Pelasgo, que era algo obeso y aceitunado- debe sentarle muy mal: quien no es hermoso de vivo, ¿cómo parecerá de muerto?

Al oír estas palabras muchos se rieron, ¡somos tan malos los hombres!, otros prorrumpieron en amenazas, pero el duque, sin cuidarse ni de las amenazas ni de las risas, proseguía diciendo con increíble rapidez.

-Por eso debe usted encargar a sus testamentarios que le cubran la cara tan pronto como haya expirado, pues si no habrán de reírse mucho de ella las gentes, y ya no podrá usted levantarse para escribir ningún artículo, reivindicando su fealdad ultrajada.

El primo de la condesa Pampa, que era de noble y recto corazón, dijo entonces al duque con dignidad:

-No ha sido nunca de hombre de honor burlarse en tan graves momentos. Eso se llama unir el insulto a la bajeza.

-Esto se llama tratar como lo merecen vanas quisquillosidades, hijas de la más hueca vanidad y contrasentido, a las cuales suele llamarse lejía de vergonzosas afrentas... pero, ahí llega Zuma con las pistolas y el médico. Vayan ustedes eligiendo padrinos y quitándose el frac para no acongojarse demasiado, pues el caso es de suyo apuradillo... El duelo va a ser a muerte y a seis pasos. Ahí están las pistolas que a buen seguro no errarán el tiro.

En efecto, reconocidas por los padrinos, se vio con satisfacción que estaban perfectamente cargadas, aun cuando esta clase de padrinos suelen ser a veces muy exigentes. Buscóse enseguida un lugar a propósito, y se discutió cuál de los tres había de ser el primero a batirse. Pelasgo y Ambrosio se empeñaban en cederse su vez para morir; mas el que realmente deseaba el duelo por hallarse herido en el corazón, propuso que se echasen suertes.

Tocóle ésta a Pelasgo, y diole el duque la enhorabuena por su fortuna añadiendo:

-Sólo tiene usted un inconveniente, y es que el señor Ambrosio va a reírse el primero de la mueca de usted.

Temblando de miedo y de cólera, Pelasgo murmuró que era tiempo de acabar.

-Según parece, le corre a usted mucha prisa su viaje al otro mundo -decía el duque colocando bien el aguilucho que por corbata llevaba, y el cual parecía querer lanzarse sobre Pelasgo-, pues tenga usted por seguro -prosiguió- que allí no se usa escribir malos libros, sino atormentar a los que los han escrito en esta vida.

-Acabe usted o disparo.

-¿Cómo? No hay para qué... ya estoy. ¿Y usted está? Corriente. Contemos ahora, yo no necesito para esto de ayuda... uno, dos, tres... derecho amigo... frente a frente... cuatro, cinco, ¡seis!... ¿qué es esto? ¿tiembla usted? No... no hay que fingir serenidad, tiene usted el rostro tan blanco como la camisa: el médico nos pondrá al corriente de cómo se encuentra ese ánimo.

-¿El médico? ¿Qué está usted diciendo? Por mi vida que le asesino como a un perro.

-Usted es muy dueño de tener tan mala intención que a mí nada me importa, porque sé que no ha de pasar de intención; mas, por mi parte, no he pensado todavía en asesinar a nadie, y por eso no me batiré sino con aquel cuyo pulso lata tan pausadamente como el mío en este crítico momento.

-¡Cobarde!, ésa es una disculpa infame.

-Compóngaselas usted para permanecer sereno y se efectuará el duelo.

-Ningún hombre puede estarlo en tal momento, ¡mentira!

-En ese caso, el duelo es una embriaguez de orgullo y de ira y no puede justificarse. Si yo le mato a usted en medio de la turbación que ahora siente, soy un verdadero asesino y no podré nunca vivir tranquilo. Nada, caballero; no vale ningún hombre, ninguna venganza el remordimiento que eso me causaría. Hágase usted matar por otro, si lo desea. Adiós, señores; supongo que la mano de usted temblaría como la de este caballero: es condición de todo hombre temer a la muerte. ¡Hasta mañana... , me hallo satisfecho de haberle puesto el cascabel al gato, y ya veo al Moravo que me sonríe desde el otro mundo!

El duque lanzó la más sonora carcajada y... ¡buenas noches!

El jardín quedó de repente sumido en tinieblas, y como el cielo estaba completamente cubierto, la más profunda oscuridad se sucedió al fulgor de las luces.

Rugidos, maldiciones, risas, esto se oyó en confuso en el jardín.

-¿En dónde está la puerta? ¡Mil centellas!, ¿quedamos enjaulados? ¡Muera el diablo!

-Me parece que hay aquí una salida -decía una voz, y la salida era el pozo de la moderna ciencia.

Pero aún no bastó esto, sino que un estrépito insufrible de cascabeles empezó a resonar por todas partes.

-¿Qué es esto? ¡Santo cielo! Una serenata de Lucifer... ¡Ay! ¡Mi cabeza!

Y aquí gritaban otros:

-¡Eh! ¿Quién me abraza? ¡Que me ahogan!

Y acullá exclamaban:

-Parece que acaban de echarme un dogal al cuello. ¡Malditos cascabeles, malditas botas y el que las lleva, maldita esta oscuridad! Luz, o pienso que me hallo en el infierno... ¡Ay! ¡Me he roto la cabeza!

-Y yo un pie, ¿quién me acude?

Una gran puerta, alumbrada apenas por un farol agonizante, se abrió al cabo de una esquina del jardín, y fue de ver cómo se magullaban y estrujaban para salir todos a la vez. Pero, ya en la calle, observaron que el ruido de los cascabeles les seguía todavía. Era que cada uno llevaba un collar de ellos colgado al cuello.

Ahora pregúntesele a los convidados si la dichosa cena fue realmente una cena, o si soñaron que lo era, y a buen seguro que no acertarán a responder por parecerles el caso demasiado fantástico e incoherente para ser verdad, y demasiado verdad para ser puramente fantástico.

Capítulo 24

Serían las ocho de la mañana, y ya se notaba en Madrid una animación desusada a tales horas. Los coches rodaban en todas direcciones, en cada ventana aparecían multitud de cabezas, la gente se apiñaba en las calles y algunos agentes de policía recorrían los puntos más céntricos.

-¿Hay revolución? -preguntaban algunos con sobresalto.

-No se sabe lo que va a suceder, mas es indudable que se espera una cosa.

-¿Ignora usted lo que esta noche ha pasado?

-Por completo: he dormido como un patriarca.

-Pues amigo, el duende de las botas azules ha hecho una memorable.

-Pero ¿qué ha sido?

-Por poco se lleva al infierno a cuantos malos escritores hay en Madrid.

-Poca cosa... de ir hoy a ir mañana, poco va.

-Es que también ha querido llevarse a su amigo de usted, aquel escritor de zarzuelas...

-¿Cómo es eso?

-Y al autor de aquella novela que le hace a usted llorar a mares.

-¡Habráse visto!, pues si ese escritor es de los buenos que hay en el mundo.

-Pues sí, señor... fue de los primeritos que hubieron de conocer a Lucifer.

-¿Por qué no le ponen grillos a ese duque?

-Y vaya usted pensando en dónde ha de esconder aquellas tonterías que se llaman El amor culpable y El hijo generoso, y aquéllas otras que hablan del castillo de la dama negra, etc.

-¿Tiene usted ganas de chanzas?

-Lo dicho, dicho. Cuantos libros de esos se vendían en las librerías los ha comprado el duque y enterrado en un pozo que asombra por su profundidad. Para mayor desgracia, se asegura ahora que está dispuesto a escamotear cuantos quedan en poder de los aficionados, para hacerlos desaparecer por completo.

-¿Y el dinero que me han costado?

-¿Quién le ha mandado a usted emplearlo tan mal?

-¡¡¡También usted!!!

-También. Por mi nombre, como ya me canso de tan estupendas mentiras como por ahí se escriben para engañarnos; de tantas espadas y puñales, y de tantos avaros que siempre se alumbran con un candil, y de aquellas virtudes que siempre están gimiendo porque quieren casarse con quien no quieren los demás, y de aquellos millonarios que reparten dinero como si fuesen granitos de anís, en fin, ¡otras cosas, otras cosas!, que esas empalagan ya. Dicen que va a aparecer ahora un libro cual no se ha visto otro todavía... por ése, por ése aguardo yo.

-¿Por dónde va a venir? -preguntaban otros.

-Por Recoletos.

-No, señor, que es por Atocha.

-¿Qué Atocha, si me consta que es por Fuencarral?

-¿Te ha mandado parte?

-Como a ti, por no desairarme, pero ¿qué es ello?

-Lo sabremos cuando suceda, pues por ahora nada se trasluce.

-Vaya, vaya, me parece que andamos buscando el hilo, cuando aún no se ha hilado el lino.

-Todos estamos aguardando a ver qué sale.

-También aguardaremos a que nos zurren como han zurrado ayer a los malos escritores que hay en Madrid. ¿No sabéis? Dicen que fue lo que hubo que ver. Los dejaron a oscuras en una cueva, y, mientras ellos chillaban a más no poder, caía sobre sus costillas cada palo como una torre.

-Buenas... buenas.

-Y dicen que eran tantos los malditos... Ya se ve, hoy todo el mundo quiere escribir su librito y así sale ello... Veremos ahora con qué va a venir hoy ese demonio de duque.

-¿Sabéis que tarda? ¿Si pretenderá pegarle otro chasco a Madrid?

En efecto, ya iba andada la mañana y el duque no parecía; pero acostumbradas las gentes a sus extrañas chanzas, se habían propuesto perder el día, como decirse suele, y no cesaban de pasear las calles aguardando la bienvenida.

Su empeño fue en vano. Llegó la tarde y agotada la paciencia del pueblo, que no quería, fuera de cuaresma, darse al ayuno, cada cual se retiró para refrigerar el desfallecido estómago, murmurando del duque de la Gloria como del ser más perverso y burlón que pudiera existir.

-Que se ría de los malos escritores -decían-, y de otras cosas que lo merecen, está muy bien hecho, pero de nosotros, gentes honradas que ahora queríamos divertirnos con algo nuevo, esto sí que no se tolera... ¡Nada, nada!, aun cuando ahora pasase por debajo de estas ventanas, no nos moveríamos para verle.

Sin embargo, estaba escrito que el duque vencería en la lucha y que la curiosidad arrastraría a las gentes en pos suyo. No bien habían tomado algunos las primeras cucharadas de sopa cuando se oyeron tres fuertes cañonazos.

-Ésta sí que es la señal... ¡Ésta es!

Y todos volvieron a lanzarse a la calle con el estómago vacío. Empezaron entonces los atropellos y las corridas, cada cual caminaba aprisa y sin saber adónde. Los polizontes eran arrollados por los grupos, y muchos gritaban: «¡A las armas!».

En medio de esta confusión vino la noche sin que apareciese el duque: cerráronse las tiendas y no pudieron encenderse los faroles.

La indignación contra el engañoso duende creció entonces en la multitud, que determinó buscarle por donde quiera para vengarse de él.

-¡Al palacio de la Albuérniga! ¡Al palacio! -gritaron.

Y cuando allí llegaron los primeros, vieron ya que el palacio resplandecía de tal manera que semejaba un vasto incendio, y que desde los balcones se arrojaba a la muchedumbre multitud de pequeños objetos, que caían en torno de ella semejantes a una granizada interminable.

-¡Hurra!, ¡hurra! -gritaban mientras recogían en tropel lo que caía a sus pies.

Eran libros del tamaño de tres pulgadas, encuadernados en terciopelo y con broches de oro.

-He ahí el libro de la sabiduría... recójalo el que quiera... el libro de los libros, helo ahí... ¡A él, a él!

Así les decía una voz por medio de una bocina, y la muchedumbre cogía y cogía sin parar y sin que la edición se agotase...

Hubo con esto cabezas rotas, magullamientos, riñas... , vino la guardia... mas ¿quién contenía aquella oleada de furiosos? Los libritos encuadernados en terciopelo y con broches de oro encerraban un encanto irresistible para todos... ¡Como que eran tan lindos y se daban de balde!

Las puertas del palacio se abrieron después de par en par, y comprendiendo la multitud que se abrían para ella, se precipitó dentro como una horda salvaje.

Las habitaciones se hallaban solitarias y despojadas de sus muebles, pero en cambio estaban llenas de aquellos libritos tan ricos y preciosos.

La curiosidad, que es en este mundo la palanca de Arquímedes, arrastraba a todos aquellos hombres que a través de galerías y corredores subieron, bajaron y volvieron a subir hasta que la suerte los llevó al gran salón de mármol negro... ¡Oh! ¡Lo que entonces se presentó a sus ojos!

Sobre un elevado catafalco se hallaba tendida la imagen del duque de la Gloria, pero sin corbata y sin botas. A sus pies se veía un enorme gato con una pluma en los dientes y un cascabel colgado al cuello, y a su cabecera un gran letrero escrito con letras blancas sobre fondo negro, que decía así:

«Todo lo malo ha sido confundido en Las Tinieblas, y el espíritu del duque de la Gloria, en compañía de la varita mágica y de las botas azules, acaba de remontarse en alas de su corbata a las elevadas regiones en donde habita el Moravo para decirle que la necia vanidad ha sido burlada por sí misma, que los malos libros se hallan sepultados en el abismo y que su obra prevalecerá en la tierra».

¡Oh! ¡Musa incomparable! El librito de tres pulgadas y con broches de oro ha obtenido una fama universal, causando la desesperación de los editores avaros, curando a los brutos y a algunos listos del mal de escribir y haciendo la felicidad del universo. ¡Ay, ninguno ha sido más leído en la tierra que aquel libro feliz!

****** **FIN** ******

Capítulo 25

Printed in Great Britain
by Amazon